AF590258

LES
AUTEURS LATINS

EXPLIQUÉS D'APRÈS UNE MÉTHODE NOUVELLE

PAR DEUX TRADUCTIONS FRANÇAISES

Ce discours a été expliqué littéralement et annoté par M. J. Thibault, de l'ancienne école normale.

La traduction correcte est celle de P. C. B. Gueroult.

Typographie de Ch. Lahure et Cie, rues de Fleurus, 9, et de l'Ouest, 21.

LES

AUTEURS LATINS

EXPLIQUÉS D'APRÈS UNE MÉTHODE NOUVELLE

PAR DEUX TRADUCTIONS FRANÇAISES

L'UNE LITTÉRALE ET JUXTALINÉAIRE PRÉSENTANT LE MOT A MOT FRANÇAIS
EN REGARD DES MOTS LATINS CORRESPONDANTS
L'AUTRE CORRECTE ET PRÉCÉDÉE DU TEXTE LATIN

avec des sommaires et des notes

PAR UNE SOCIÉTÉ DE PROFESSEURS

ET DE LATINISTES

CICÉRON

DISCOURS CONTRE VERRÈS

sur les Statues

PARIS

LIBRAIRIE DE L. HACHETTE ET Cie

RUE PIERRE-SARRAZIN, N° 14

(Près de l'École de médecine)

1859

AVIS

RELATIF A LA TRADUCTION JUXTALINÉAIRE

On a réuni par des traits les mots français qui traduisent un seul mot latin.

On a imprimé en *italiques* les mots qu'il était nécessaire d'ajouter pour rendre intelligible la traduction littérale, et qui n'avaient pas leur équivalent dans le latin.

Enfin, les mots placés entre parenthèses doivent être considérés comme une seconde explication, plus intelligible que la version littérale.

ARGUMENT ANALYTIQUE.

Dans ce quatrième discours, Cicéron raconte les vols faits par Verrès en Sicile; et, comme il avait surtout enlevé des *statues*, ce discours a reçu le nom de *de Signis*. Ce discours n'a point d'exorde : la première phrase est une simple transition de la troisième division du plaidoyer à la quatrième. Puis vient une suite de narrations indépendantes les unes des autres, et formant chacune une sorte de petit discours complet. Elles sont au nombre de onze.

I. — Transition. — L'orateur avance que, dans toute la Sicile, il n'y a pas eu un seul vase précieux, une seule statue, un seul ouvrage d'art qui ait échappé à la convoitise et à la rapacité de Verrès.

II. — Première narration. — Héius de Messine possédait un oratoire contenant quatre statues d'un travail exquis; entre autres, un Cupidon de la main de Praxitèle.

III. — Verrès s'est approprié les quatre statues de l'oratoire d'Heius.

IV. — Mais il prétend les avoir achetées : à la bonne heure, le peuple romain a envoyé un marchand en Sicile.

V. — Les lois ont interdit tout achat aux préteurs : car celui qui a l'autorité n'est pas un acheteur sérieux pour le vendeur qui doit lui obéir. Néanmoins, soyons indulgents, dit l'orateur, s'il a vraiment acheté ces statues.

VI. — Mais Héius est riche, il ne vend rien, il tient à ces monuments de famille. — Peut-être aura-t-il été tenté par la grandeur de la somme. — Voilà cette somme écrite sur les registres d'Héius : 6,500 sesterces (1,462 fr.) pour les quatre statues! le Cupidon de Praxitèle vendu 1,500 sesterces (360 fr.)!

VII. — C'est par abus de pouvoir, c'est par violence que Verrès les a arrachées des mains de cet Héius qu'il devait protéger, de cet Héius chargé maintenant de le défendre au nom de Messine.

VIII. — Et, aujourd'hui que cet homme lésé redemande, au nom des lois, ses dieux qu'on lui a ravis, Verrès veut que le sénat de Messine blâme la conduite de son député.

IX. — Il cite les noms de ses panégyristes : que veut-il prouver? Les pirates eux-mêmes se font des amis, et se réservent un port de refuge.

X. — C'est Messine qui a été le repaire du brigand de la Sicile : c'est là qu'il entassait les dépouilles de la province; c'est là que fut dressée une croix pour un citoyen romain.

XI. — Et les Mamertins viennent ici décerner des éloges! Quels sont leurs titres auprès du sénat et du peuple? Est-ce d'avoir manqué en ma personne à la dignité du sénat? Est-ce d'avoir crucifié un citoyen?

XII. — Deuxième narration. — De plus, Verrès a emprunté à Héius des tapis attaliques, et ne les lui a pas rendus : il a enlevé de magnifiques colliers à Philarque, à Ariste, à Cratippe.

XIII.— Deux limiers, attachés à sa personne, Tlépolème et Hiéron, lui aidaient à faire toutes ses découvertes.

XIV. — Troisième narration. — L'orateur cite, à l'appui de ce fait, l'anecdote de Pamphile de Lilybée et de ses coupes en relief.

XV. — Eh bien! Verrès pousse la maladresse jusqu'à donner en public des signes de sa cupidité, trois jours avant que son arrêt lui soit prononcé.

XVI. — Le préteur a dégarni le buffet de Dioclès de Lilybée de toute son argenterie.

XVII. — Il a soustrait à M. Célius, à C. Cacurius leurs vases d'argent; à Lutatius Diodore, une table de citre; à Lyson, une statue d'Apollon.

XVIII. — Il apprend que Diodore de Malte possède des vases d'une grande beauté; il les demande, mais Diodore s'éloigne pour les dérober à sa rapacité.

XIX. — Furieux, le préteur le fait accuser, quoique absent; mais le père de Verrès obtient pour cette fois de son fils la cessation des poursuites. Diodore n'osa pourtant rentrer en Sicile.

XX. — Calidius s'est vu dépouillé de petits chevaux d'argent d'un très-beau travail et d'un grand prix, qu'il réclame aujourd'hui.

XXI. — Papirius prête une cassolette à Verrès, qui ne la lui rend qu'après en avoir détaché les reliefs.

XXII — Quatrième narration. — On ne pourrait dénombrer tous les vols du préteur : rien n'échappe à sa cupidité, tout lui est bon.

XXIII. — Cinquième narration. — Il arrive aux portes d'Haluntium : là il s'arrête et exige qu'on lui apporte toute l'argenterie de la ville, tous les vases de Corinthe.

XXIV. — Il dira toujours qu'il les a achetés; en effet, il a donné, pour la forme, quelques pièces de monnaie à ceux qu'il a dépouillés.

XXV. — Ici Cicéron cite un beau trait du préteur Pison, qu'il oppose à l'avarice de Verrès.

XXVI. — Cette avarice ne peut être assouvie : elle amasse les anneaux, les étoffes, les lits, les candélabres.

XXVII. — Sixième narration. — Souvent, elle demande davantage encore. Le jeune Antiochus, fils du roi de Syrie, passe en Sicile. Verrès apprend qu'il apporte avec lui des objets précieux; il aspire à s'en rendre maître.

XXVIII. — Le prince destine au Capitole un candélabre, enrichi de pierreries, présent digne des dieux : le préteur demande à le voir et à l'admirer; on le lui envoie.

XXIX. — Antiochus, las d'attendre, va redemander lui-même ce chef-d'œuvre; et, parce qu'il ne cède pas aux sollicitations du préteur, il reçoit de lui l'ordre de sortir de la province avant la nuit.

XXX. — Ainsi l'allié de Rome est chassé honteusement d'une province romaine, et Verrès profite des dépouilles du Capitole!

XXXI. — Ici l'orateur apostrophe Catulus, chargé de la reconstruction du Capitole, et en ce moment juge de Verrès. Comme simple particulier, Catulus devrait accuser; juge, que doit-il faire?

XXXII. — Qui pourra désormais arrêter le préteur? Il s'attaque maintenant aux dieux immortels eux-mêmes.

XXXIII. — Septième narration. — Ségeste, ville alliée des Romains, possède une Diane en bronze, objet du culte le plus antique.

XXXIV. — Après la prise de Carthage qui l'avait enlevée, cette statue fut rendue par Scipion l'Africain aux habitants de Ségeste. Verrès veut que les magistrats lui en fassent hommage : le sénat la lui refuse d'abord, mais cède enfin à ses injustices et à ses persécutions.

XXXV. — Ainsi, un Romain, modèle de vertus, a rendu aux Ségestains les dieux de leurs pères; un préteur, honte du nom romain, les leur ravit encore.

XXXVI. — Apostrophe à P. Scipion, qui, en cette circonstance, prend la défense de Verrès, de Verrès, qui a voulu porter atteinte à la gloire de l'Africain.

XXXVII. — Si l'héritier des Scipions sacrifie leur mémoire à son amitié pour Verrès, l'orateur prendra sa place pour relever l'honneur de cette famille; éloge de Scipion l'Africain.

XXXVIII. — Qu'on rende au Capitole ce qui lui a été ravi! Que les trophées de Scipion ne restent pas chez Verrès, la chaste Diane dans une maison d'opprobre!

XXXIX. — Huitième narration. — Cicéron n'a pas tout dit: le préteur exige des Tyndaritains un Mercure qui leur venait du même Scipion. Sopater lui annonce que le sénat le refuse.

XL. — Il invente pour Sopater un nouveau genre de supplice : le sénat n'y met fin qu'en promettant la statue.

XLI. — Que de crimes à la fois! concussion, péculat, barbarie, lèse-majesté, sacrilége!

XLII. — Les registres publics font foi de ces attentats; et Sopater est là pour servir de témoin.

XLIII. — Neuvième narration. — Partout des vols, partout

des crimes! La statue d'Apollon et bien d'autres encore sont arrachees du temple d'Agrigente. Celle d'Hercule pourtant lui échappe.

XLIV. — Toutes les richesses du temple de la mère des dieux, chez les Enguiniens, passent au pouvoir de Verrès.

XLV. — Pour excuser le vol de la statue de Cérès, à Catane, il en fait accuser un esclave; mais le vrai coupable est bien connu.

XLVI. — A Malte, il fait faire main basse sur tous les trésors du temple de Junon.

XLVII. — Tous ces faits sont prouvés : les délégués de chaque ville viennent apporter leur déposition.

XLVIII. — Dixième narration. — Enna est un lieu sacré pour les Siciliens : les Syracusains, en particulier, y célèbrent des fêtes chaque année.

XLIX. — C'est là que Cérès est spécialement honorée. Eh bien! l'auguste statue de cette déesse a été enlevée du sanctuaire du temple.

L. — Enna est encore consternée d'un pareil crime; les esclaves, pendant la guerre, ont occupé cette ville consacrée : « Verrès, ils ont été moins coupables et moins barbares que vous!

LI. — Juges, ces peuples viennent en suppliant vous redemander Céres, leur protectrice outragée, et le retour de leurs belles moissons. »

LII. — Onzième narration. — Qu'a fait Verrès à Syracuse? L'orateur ne veut rien dire ici du sang qu'il a versé : il ne s'occupe que de ses rapines.

LIII. — Description de Syracuse et de ses principaux monuments.

LIV. — Marcellus, qui prit cette ville, a partagé entre elle et Rome ses nombreux chefs-d'œuvre : il pouvait tout enlever. Le préteur, le magistrat de la paix, a été plus avide pour lui-même que le vainqueur ne le fut pour sa patrie.

LV. — Marcellus respecta le temple de Minerve; Verrès l'a dévasté. Les tableaux que n'osa toucher Marcellus, Verrès les a tous enlevés. Le premier ornait les temples, le second les dépouille.

LVI. — Il arrache les reliefs des portes, les clous d'or, les piques mêmes du temple de Minerve.

LVII. — Il ravit la Sapho, chef-d'œuvre de Silanion; la statue d'Apollon, du temple d'Esculape; celle d'Aristée, du temple de Bacchus.

LVIII. — Dans l'univers, on ne comptait que trois statues de Jupiter *Imperator;* celle de Syracuse, la plus belle peut-être, est devenue la proie de Verrès.

LIX. — Enfin, cette ville est plongée dans la consternation, et frémit encore du pillage que le tyran lui a fait subir.

LX. — Quand il prétend avoir acheté ces statues, il fait aux Syracusains une injure plus sensible encore. Ils regardent comme une infamie de passer pour avoir vendu ce qu'ils ont reçu de leurs aïeux.

LXI. — Cicéron, quand il vint à Syracuse, craignait de rencontrer des difficultés dans l'instruction d'un pareil procès.

LXII. — Le sénat l'accueille; on lui fait entendre que la statue d'or de Verrès placée dans le sénat n'est pas un témoignage de reconnaissance, mais un monument de ses forfaits.

LXIII. — Il reconnaît que les Syracusains ressentent aussi vivement que les habitants des autres villes les mauvais traitements du préteur.

LXIV. — Il s'agit de faire l'éloge de Verrès : personne ne parle : enfin, le décret à sa louange est une dérision qui rappelle la honte de sa préture.

LXV. — Cicéron est reçu avec empressement ; son titre de défenseur lui attire la bienveillance générale. Le questeur de Verres est le seul qui songe à appeler de la décision du sénat.

LXVI. — Enfin, l'orateur rappelle les difficultés qu'il a rencontrées pour obtenir les registres qui devaient condamner le préteur

LXVII. — Ainsi donc, des deux éloges dont se glorifie Verrès, l'un est détruit par un décret, l'autre est une amère ironie.

Le discours *de Signis* n'a pas de péroraison ; il se lie naturellement avec le discours suivant.

ORATIO

IN VERREM

DE SIGNIS.

TRANSITIO.

I. 1. Venio nunc ad istius, quemadmodum ipse appellat, studium; ut amici ejus, morbum et insaniam; ut Siculi, latrocinium. Ego, quo nomine appellem nescio. Rem vobis proponam : vos eam suo, non nominis pondere penditote. Genus ipsum prius cognoscite, judices; deinde fortasse non magno opere quæretis, quo nomine appellandum putetis.

PROPOSITIO.

2. Nego in Sicilia tota, tam locupleti, tam vetere provincia, tot oppidis, tot familiis tam copiosis, ullum vas argenteum, ullum corinthium [1] aut deliacum [2] fuisse, ullam gemmam, aut

TRANSITION.

I. 1. Je vais parler de ce que Verrès appelle son goût; ses amis disent sa maladie, sa manie; les Siciliens, son brigandage; moi, je ne sais de quelle expression me servir. Je vous exposerai la chose; c'est à vous d'en juger par ce qu'elle est, sans vous arrêter au nom qu'on lui donne. Prenez-en d'abord une idée générale, et peut-être n'aurez-vous pas beaucoup de peine à trouver le mot propre.

PROPOSITION.

2. Je nie que dans la Sicile entière, cette province si riche, si ancienne, peuplée de tant de cités et de familles si opulentes, il ait existé un seul vase, soit d'argent, soit de métal de Corinthe ou de

DISCOURS
CONTRE VERRÈS
SUR LES STATUES.

TRANSITIO.

I. 1. Venio nunc
ad studium istius,
quemadmodum
ipse appellat ;
morbum et insaniam,
ut amici ejus ;
latrocinium,
ut Siculi.
Ego, nescio
quo nomine appellem.
Proponam vobis rem :
vos, penditote eam
suo pondere, non nominis.
Judices, cognoscite prius
genus ipsum ;
deinde non quæretis
fortasse
magno opere,
quo nomine
putetis appellandum.

TRANSITION.

I. 1. J'*en* viens maintenant
au goût de cet *homme*,
comme
lui-même *l'*appelle ;
à *sa* maladie et à *sa* folie,
comme *la nomment* les amis de lui ;
à *son* brigandage,
comme *disent* les Siciliens.
Moi, je ne-sais
de quel nom je dois *l'*appeler.
J'exposerai à vous la chose :
vous, pesez-la
à son poids, non *au poids* de *son* nom.
Juges, apprenez-*en* d'abord
la nature même ;
ensuite vous ne chercherez pas
peut-être
avec un grand travail,
de quel nom
vous pensez devoir *l'*appeler.

PROPOSITIO.

2. Nego
ullum vas argenteum,
ullum corinthium
aut deliacum,
fuisse in tota Sicilia,
provincia tam locupleti,
tam vetere,
tot oppidis,
tot familiis tam copiosis,

PROPOSITION.

2. Je nie
aucun vase d'-argent,
aucun *de métal* de-Corinthe
ou de-Délos,
avoir été dans toute la Sicile,
cette province si riche,
si ancienne,
renfermant tant de villes,
tant de familles si opulentes,

margaritam, quidquam ex auro aut ebore factum, signum ullum æneum, marmoreum, eburneum; nego ullam picturam neque in tabula[1], neque textilem fuisse, quin conquisierit, inspexerit; quod placitum sit, abstulerit.

3. Magnum videor dicere : attendite etiam, quemadmodum dicam. Non enim verbi, neque criminis augendi causa complector omnia. Quum dico, nihil istum ejusmodi rerum in tota provincia reliquisse, latine me, scitote, non accusatorie loqui. Etiam planius : nihil in ædibus cujusquam, ne in oppidis quidem : nihil in locis communibus, ne in fanis quidem : nihil apud siculum, nihil apud civem romanum : denique nihil istum, quod ad oculos animumque acciderit, neque privati, neque publici, neque profani, neque sacri, tota in Sicilia reliquisse.

Unde igitur potius incipiam, quam ab ea civitate, quæ tibi una in amore atque in deliciis fuit? Aut ex quo potius nu-

Délos, une seule pierrerie, une seule perle, un seul ouvrage en or ou en ivoire, un seul marbre, un seul bronze, enfin un seul tableau, un seul tapis, qu'il n'ait recherché, qu'il n'ait examiné, et, si l'objet lui a plu, qu'il n'ait enlevé.

3. Juges, cette proposition vous étonne. Cependant je vous supplie encore de peser tous les termes. Il n'y a point ici d'hyperbole ; je ne cherche point à exagérer les torts de Verrès. Quand je dis que dans toute la province il n'a rien laissé de tous ces objets précieux, je ne parle pas en accusateur, j'énonce simplement un fait. Je vais plus loin : j'affirme qu'il n'a rien laissé dans les maisons, ni même dans les villes ; dans les édifices publics, ni même dans les temples ; rien chez les Siciliens, rien chez les citoyens romains ; en un mot, que dans la Sicile entière, tout ce qui a frappé ses regards ou excité ses désirs, décorations privées et publiques, ornements profanes et sacrés, tout est devenu sa proie.

Puis-je mieux commencer, Verrès, que par la ville qui fut toujours l'objet de vos plus chères affections, que par vos propres panégyristes

ullam gemmam,	*qu'il y ait eu* aucune pierre-précieuse,
aut margaritam,	ou *aucune* perle,
quidquam	n'importe-quel *ouvrage*
factum ex auro aut ebore,	fait d'or ou d'ivoire,
ullum signum æneum,	aucune statue d'-airain,
marmoreum, eburneum;	de-marbre, d'-ivoire;
nego	je nie
ullam picturam fuisse	aucune peinture avoir été
neque in tabula,	ni sur bois,
neque textilem,	ni en-tapisserie,
quin conquisierit,	sans qu'il *l'*ait recherchée
inspexerit;	*sans qu'*il *l'*ait examinée;
quod placitum sit,	*rien de* ce qui *lui* a plu,
abstulerit.	*sans qu'*il *l'*ait enlevé.
3. Videor dicere	3. Je parais dire
magnum;	une chose grave;
attendite etiam	remarquez encore
quemadmodum dicam.	de quelle manière je m'exprime.
Non enim complector	Car je n'embrasse pas
omnia,	la totalité,
causa augendi verbi	pour exagérer les termes
neque criminis.	ni *charger* l'accusation.
Quum dico	Lorsque je dis
istum reliquisse	que cet *homme* n'a laissé
nihil rerum ejusmodi	aucune des choses de ce genre
in tota provincia,	dans toute la province,
scitote me loqui latine,	sachez que je parle en-latin,
non accusatorie.	*et* non en-style-d'accusateur.
Planius etiam :	*Je m'explique* plus clairement encore :
istum reliquisse nihil	*je dis* qu'il n'a laissé rien
in ædibus cujusquam,	dans la maison de qui que ce soit,
ne quidem in oppidis;	ni même dans les villes;
nihil in locis communibus,	rien dans les lieux publics,
ne quidem in fanis :	pas même dans les temples :
nihil apud siculum,	rien chez le *citoyen* sicilien,
nihil apud civem romanum;	rien chez le citoyen romain;
denique in tota Sicilia	enfin dans toute la Sicile
nihil neque privati,	rien ni de particulier,
neque publici,	ni de public,
neque profani, neque sacri,	ni de profane, ni de sacré,
quod acciderit ad oculos	de ce qui avait frappé *ses* yeux
animumque.	et *excité son* désir.
Unde igitur incipiam	Par quoi donc commencerai-je
potius quam ab ea civitate,	plutôt que par cette ville,
quæ fuit tibi una	qui fut pour toi la seule
in amore atque in deliciis?	dans *ton* amour et *ta* tendresse?
Aut ex quo numero	Ou par quelle classe *d'hommes*

mero, quam ex ipsis laudatoribus tuis? Facilius enim perspicietur, qualis apud eos fueris, qui te oderunt, qui accusant, qui persequuntur, quum apud tuos Mamertinos inveniare improbissima ratione prædatus.

PRIMA NARRATIO.

II. 4. C. Heius est Mamertinus (omnes hoc mihi facile concedent, qui Messanam accesserunt) omnibus rebus in illa civitate ornatissimus. Hujus domus est vel optima Messanæ, notissima quidem certe, et nostris hominibus apertissima, maximeque hospitalis. Ea domus ante adventum istius sic ornata fuit, ut urbi quoque esset ornamento. Nam ipsa Messana, quæ situ, mœnibus, portuque ornata sit ab his rebus, quibus iste delectatur, sane vacua atque nuda est.

5. Erat apud Heium sacrarium [1] magna cum dignitate in ædibus, a majoribus traditum, perantiquum : in quo signa pulcherrima quatuor, summo artificio, summa nobilitate : quæ

En voyant à quel point les Mamertins, vos amis, ont été victimes de vos déprédations, on concevra plus facilement ce que durent éprouver ceux qui vous haïssent, qui vous accusent, qui vous poursuivent.

PREMIÈRE NARRATION.

II. 4. De tous les habitants de Messine, C. Héius est celui qui possède le mobilier le plus riche et le plus magnifique ; quiconque a vu Messine sera de mon avis. Sa maison y tient le premier rang ; c'est sans contredit la plus connue, et celle où nos citoyens sont le plus généreusement accueillis. Avant l'arrivée de Verrès, elle était si bien décorée, qu'elle-même était la décoration de la ville ; car Messine, dont on vante le site, les murailles et le port, est absolument dépourvue de toutes ces curiosités pour lesquelles notre préteur a tant de goût.

5. Héius avait chez lui un très-bel oratoire, monument antique de la piété de ses ancêtres. On y voyait quatre statues très-célèbres, toutes d'un travail exquis et faites pour charmer, je ne dis pas seulement

potius quam	plutôt que
ex tuis laudatoribus ipsis?	par tes panégyristes eux-mêmes?
Perspicietur enim facilius	Car on concevra plus facilement
qualis fueris apud eos,	quel *homme* tu as été envers ceux,
qui oderunt te,	qui haïssent toi,
qui accusant,	qui accusent *toi*,
qui persequuntur,	qui poursuivent *toi*,
quum inveniare	lorsque tu seras trouvé
prædatus	avoir pillé
ratione improbissima,	de la manière la plus criminelle
apud tuos Mamertinos.	au milieu de tes Mamertins.

PRIMA NARRATIO.	PREMIÈRE NARRATION.
II. 4. C. Heius	II. 4. C. Héius
est Mamertinus	est le Mamertin
ornatissimus	le plus riche
omnibus rebus	en toutes choses
in illa civitate	dans cette ville
(omnes	(tous *ceux*
qui accesserunt Messanam,	qui sont allés à Messine,
concedent hoc mihi facile).	accorderont cela à moi facilement.
Domus hujus	La maison de ce *citoyen*
est vel optima Messanæ,	est bien la meilleure à Messine,
notissima quidem certe,	la plus connue aussi certainement
et apertissima	et la plus ouverte
nostris hominibus,	à nos concitoyens,
maximeque hospitalis.	et la plus hospitalière.
Ante adventum istius	Avant l'arrivée de cet *homme*
ea domus fuit ornata sic,	cette maison était ornée de telle façon,
ut esset quoque	qu'elle était aussi
ornamento urbi.	à ornement à la ville.
Nam Messana ipsa,	Car Messine elle-même,
quæ sit ornata	qui est embellie
situ, mœnibus portuque,	par *son* site, *ses* remparts et *son* port,
est sane vacua	est certainement vide
atque nuda ab his rebus	et dépourvue de ces objets
quibus iste delectatur.	dont celui-ci fait-*ses*-délices.
5. Erat apud Heium	5. Il y avait chez Héius,
in ædibus	dans *l'intérieur de sa* maison,
sacrarium perantiquum	un oratoire très-antique
cum magna dignitate,	d'une grande beauté,
traditum a majoribus,	transmis par *ses* ancêtres,
in quo quatuor signa	dans lequel *étaient* quatre statues
pulcherrima,	très-belles,
artificio summo,	d'un travail parfait,
nobilitate summa,	de la célébrité la plus grande,

non modo istum hominem, ingeniosum atque intelligentem, verum etiam quemvis nostrum, quos iste idiotas appellat, delectare possent : unum Cupidinis, marmoreum, Praxitelis[1] : nimirum didici[2] etiam, dum in istum inquiro, artificum nomina : idem, opinor, artifex ejusdem modi Cupidinem fecit illum qui est Thespiis, propter quem Thespiæ visuntur : nam alia visendi causa nulla est. Itaque ille L. Mummius, quum Thespiadas[3], quæ ad ædem Felicitatis sunt, ceteraque profana ex illo oppido signa tolleret, hunc marmoreum Cupidinem, quod erat consecratus, non attigit.

III. 6. Verum, ut ad illud sacrarium redeam, signum erat hoc, quod dico, Cupidinis e marmore : ex altera parte Hercules, egregie factus ex ære. Is dicebatur esse Myronis[4], ut opinor : et certe. Item ante hosce deos erant arulæ, quæ cuivis sacrarii religionem significare possent. Erant ænea præterea duo

un amateur et un connaisseur, tel que Verrès, mais des hommes ignorants et grossiers, comme vous et moi, citoyens; car c'est ainsi qu'il nous traite. L'une des quatre était un Cupidon de marbre, ouvrage de Praxitèle. En faisant mon enquête, j'ai appris jusqu'aux noms des artistes. Si je ne me trompe, c'est le même Praxitèle qui a fait le Cupidon de marbre qu'on voit à Thespies, où sa beauté seule attire les étrangers ; car cette ville n'a rien d'ailleurs qui puisse les appeler. Lorsque Mummius enleva de Thespies les statues des Muses, aujourd'hui placées devant le temple de la Félicité, et les autres ornements profanes, il ne toucha pas à ce Cupidon, parce qu'il était consacré.

III. 6. Je reviens à l'oratoire d'Héius. En face de ce Cupidon de marbre dont je viens de parler, était un Hercule de bronze ; on le disait, je crois, de Myron : je dis bien, de Myron. De petits autels dressés devant ces deux divinités annonçaient la sainteté du lieu.

quæ possent delectare	qui pouvaient charmer
non modo istum hominem,	non-seulement cet homme
ingeniosum	éclairé
atque intelligentem,	et connaisseur,
verum etiam	mais encore
quemvis nostrum,	le premier-venu de nous,
quos iste appellat idiotas:	que celui-ci appelle des idiots:
unum Cupidinis,	l'une de Cupidon,
marmoreum, Praxitelis;	en-marbre, *de la main* de Praxitèle;
nimirum,	car,
dum inquiro in istum,	pendant que j'instruisais contre lui,
didici etiam	j'ai appris aussi
nomina artificum:	les noms des artistes:
idem artifex, opinor,	le même artiste, je pense,
fecit illum Cupidinem	a fait ce Cupidon
ejusdem modi	du même genre
qui est Thespiis,	qui est à Thespies,
propter quem	à cause duquel
Thespiæ visuntur;	Thespies est visitée;
nam est nulla alia causa	car il n'y a aucune autre raison
visendi.	de *la* voir.
Itaque ille L. Mummius,	C'est pourquoi ce *célèbre* L. Mummius,
quum tolleret ex illo oppido	lorsqu'il enlevait de cette ville
Thespiadas,	les Thespiades,
quæ sunt	lesquelles sont
ad ædem Felicitatis,	près du temple de la Félicité,
ceteraque signa profana,	et les autres statues profanes,
non attigit	ne toucha pas
hunc Cupidinem	à ce Cupidon
marmoreum,	de-marbre,
quod erat consecratus.	parce qu'il était consacré.
III. 6. Verum, ut redeam	III. 6. Mais, pour que je revienne
ad illud sacrarium,	à cet oratoire,
hoc signum Cupidinis,	cette statue de Cupidon,
quod dico,	dont je parle,
erat e marmore:	était en marbre;
ex altera parte Hercules,	de l'autre côté *se trouvait* un Hercule,
egregie factus ex ære.	très-bien fait en bronze.
Is dicebatur esse Myronis,	Il était dit être de Myron,
ut opinor:	à ce que je crois:
et certe.	et *cela est* certainement.
Item ante hosce deos	En outre devant ces divinités
erant arulæ,	étaient de petits-autels,
quæ possent	qui pouvaient
significare cuivis	faire-comprendre à tout-le-monde
religionem sacrarii.	la sainteté de l'oratoire.
Erant præterea	Il y avait encore

signa, non maxima, verum eximia venustate, virginali habitu atque vestitu, quæ manibus sublatis sacra quædam, more atheniensium virginum, reposita in capitibus sustinebant. Canephoræ [1] ipsæ vocabantur : sed earum artificem, quem? quemnam? Recte admones, Polycletum [2] esse dicebant. Messanam ut quisque nostrum venerat, hæc visere solebat; omnibus hæc ad visendum patebant quotidie : domus erat non domino magis ornamento, quam civitati.

7. C. Claudius [3], cujus ædilitatem magnificentissimam scimus fuisse, usus est hoc Cupidine tamdiu, dum forum diis immortalibus populoque romano habuit ornatum : et, quum esset hospes Heiorum, mamertini autem populi patronus, ut illis benignis usus est ad commodandum, sic ipse diligens fuit ad reportandum. Nuper homines nobiles ejusmodi, judices : et quid dico nuper? immo vero modo, ac plane paulo ante vidimus : qui

Les deux autres statues étaient aussi de bronze, et d'une grandeur moyenne, mais d'une beauté parfaite. A leurs traits, à leurs vêtements, on reconnaissait de jeunes vierges; les bras élevés, elles portaient sur leurs têtes, comme les jeunes Athéniennes dans les fêtes de Cérès, des corbeilles sacrées qu'elles soutenaient de leurs mains. On les appelait Canéphores. L'artiste qui les avait faites était.... son nom m'échappe.... Vous avez raison : c'était Polyclète. Nos Romains, en arrivant à Messine, s'empressaient de visiter l'oratoire d'Héius : il était ouvert à tout le monde ; on le voyait tous les jours. Cette maison ne faisait pas moins d'honneur à la ville qu'au propriétaire lui-même.

7. C. Claudius, qui signala son édilité par la magnificence de ses fêtes, emprunta ce Cupidon pour tout le temps qu'il fit décorer le forum en l'honneur des dieux et du peuple romain ; et ce magistrat, lié avec les Héius par les nœuds de l'hospitalité, protecteur de la ville de Messine, ne fut pas moins exact à le rendre qu'ils n'avaient été empressés à le prêter. Dans ces derniers temps, que dis-je? ces jours mêmes, nous avons vu d'autres nobles encore décorer le forum et les

duo signa ænea,
non maxima,
verum venustate eximia,
habitu atque vestitu
virginali,
quæ sustinebant
manibus sublatis,
more virginum
atheniensium,
quædam sacra
reposita in capitibus.
Ipsæ vocabantur
Canephoræ:
sed artificem earum,
quem? quemnam?
Admones recte,
dicebant esse Polycletum.
Ut quisque nostrum
venerat Messanam,
solebat visere hæc;
hæc patebant omnibus
quotidie ad visendum :
domus non erat magis
ornamento domino,
quam civitati.

7. C. Claudius,
cujus scimus ædilitatem
fuisse magnificentissimam,
usus est hoc Cupidine
tamdiu,
dum habuit forum ornatum
diis immortalibus
populoque romano;
et, quum esset
hospes Heiorum,
patronus autem
populi mamertini,
ut usus est illis benignis
ad commodandum,
sic ipse fuit diligens
ad reportandum.
Vidimus nuper, judices,
homines nobiles ejusmodi:
et quid dico nuper?
immo vero modo,
ac plane paulo ante,
qui ornarent forum,

deux statues de-bronze,
non très-grandes,
mais d'une beauté parfaite,
avec l'extérieur et le vêtement
des-vierges,
qui soutenaient
de *leurs* mains élevées,
à la façon des jeunes-filles
athéniennes,
certains *objets* sacrés
placés sur *leurs* têtes.
Elles étaient appelées
Canéphores :
mais l'auteur d'elles
qui *est-il?* quel *le nomme-t-on*
Tu *me le* rappeles très-bien,
on disait que c'était Polyclète.
Aussitôt que chacun de nous
était arrivé à Messine,
il avait-coutume de visiter ces *statues*;
elles étaient-accessibles à tous
tous-les-jours pour être vues :
la maison *d'Héius* n'était pas plus
à gloire à *son* maître,
qu'à la ville.

7. C. Claudius,
dont nous savons que l'édilité
fut de-la-plus-grande-magnificence,
se servit de ce Cupidon
aussi longtemps,
qu'il tint le forum décoré
en l'honneur des dieux immortels
et du peuple romain;
et, comme il était
l'hôte des Héius,
et le patron aussi
du peuple mamertin,
de même qu'il trouva eux bienveillants
pour *lui* prêter *ces statues*,
de même il fut exact
pour *les* restituer.
Nous avons vu naguère, juges,
des citoyens nobles également :
et que dis-je naguère?
bien plus récemment,
et bien peu *de temps* avant *ce moment*,
qui ornaient le forum,

forum, ac basilicas [1], non spoliis provinciarum, sed ornamentis amicorum, commodis hospitum, non furtis nocentium, ornarent: qui tamen signa atque ornamenta sua cuique reddebant : non ablata ex urbibus sociorum, quatridui causa, per simulationem ædilitatis, domum deinde, atque ad suas villas auferebant. Hæc omnia, quæ dixi, signa, judices, ab Heio de sacrario Verres abstulit : nullum, inquam, horum reliquit, neque aliud ullum tamen, præter unum pervetus ligneum, Bonam Fortunam, ut opinor : eam iste domi suæ habere noluit.

IV. 8. Proh deum hominumque fidem! quid hoc est? quæ est hæc causa? quæ hæc impudentia est? quæ dico signa, antequam abs te sublata sunt, nemo Messanam cum imperio venit, quin viderit. Tot prætores, tot consules in Sicilia, tum in pace, tum etiam in bello fuerunt; tot homines cujusque modi : non loquor de integris, innocentibus, religiosis : tot cupidi, tot im-

portiques qui l'entourent, non pas avec les dépouilles des provinces et les trophées du brigandage, mais avec des ornements prêtés par des amis, ou confiés par des hôtes ; et, ces effets précieux, il les ont rendus avec fidélité : ils ne les ont point transportés dans leurs palais et dans leurs campagnes, après les avoir empruntés à nos alliés pour les fêtes de leur édilité. Mais les statues dont j'ai parlé, Verrès les a enlevées toutes les quatre de l'oratoire d'Héius, et même il a fait main basse sur les autres, sans en laisser une seule, à la réserve pourtant d'une vieille figure en bois qui représentait, je crois, la Bonne Fortune, dont il ne voulut pas chez lui.

IV. 8. O justice des dieux et des hommes ! quelle cause monstrueuse! quel excès d'impudence ! Avant qu'il eût enlevé ces statues, tous les magistrats qui étaient entrés dans Messine les avaient vues comme lui. De tant de préteurs et de consuls envoyées en Sicile, et dans la paix et même dans la guerre, de tant de gouverneurs de tous les caractères ; je ne parle pas des magistrats vertueux, intègres, scrupuleux, mais enfin de tant d'hommes cupides, prévaricateurs, auda-

ac basilicas,
non spoliis provinciarum,
sed ornamentis amicorum,
commodis hospitum,
non furtis nocentium;
qui tamen
reddebant cuique
sua signa atque ornamenta:
non auferebant deinde
domum, atque ad suas villas
ablata
ex urbibus sociorum,
causa quatridui,
per simulationem
ædilitatis.
Judices, Verres abstulit
omnia hæc signa quæ dixi
ab Heio
de sacrario:
reliquit, inquam,
nullum horum,
neque tamen ullum aliud,
præter unum ligneum
pervetus,
Bonam Fortunam,
ut opinor:
iste noluit
habere eam suæ domi.

IV. 8. Proh fidem deum
hominumque!
quid est hoc?
quæ est hæc causa?
quæ est hæc impudentia?
nemo venit Messanam
cum imperio,
quin viderit signa quæ dico,
antequam sunt sublata
abs te.
Tot prætores, tot consules
fuerunt in Sicilia,
tum in pace,
tum etiam in bello;
tot homines cujusque modi:
non loquor de integris,
innocentibus, religiosis:
tot cupidi, tot improbi,
tot audaces:

et les basiliques,
non avec les dépouilles des provinces.
mais avec les objets-d'art de *leurs* amis,
avec les choses-prêtées *par* des hôtes,
non avec les vols *faits par* des criminels.
ces *citoyens* d'ailleurs
rendaient à chacun
ses statues et *ses* ornements:
ils n'emportaient pas ensuite
dans *leurs* maisons, et à leurs villas
les choses enlevées
des villes des alliés,
pour les quatre-jours *de fêtes*,
sous le prétexte
de *leur* édilité.
Juges, Verrès a enlevé
toutes ces statues que j'ai citées,
à Héius
de *son* oratoire:
il n'a laissé, dis-je,
aucune d'elles,
ni d'ailleurs aucune autre,
excepté une-seule en-bois
très-ancienne,
la Bonne Fortune,
comme je crois:
il n'a pas-voulu
avoir elle dans sa maison.

IV. 8. O justice des dieux
et des hommes!
qu'est cela?
quelle est cette cause?
quelle est cette impudence?
personne n'est venu à Messine
avec le pouvoir,
sans qu'il n'ait vu les statues dont je parle,
avant qu'elles n'aient été enlevées
par toi.
Tant de préteurs, tant de consuls
ont été en Sicile,
soit pendant la paix,
soit aussi pendant la guerre;
tant d'hommes de toute sorte:
je ne parle pas des intègres,
des honnêtes, des religieux:
tant d'avides, tant de pervers,
tant d'audacieux:

probi, tot audaces : quorum nemo sibi tam vehemens, tam potens, tam nobilis visus est, qui ex illo sacrario quidquam poscere, aut tollere, aut attingere auderet. Verres, quod ubique erit pulcherrimum, auferet? nihil habere præterea cuiquam licebit? tot domus locupletissimas domus istius una capiet? idcirco nemo superiorum attigit, ut iste tolleret? ideo C. Claudius Pulcher retulit, ut C. Verres posset auferre? At non requirebat ille Cupido lenonis domum, ac meretriciam disciplinam : facile illo sacrario patrio continebatur : Heio se a majoribus relictum esse sciebat in hereditate sacrorum; non quærebat meretricis heredem [1].

9. Sed quid ego tam vehementer invehor? Verbo jam uno repellar. Emi, inquit. O dii immortales! præclaram defensionem! mercatorem cum imperio ac securibus in provinciam misimus : qui omnia signa, tabulas pictas, omne argentum, aurum, ebur, gemmas coemeret, nihil cuiquam relinqueret. Hæc enim mihi ad omnia defensio patefieri videtur : emisse.

cieux, nul n'a jamais assez présumé de sa hardiesse, de son pouvoir, de sa noblesse, pour oser demander, enlever, toucher rien de ce qui décorait cet oratoire : et Verrès saisira ce qu'il y a de plus beau, en quelque lieu qu'il le trouve! Nul autre n'aura droit de rien posséder! Les richesses de tant de maisons opulentes iront se confondre dans la maison du seul Verrès! Quand ses prédécesseurs ont respecté ces chefs-d'œuvre, c'était donc pour qu'il les ravît? Lorsque Claudius Pulcher les a fidèlement restitués, c'était donc pour que Verrès en fît sa proie? Mais ce Cupidon ne cherchait pas une maison de débauche, une école de prostitution : il se plaisait dans cette chapelle héréditaire. Transmis à Héius avec les autres dieux de cette vertueuse famille, il ne demandait pas à passer chez l'héritier d'une courtisane.

9. J'ai tort de m'emporter. Un seul mot va me réduire au silence. J'ai acheté, dit Verrès. O dieux! quelle excuse! Ainsi, nous avons envoyé en Sicile un marchand avec tout l'appareil de l'autorité, pour acheter indistinctement les statues, les tableaux, l'argenterie, l'or, l'ivoire, les pierreries qui se trouveraient dans la province. Car je vois qu'à tous mes griefs on n'opposera que ce seul mot : il a acheté.

quorum nemo visus est sibi	dont aucun n'a paru à lui-même
tam vehemens,	assez fort,
tam potens, tam nobilis,	assez puissant, assez noble,
qui auderet poscere,	pour qu'il osât demander,
aut tollere, aut attingere	ou enlever, ou toucher
quidquam ex illo sacrario.	aucun *objet* de cet oratoire.
Verres auferet ubique	Verrès enlèvera-t-il partout
quod erit pulcherrimum?	ce qu'il y aura de plus beau?
licebit præterea cuiquam	sera-t-il-permis ensuite à quelqu'un
habere nihil?	d'avoir rien (quoi que ce soit)?
una domus istius capiet	la seule maison de lui renfermera-t-elle
tot domus locupletissimas?	tant de maisons des plus opulentes?
nemo superiorum attigit	aucun des précédents n'a-t-il *rien* touché
idcirco ut iste tolleret?	pour que celui-ci enlevât *tout*?
C. Claudius Pulcher	C. Claudius Pulcher
retulit ideo,	a-t-il rendu *ces statues* pour ce motif.
ut C. Verres posset auferre?	afin que C. Verrès pût *les* ravir?
At ille Cupido	Mais ce Cupidon
non requirebat	ne recherchait pas
domum lenonis,	la maison d'un débauché,
ac disciplinam	et une école
meretriciam:	de-prostitution:
continebatur facile	il se renfermait aisément
illo sacrario patrio:	dans cet oratoire paternel:
sciebat se esse relictum	il savait qu'il avait été laissé
Heio a majoribus	à Héius par *ses* ancêtres
in hereditate sacrorum;	dans l'héritage des choses sacrées;
non quærebat	il ne demandait pas
heredem meretricis.	l'héritier d'une courtisane.
9. Sed quid invehor ego	9. Mais pourquoi m'emporté-je
tam vehementer?	si violemment?
Jam repellar uno verbo.	Je vais être repoussé par un-seul mot.
Emi, inquit.	J'ai acheté, dit-il.
O dii immortales!	O dieux immortels!
præclaram defensionem!	la belle défense!
misimus in provinciam	nous avons envoyé dans la province
mercatorem	un marchand
cum imperio ac securibus,	avec l'autorité et les haches,
qui coemeret omnia signa,	pour qu'il achetât toutes les statues,
tabulas pictas,	*tous* les bois peints (tableaux),
omne argentum,	toute l'argenterie,
aurum, ebur, gemmas,	l'or, l'ivoire, les pierres-précieuses,
relinqueret nihil cuiquam.	*et* ne laissât rien à personne.
Hæc enim defensio	Car cette défense
videtur mihi patefieri	paraît à moi être-ouverte (être opposée)
ad omnia:	à toutes *mes accusations*:
emisse.	qu'il a acheté.

Primum, si id, quod vis, tibi ego concedam, ut emeris : quoniam in toto hoc genere hac una defensione usurus es : quæro cujusmodi tu judicia Romæ putaris esse, si tibi hoc quemquam concessurum putasti, te in prætura atque imperio, tot res tam pretiosas, omnes denique res, quæ alicujus pretii fuerint, tota ex provincia coemisse.

V. 10. Videte majorum diligentiam, qui nihildum etiam istiusmodi suspicabantur; verumtamen ea, quæ parvis in rebus accidere poterant, providebant. Neminem, qui cum potestate aut legatione in provinciam esset profectus, tam amentem fore putaverunt, ut emeret argentum; dabatur enim de publico[1] : ut vestem; præbebatur enim legibus. Mancipium putaverunt; quo et omnes utimur, et non præbetur a populo. Sanxerunt, NE QUIS EMERET MANCIPIUM, NISI IN DEMORTUI LOCUM. Si quis Romæ esset demortuus? Immo, si quis ibidem. Non enim te

Je le suppose pour un moment, puisqu'enfin telle doit être votre unique réponse à toute cette partie de mon accusation. Quelle étrange idée aviez-vous donc conçue des tribunaux de Rome, si vous pensiez qu'on pardonnerait à un préteur, à un homme revêtu du pouvoir suprême, d'avoir acheté tant d'effets d'une si haute valeur, en un mot, tout ce qu'il y avait de précieux dans toute la province?

V. 10. Admirez, citoyens, l'attention scrupuleuse de nos ancêtres : assurément l'idée de pareils excès était bien loin de leur esprit; toutefois leur prévoyance s'étendait sur les détails les plus minutieux. Ils n'imaginèrent pas qu'un préteur, qu'un lieutenant, envoyés dans une province, fussent jamais tentés d'y acheter de l'argenterie : la république leur en donnait ; des ameublements : les lois y avaient pourvu. Mais ils pensèrent qu'ils pourraient acheter des esclaves : il en faut à tout le monde, et l'État n'en fournit pas. Ils leur interdirent, par une loi, l'achat d'aucun esclave, si ce n'était afin d'en remplacer un qui serait mort, non pas à Rome, mais dans le lieu même de leur résidence; car ils n'ont pas voulu qu'un préteur allât

Primum, si ego
concedam tibi
id quod vis, ut emeris,
quoniam usurus es
hac una defensione
in toto hoc genere :
quæro cujusmodi tu putaris
judicia esse Romæ,
si putasti quemquam
concessurum hoc tibi,
te coemisse
ex tota provincia
in prætura atque imperio,
tot res tam pretiosas,
omnes res denique
quæ fuerint alicujus pretii.
V. 10. Videte
diligentiam majorum,
qui dum etiam
suspicabantur
nihil istiusmodi,
verumtamen providebant
ea quæ poterant accidere
in parvis rebus.
Putaverunt neminem,
qui esset profectus
in provinciam
cum potestate
aut legatione,
fore tam amentem,
ut emeret argentum :
dabatur enim de publico ;
ut vestem :
præbebatur enim legibus.
Putaverunt
mancipium,
quo omnes et utimur,
et non præbetur a populo.
Sanxerunt,
NE QUIS EMERET
MANCIPIUM,
NISI IN LOCUM
DEMORTUI.
Si quis esset demortuus
Romæ?
Immo, si quis ibidem.
Non enim voluerunt

D'abord, quand moi
j'accorderais à toi
ce que tu veux, que tu as acheté,
puisque tu dois te servir
de cette unique défense
dans toute cette affaire :
je demande de quelle nature tu penses
les jugements être à Rome,
si tu as cru quelqu'un
devoir accorder cela à toi,
que tu as acheté
de toute la province
dans *ta* préture et avec le pouvoir,
tant de choses si précieuses,
toutes les choses enfin
qui étaient de quelque prix.
V. 10. Voyez
l'attention de *nos* ancêtres,
qui lors même
qu'ils ne soupçonnaient
rien de ce genre,
néanmoins prévoyaient
ces *abus* qui pouvaient arriver
dans les petites choses.
Ils pensèrent qu'aucun *homme*
qui serait parti
pour une province
avec le pouvoir *de préteur*
ou de lieutenant,
ne serait assez insensé,
pour acheter de l'argenterie :
car on *lui en* donnait du *trésor* public :
pour *acheter* des ameublements :
car il *y* était pourvu par les lois.
Ils pensèrent
qu'il pouvait acheter un esclave,
dont tous aussi nous nous servons,
et il n'*en* est pas donné par le peuple.
Ils défendirent
QU'UN *préteur* ACHETAT
UN ESCLAVE,
SI CE N'ÉTAIT A LA PLACE
D'UN *esclave* MORT.
Si cet *esclave* était mort
à Rome?
Non, si cet *esclave était mort* là-même.
Car ils n'ont pas voulu

instruere domum tuam voluerunt in provincia, sed illum usum provinciæ supplere.

11. Quæ fuit causa, cur tam diligenter nos in provinciis ab emptionibus removerent? Hæc, judices, quod putabant ereptionem esse, non emptionem, quum venditori suo arbitratu vendere non liceret. In provinciis intelligebant, si is, qui esset cum imperio ac potestate, quod apud quemque esset, emere vellet, idque ei liceret : fore, uti, quod quisque vellet, sive esset venale, sive non esset, quanti vellet, auferret. Dicet aliquis : « Noli isto modo agere cum Verre : noli ejus facta ad antiquæ religionis rationem exquirere : concede, ut impune emerit, modo ut bona ratione emerit, nihil pro potestate, nihil ab invito, nihil per injuriam. » Sic agam. Si quid venale habuit Heius, si id, quanti æstimabat, tanti vendidit : desino quærere, cur emeris.

VI. 12. Quid igitur nobis faciendum est? num argumentis

monter sa maison dans sa province, mais que seulement il pût réparer la perte d'un de ces objets qui sont d'un usage journalier.

11. Et pourquoi nous interdire avec tant de précaution tout achat dans nos provinces? C'est qu'ils pensaient qu'un achat n'est qu'une extorsion, toutes les fois que le vendeur n'est pas libre ; c'est qu'ils sentaient que si un homme, armé de l'autorité civile et militaire, avait la volonté et le droit de tout acheter, il enlèverait tout ce qui serait à sa bienséance au prix qu'il le voudrait, la chose fût-elle à vendre ou non. Mais, me dit-on, c'est agir avec trop de rigueur ; ne jugez pas la conduite de Verrès sur les principes austères de nos ancêtres; pardonnez-lui d'avoir acheté, pourvu qu'il l'ait fait de bonne foi, sans abus d'autorité, sans contrainte, sans lésion. Je le veux bien : si Héius a voulu vendre, et s'il a reçu le prix qu'il désirait, je ne demande plus pourquoi vous avez acheté.

VI. 12. Ici les raisonnements deviennent superflus. Tout se réduit,

te instruere tuam domum
in provincia,
sed supplere
illum usum
provinciæ.
11. Quæ causa fuit,
cur removerent nos
tam diligenter
ab emptionibus
in provinciis?
Hæc, judices,
quod putabant
esse ereptionem,
non emptionem,
quum non liceret venditori
vendere suo arbitratu.
Si in provinciis,
is qui esset cum imperio
ac potestate,
vellet emere
quod esset apud quemque,
idque liceret ei,
intelligebant fore
uti quisque
auferret quod vellet,
sive esset venale,
sive non esset,
quanti vellet.
Aliquis dicet :
« Noli agere isto modo
cum Verre :
noli exquirere facta ejus
ad rationem
religionis antiquæ :
concede, ut emerit impune,
modo ut emerit
bona ratione,
nihil pro potestate,
nihil ab invito,
nihil per injuriam. »
Agam sic.
Si Heius habuit quid venale,
si vendidit id
tanti quanti æstimabat,
desino quærere cur emeris.
VI. 12. Quid igitur
est faciendum nobis?

que toi *préteur* tu montasses ta maison
dans la province,
mais *que tu pusses* remplacer
cet usage (ce qui est indispensable)
à (dans) une province.
11. Quel motif y eut-il
pour qu'ils détournassent nous
si vivement
des achats
dans les provinces?
Celui-là, juges,
qu'ils pensaient
que *c'*était une spoliation,
non un achat,
lorsqu'il n'était-pas-permis au vendeur
de vendre à sa volonté.
Si dans les provinces,
celui qui était avec l'autorité *militaire*
et la puissance *civile*,
voulait acheter
ce qui était chez chaque *particulier*,
et que cela fût-permis à lui,
ils comprenaient qu'il arriverait
que chacun
enlèverait ce qu'il voudrait,
soit que *cela* fût à vendre,
soit que *cela* ne *le* fût pas,
au prix qu'il voudrait.
Quelqu'un dira :
« Ne-veuillez-pas agir de cette manière
avec Verrès :
ne-veuillez-pas examiner les actes de lui
d'après la règle
de la religion antique :
accordez, qu'il a acheté impunément,
pourvu qu'il ait acheté
de bonne foi,
rien à la faveur de *son* pouvoir,
rien d'une *personne* contrainte,
rien avec préjudice. »
Je ferai ainsi.
Si Héius a eu quelque *objet* à-vendre,
s'il a vendu cet *objet*
autant qu'il l'estimait, [te.
je cesse de demander pourquoi tu as ache-
VI. 12. Quoi donc
est à-faire à nous?

utendum in re ejusmodi? Quærendum est, credo, Heius iste num æs alienum habuerit, num auctionem fecerit : si fecit, num tanta difficultas eum rei nummariæ tenuerit, tanta egestas, tanta vis oppresserit, ut sacrarium suum spoliaret, ut deos patrios venderet. At hominem video auctionem fecisse nullam : vendidisse, præter fructus suos, nihil unquam : non modo in ære alieno nullo, sed in suis nummis multis esse ac semper fuisse. Si hæc contra, ac dico, essent omnia : tamen illum hæc, quæ tot annos in familia sacrarioque majorum fuissent, venditurum non fuisse. Quid? si magnitudine pecuniæ persuasum est ei? Verisimile non est, ut ille homo tam locuples, tam honestus, religioni suæ monumentisque majorum pecuniam anteponeret.

13. Sunt ista : verumtamen abducuntur homines nonnunquam etiam ab institutis suis magnitudine pecuniæ. Videamus, quanta ista pecunia fuerit, quæ potuerit Heium, hominem

je pense, à ces questions : Héius a-t-il eu des dettes? Héius a-t-il mis ses effets en vente? Et, s'il l'a fait, s'est-il trouvé dans une détresse assez grande, dans une situation assez fâcheuse pour être contraint de dépouiller son oratoire et de vendre les dieux de ses pères? Or, je vois qu'Héius n'a fait aucune vente de ses biens, qu'il n'a jamais vendu que les fruits de ses terres; que, loin qu'il ait des dettes, ses coffres sont aujourd'hui, comme ils l'ont toujours été, remplis d'argent; je vois qu'en supposant le contraire de tout ce que je dis, il était incapable de vendre des monuments sacrés qui, depuis tant d'années, étaient dans la famille et dans l'oratoire de ses ancêtres.... Mais on l'a séduit peut-être par une forte somme.... Non, citoyens, il n'est pas vraisemblable que cet homme si riche, si honnête, eût sacrifié à une somme quelconque ses dieux et les monuments de ses pères....

13. Oui, mais l'argent, l'argent quelquefois nous entraîne bien loin de nos principes.... Voyons-la donc cette somme prodigieuse qui

num utendum argumentis
in re ejusmodi?
Quærendum est, credo,
num iste Heius
habuerit æs alienum,
num fecerit auctionem :
si fecit,
num tanta difficultas
rei nummariæ
tenuerit eum,
tanta egestas,
tanta vis oppresserit,
ut spoliaret
suum sacrarium,
ut venderet deos patrios.
At video hominem
fecisse nullam auctionem;
vendidisse unquam nihil,
præter suos fructus;
non modo fuisse
in nullo ære alieno,
sed esse ac semper
in nummis suis multis.
Si omnia hæc
essent contra ac dico;
tamen illum
non venditurum fuisse hæc,
quæ fuissent tot annos
in familia
sacrarioque majorum.
Quid? si est persuasum ei
magnitudine pecuniæ?
Non est verisimile,
ut ille homo tam locuples,
tam honestus,
anteponeret pecuniam
suæ religioni
monumentisque majorum.
13. Ista sunt;
verumtamen
homines abducuntur
nonnunquam etiam
ab suis institutis
magnitudine pecuniæ.
Videamus quanta
fuerit ista pecunia,
quæ potuerit

est-ce qu'il faut user de raisonnements
dans une affaire de cette sorte?
Il faut chercher, je crois,
si cet Héius
a eu des dettes,
s'il a fait une vente-à-l'enchère:
s'il *l'*a faite,
il faut chercher si un tel embarras
d'argent
a maîtrisé lui,
si une telle detresse,
une telle nécessité *l'*a pressé,
qu'il dépouillât
son oratoire,
qu'il vendît les dieux de-*ses*-pères.
Mais je vois que *cet* homme
n'a fait aucune vente-à-l'enchère;
qu'il n'a vendu jamais rien,
excepté ses fruits;
que non-seulement il n'était *engagé*
dans aucune dette,
mais qu'il est *maintenant* et toujours
en (avec des) fonds à-lui abondants.
Je vois que quand tous ces *détails*
seraient le contraire de ce que je dis;
cependant lui
n'aurait pas vendu ces *objets*,
qui avaient été tant d'années
dans la famille
et dans l'oratoire de *ses* ancêtres.
Mais quoi? si *cela* a été persuadé à lui
par la grandeur de la somme?
Il n'est pas vraisemblable,
que cet homme si riche,
si honnête,
ait préféré de l'argent
à *l'objet de* son culte
et aux monuments de *ses* aïeux.
13. Cela est (soit);
mais cependant
les hommes sont entraînés
quelquefois aussi
hors de leurs principes
par la grandeur de la somme.
Voyons combien grande
était cette somme
qui aura pu

maxime locupletem, minime avarum, ab humanitate, a pietate, ab religione deducere. Ita jussisti, opinor, ipsum in tabulas referre : HÆC OMNIA SIGNA PRAXITELIS, MYRONIS, POLYCLETI, H-S VI MILL. ET D [1] VERRI VENDITA SUNT. Recita ex tabulis. TABULÆ HEII. Juvat me, hæc præclara nomina artificum, quæ isti ad cœlum ferunt, Verris æstimatione sic concidisse. Cupidinem Praxitelis H-S MDC. Profecto hinc natum est : *Malo emere, quam rogare.*

VII. 14. Dicet aliquis : « Quid? tu ista permagno æstimas? » Ego vero ad meam rationem usumque non æstimo. Verumtamen a vobis ita arbitror spectari oportere, quanti hæc eorum judicio, qui studiosi sunt harum rerum, æstimentur : quanti venire soleant : quanti hæc ipsa, si palam libereque venirent, venire possent : denique ipse Verres quanti æstimet. Nunquam enim, si denariis quadringentis Cupidinem illum putasset,

a pu éblouir Héius, un des hommes les plus riches et les moins intéressés, au point de lui faire oublier les sentiments de l'honneur, de la piété filiale, et de la religion. Voici ce qu'il a écrit lui-même sur ses registres, sans doute par votre ordre : TOUTES CES STATUES DE PRAXITÈLE, DE MYRON, DE POLYCLÈTE, ONT ÉTÉ VENDUES A VERRÈS SIX MILLE CINQ CENTS SESTERCES. Lisez. REGISTRES D'HÉIUS. J'aime à voir ces noms fameux d'artistes, ces noms que les amateurs portent au ciel, rabaissés ainsi par l'estimation de Verrès. Un Cupidon de Praxitèle, SEIZE CENTS SESTERCES ! Ah ! sans doute c'est de là qu'est né le proverbe : *J'aime mieux acheter que demander.*

VII. 14. On dira que c'est attacher un grand prix à ces frivolités. Citoyens, je ne les apprécie ni d'après mes principes, ni pour mon usage ; mais je pense que vous devez vous mettre à la place de ceux qui ont cette manie, examiner ce qu'elles valent dans leur opinion, combien elles se vendent communément, quel prix on pourrait donner de celles dont je parle, dans une vente libre et publique ; en un mot, ce qu'elles valent aux yeux de Verrès lui-même. Il a payé

deducere ab humanitate,	détourner de l'honneur
a pietate, ab religione,	de la piété *filiale*, de la religion,
Heium, hominem	Héius, l'homme
maxime locupletem,	le plus riche,
minime avarum.	le moins avide.
Jussisti, opinor, ipsum	Tu as ordonné, je pense, que lui-même
referre ita in tabulas :	écrivît ainsi sur *ses* registres :
OMNIA HÆC SIGNA	TOUTES CES STATUES
PRAXITELIS, MYRONIS,	DE PRAXITÈLE, DE MYRON,
POLYCLETI,	DE POLYCLÈTE,
SUNT VENDITA VERRI	ONT ÉTÉ VENDUES A VERRÈS
VI MILL. ET D H-S.	SIX MILLE ET CINQ CENTS SESTERCES.
Recita ex tabulis.	Lisez dans les registres.
TABULÆ HEII.	REGISTRES D'HÉIUS.
Juvat me,	*Cela* réjouit moi,
hæc nomina artificum	que ces noms d'artistes,
præclara,	*ces noms* fameux
quæ isti ferunt ad cœlum,	que ces *amateurs* portent au ciel,
concidisse sic	soient déchus à ce point
æstimatione Verris.	par l'estimation de Verrès.
Cupidinem Praxitelis	Un Cupidon de Praxitèle
MDC H-S.!	seize cents sesterces!
Profecto hinc est natum :	Sans doute de là est né *le mot* :
« Malo emere,	« J'aime-mieux acheter
quam rogare. »	que demander. »
VII. 14. Aliquis dicet :	VII. 14. Quelqu'un dira :
« Quid? tu æstimas	« Eh quoi! tu estimes *donc*
ista permagno? »	ces *objets* à très-haut *prix?* »
Ego vero non æstimo	Pour moi je ne *les* estime pas
ad meam rationem	d'après mes principes
usumque.	et *mon* usage.
Verumtamen arbitror	Mais cependant je pense
oportere spectari	qu'il faut qu'il soit considéré
a vobis ita,	par vous de cette manière,
quanti hæc æstimentur,	*savoir* combien ils sont estimés
judicio eorum,	au jugement de ceux-*là*,
qui sunt studiosi	qui sont curieux
harum rerum;	de ces choses;
quanti soleant venire ;	combien ils ont-coutume d'être vendus;
quanti hæc ipsa	combien ceux-*là* mêmes
possent venire,	pourraient être vendus,
si venirent	s'ils se vendaient
palam libereque ;	publiquement et librement;
denique quanti	enfin combien
Verres ipse æstimet.	Verrès lui-même *les* estime.
Si enim putasset	S'il avait évalué en effet
illum Cupidinem	ce Cupidon

commisisset, ut propter eum in sermonem hominum atque in tantam vituperationem veniret.

15. Quis vestrum igitur nescit, quanti hæc æstimentur? In auctione signum æneum non magnum H-S cxx millibus venire non vidimus? Quid si velim nominare homines, qui aut non minoris, aut etiam pluris emerint? nonne possum? Etenim qui modus est in his rebus cupiditatis, idem est æstimationis. Difficile est enim finem facere pretio, nisi libidini feceris. Video igitur Heium neque voluntate, neque difficultate aliqua temporis, neque magnitudine pecuniæ adductum esse, ut hæc signa venderet : teque ista simulatione emptionis, vi, metu, imperio, fascibus, ab homine eo, quem una cum ceteris sociis non solum potestati tuæ, sed etiam fidei populus romanus commiserat, eripuisse atque abstulisse.

16. Quid mihi tam optandum, judices, potest esse in hoc

ce Cupidon quatre cents deniers. Mais, s'il ne l'eût pas estimé davantage, aurait-il voulu, pour un objet aussi modique, braver les propos de la malignité et s'exposer aux reproches les plus honteux?

15. D'ailleurs, qui de vous ignore le prix de ces choses? N'avons-nous pas vu dans une vente publique un bronze, d'une grandeur moyenne, payé cent vingt mille sesterces? Ne pourrais-je pas citer des personnes qui en ont payé de semblables aussi cher, et même plus cher? Ce sont là des objets de fantaisie : on ne peut assigner de terme à leur valeur; elle dépend toute du caprice des acheteurs. Je vois donc qu'Héius n'a point voulu vendre ses statues, qu'il n'a point été contraint par le besoin, qu'il n'a pas été séduit par l'importance de la somme, mais que c'est vous qui, par la force, par la crainte, par l'abus du pouvoir, par une violence colorée du nom d'achat, les avez enlevées et arrachées des mains d'un homme que la république avait mis, avec les autres alliés, sous la sauvegarde de votre puissance et de votre loyauté.

16. Que me resterait-il à désirer si Héius attestait lui-même ce que je

quadringentis denariis,
nunquam commisisset,
ut veniret propter eum
in sermonem hominum
atque in vituperationem
tantam.

15. Quis vestrum igitur
nescit quanti
hæc æstimentur?
Non vidimus in auctione
signum æneum
non magnum
venire CXX millibus H-S?
Quid si velim
nominare homines,
qui emerint
aut non minoris,
aut etiam pluris?
nonne possum?
Etenim in his rebus
modus qui est cupiditatis,
est idem æstimationis.
Est enim difficile
facere finem pretio,
nisi feceris libidini.
Video igitur
Heium esse adductum
neque voluntate,
neque aliqua difficultate
temporis,
neque magnitudine
pecuniæ,
ut venderet hæc signa;
teque eripuisse
atque abstulisse ista
simulatione emptionis,
vi, metu,
imperio, fascibus,
ab eo homine,
quem populus romanus
commiserat
una cum ceteris sociis,
non solum tuæ potestati,
sed etiam fidei.

16. Quid potest, judices,
esse mihi tam optandum
in hoc crimine,

quatre-cents deniers,
jamais il n'aurait risqué
de venir à cause de lui
en butte aux propos des hommes
et à une désapprobation
aussi grande.

15. Qui de vous donc
ne-sait combien
ces *objets* sont estimés?
N'avons-nous pas vu dans une enchère
un statue de-bronze
point grande,
se vendre cent vingt mille sesterces?
Que *serait-ce* si je voulais
nommer les personnes,
qui *en* ont acheté
ou non moins *cher*
ou même plus?
ne *le* puis-je pas?
En effet dans ces choses
la limite qu'il y a dans le désir,
est la même dans l'estimation.
Car il est difficile
de mettre un terme au prix,
si vous n'*en* avez mis à *votre* caprice.
Je vois donc
qu'Héius *n*'a été amené
ni par *sa* volonté,
ni par quelque embarras
du moment,
ni par l'importance
de la somme,
à vendre ces statues;
et que tu as arraché
et enlevé elles
sous un semblant d'achat,
par la force, par la crainte,
par le pouvoir, par les faisceaux,
à cet homme,
que le peuple romain
avait confié
ensemble avec les autres alliés,
non-seulement à ta puissance,
mais encore à *ta* loyauté.

16. Que peut-il, juges,
être pour moi aussi désirable
dans cette accusation,

crimine, quam ut hæc eadem dicat ipse Heius? Nihil profecto. Sed ne difficilia optemus. Heius est mamertinus : mamertina civitas istum publice communi consilio sola laudat : omnibus iste ceteris Siculis odio est : ab his solis amatur. Ejus autem legationis, quæ ad istum laudandum missa est, princeps est Heius : etenim est primus civitatis : ne forte, dum publicis mandatis serviat, de privatis injuriis reticeat.

17. Hæc quum scirem et cogitarem, commisi tamen me, judices, Heio. Produxi eum prima actione : neque tamen id ullo periculo feci. Quid enim poterat Heius respondere, si esset improbus, si sui dissimilis? Signa illa domi suæ esse, non apud Verrem? Qui poterat quidquam ejusmodi dicere? Ut homo turpissimus esset, impudentissimeque mentiretur, hoc diceret : illa se habuisse venalia, eaque sese, quanti voluerit, vendidisse. Homo domi suæ nobilissimus, qui vos de religione

viens de dire? Certes, mon triomphe serait complet; mais ne souhaitons pas l'impossible. Héius est de Messine, et Messine est la seule ville qui ait décerné un éloge à Verrès. Détesté du reste des Siciliens, Verrès n'a d'amis qu'à Messine. Or, Héius, le premier citoyen de la ville, est chef de la députation envoyée pour louer Verrès. Organe de la reconnaissance publique, voudrait-il faire entendre ses plaintes personnelles?

17. J'avais fait ces réflexions. Toutefois j'ai osé me confier à sa probité, je l'ai fait entendre dans la première action ; et je n'avais rien à craindre. Quand Héius aurait été un homme sans principes, quand il aurait démenti son caractère honnête, que pouvait-il répondre? Que les statues étaient chez lui et non chez Verrès? L'imposture était trop grossière. Qu'on le suppose le plus vil des mortels, le plus audacieux des imposteurs, voici tout au plus ce qu'il pouvait dire : J'ai voulu les vendre, et j'en ai reçu le prix que je demandais. Mais ce citoyen respecté dans sa patrie, et jaloux de

quam ut Heius ipse	*savoir,* qu'Héius lui-même
dicat hæc eadem ?	dise ces mêmes choses ?
Nihil profecto.	Rien assurément.
Sed ne optemus difficilia.	Mais ne désirons pas des choses difficiles.
Heius est mamertinus ;	Héius est mamertin ;
civitas mamertina sola	la cité des-Mamertins seule
laudat istum publice	loue ce *Verrès* en public
consilio communi ;	par une délibération commune ;
iste est odio	cet *homme* est à haine
omnibus ceteris Siculis ;	à tous les autres Siciliens ;
amatur ab his solis.	il est aimé par ceux-*là* seuls.
Heius autem est princeps	Or Héius est le chef
ejus legationis,	de cette députation,
quæ est missa	qui a été envoyée
ad laudandum istum :	pour louer ce *préteur :*
etenim est primus civitatis :	car il est le premier de la ville :
ne forte,	*je craignais* que par hasard,
dum serviat	comme il exécutait
mandatis publicis,	une mission publique,
reticeat	il ne se tût
de injuriis privatis.	sur *ses* injures personnelles.
17. Quum scirem hæc	17. Quoique je connusse cela
et cogitarem,	et que je fisse-*mes*-réflexions,
tamen, judices,	néanmoins, juges,
commisi me Heio.	j'ai confié moi à Héius.
Produxi eum	J'ai fait-entendre lui
prima actione ;	dans la première action ;
neque tamen feci id	et cependant je n'ai pas fait cela
ullo periculo.	avec le moindre danger.
Quid enim Heius	Quelle chose en effet Héius
poterat respondere,	pouvait-il répondre,
si esset improbus,	quand il aurait été de-mauvaise-foi,
si dissimilis sui ?	quand *il eût été* différent de lui-même ?
Illa signa esse suæ domi,	Que ces statues étaient dans sa maison,
non apud Verrem ?	*et* non chez Verrès ?
Qui poterat	Comment pouvait-il
dicere quidquam ejusmodi?	dire quelque chose de semblable ?
Ut esset homo turpissimus,	Quand il eût été l'homme le plus vil,
mentireturque	et *qu'*il eût menti
impudentissime,	le plus impudemment,
diceret hoc :	il eût dit ceci :
se habuisse illa venalia,	qu'il avait eu ces *statues* à-vendre,
seseque vendidisse ea,	et qu'il avait vendu elles,
quanti voluerit.	autant qu'il avait voulu.
Homo nobilissimus	*Cet* homme très-considéré
suæ domi,	dans sa patrie,
qui vellet maxime	qui voulait surtout

sua ac dignitate vere existimare maxime vellet, primo dixit, se istum publice laudare, quod sibi ita mandatum esset : deinde neque se illa habuisse venalia, neque ulla conditione, si, utrum vellet, liceret, adduci unquam potuisse, ut venderet illa, quæ in sacrario fuissent a majoribus suis relicta et tradita.

VIII. 18. Quid sedes, Verres? quid exspectas? quid te a centuripina civitate, a catinensi, ab halesina, tyndaritana, ennensi, agyrinensi, ceterisque Siciliæ civitatibus circumveniri atque opprimi dicis? tua te altera patria, quemadmodum dicere solebas, Messana circumvenit : tua, inquam, Messana, tuorum adjutrix scelerum, libidinum testis, prædarum ac furtorum receptrix. Adest enim vir amplissimus ejus civitatis, legatus, hujusce judicii causa domo missus, princeps laudationis tuæ : qui te publice laudat; ita enim mandatum atque imperatum est. Tametsi rogatus de Cybea [1], tenetis memoria,

vous donner une juste idée de sa religion et de sa probité, a déclaré d'abord qu'il louait Verrès au nom de ses concitoyens, parce que telle était sa mission; ensuite que ces statues n'avaient pas été à vendre, et que, s'il avait été maître de les garder, les offres les plus séduisantes n'auraient pu l'engager à vendre les monuments religieux qui lui ont été transmis par ses ancêtres.

VIII. 18. Fuyez, Verrès, fuyez, et ne dites plus que Centorbe, Catane, Enna, Halèse, Tyndare, Agyre, et les autres villes de Sicile se sont liguées contre vous. Messine, votre seconde patrie, comme vous l'appeliez vous-même; oui, votre chère Messine, la complice de vos crimes, la confidente de vos débauches, l'entrepôt de vos larcins et de vos brigandages, vous attaque et vous poursuit. Nous voyons à cette audience le premier de ses citoyens, envoyé à cause de votre procès, chef de la députation chargée de vous louer. Il vous loue au nom de sa ville, parce qu'il en a reçu l'exprès commandement. Au surplus, vous vous rappelez, citoyens, ce qu'il répondit lorsqu'il fut

vos existimare vere
de sua religione
ac dignitate,
dixit primo
se laudare istum publice,
quod esset mandatum
sibi ita :
deinde se neque habuisse
illa venalia,
neque potuisse adduci
unquam ulla conditione,
si, utrum vellet, liceret,
ut venderet illa,
quæ fuissent relicta
et tradita in sacrario
a suis majoribus.

VIII. 18. Quid sedes,
Verres?
quid exspectas?
quid dicis te circumveniri
atque opprimi
a civitate centuripina,
a catinensi, ab halesina,
tyndaritana, ennensi,
agyrinensi,
ceterisque civitatibus
Siciliæ?
Messana, tua altera patria,
quemadmodum
solebas dicere,
circumvenit te;
tua Messana, inquam,
adjutrix tuorum scelerum,
testis libidinum,
eceptrix prædarum
c furtorum.
ir enim amplissimus
jus civitatis
dest, missus domo legatus,
ausa hujusce judicii,
rinceps tuæ laudationis;
ui laudat te publice;
st enim mandatum
tque imperatum ita.
ametsi rogatus
e Cybea,
netis memoria

vous juger avec-justesse
de sa religion
et de *sa* probité,
a dit d'abord
qu'il louait ce *Verrès* au-nom-de-la-ville,
parce qu'il avait été prescrit
à lui ainsi :
ensuite que lui-même n'avait ni eu
ces *statues* à-vendre,
ni pu être amené
jamais par aucune condition,
si, ce qu'il voulait, *lui* avait été permis,
à vendre ces *objets*,
qui avaient été laissés
et transmis dans l'oratoire
par ses ancêtres.

VIII. 18. Pourquoi restes-tu *ici*
Verrès?
qu'attends-tu?
pourquoi dis-tu que tu es assailli
et que tu es accablé
par la ville de-Centorbe,
par *celle* de-Catane, par *celle* d'-Halèse,
celle de-Tyndare, *celle* d'-Enna,
celle d'-Agyre,
et les autres villes
de la Sicile?
Messine, ta seconde patrie,
comme
tu avais-coutume de *le* dire,
attaque toi;
ta Messine, dis-je,
la complice de tes crimes,
le témoin de *tes* débauches,
l'entrepôt de *tes* rapines
et de *tes* larcins.
L'homme en effet le plus considérable
de cette ville
est-ici, envoyé de *sa* patrie *comme* député,
pour ce procès *même*,
et comme présidant à ton éloge;
lequel loue toi au-nom-de-la-ville;
car il a été donné-mandat
et donné-ordre *de faire* ainsi.
Néanmoins, interrogé
sur le Cybée,
vous gardez dans *votre* mémoire

quid responderit : ædificatam publicis operis, publice coactis, eique ædificandæ publice mamertinum senatorem præfuisse. Idem ad vos privatim, judices, confugit : utitur hac lege, qua judicium est, communi arce sociorum. Tametsi lex est de pecuniis repetundis, ille se negat pecuniam repetere, quam ereptam non tanto opere desiderat : sacra se majorum suorum repetere abs te dicit : deos penates a te patrios reposcit.

19. Ecqui pudor est? ecqua religio, Verres? ecqui metus? habitasti apud Heium Messanæ : res illum divinas apud eos deos in suo sacrario prope quotidie facere vidisti. Non movetur pecunia : denique quæ ornamenti causa fuerunt, non requirit. Habe Canephoros : deorum simulacra restitue. Quæ quia dixit, quia tempore dato modeste apud vos socius amicusque populi romani questus est : quia religioni suæ non modo in diis pa-

interrogé sur le Cybée. Il vous dit que ce vaisseau a été construit par des ouvriers publics, aux frais de la cité, sous les yeux d'un sénateur chargé de présider à la construction. Aujourd'hui, ce même Héius implore votre justice comme simple particulier ; il invoque la loi qui, chez nos alliés, protége également les propriétés des villes et les fortunes des citoyens ; et, quoique cette loi l'autorise à réclamer les biens qu'on lui a ravis, il en fait l'abandon ; cette perte n'est pas ce qui le touche le plus, il redemande les dieux de ses ancêtres, il réclame les dieux protecteurs de sa famille.

19. Ah ! Verrès, où est donc la pudeur, le respect de la religion, la crainte des lois? Vous avez été reçu dans la maison d'Héius ; vous l'avez vu presque tous les jours offrir des sacrifices sur les autels de ces mêmes dieux ! Il est insensible à la perte de son argent ; il abandonne ce qui n'était que pour la décoration. Gardez mes Canéphores, vous dit-il : rendez-moi les images de mes dieux. Et, parce qu'il s'est

quid responderit :	ce qu'il a répondu :
ædificatam	*qu'il avait été* construit
operis publicis,	par des ouvrages (ouvriers) publics
coactis publice,	payés par-la-ville,
senatoremque mamertinum	et qu'un sénateur mamertin
præfuisse publice	avait présidé par-ordre-de-la-ville
ei ædificandæ.	à lui devant être construit.
Idem, judices,	Le même *homme*, juges,
confugit ad vos privatim :	a-recours à vous comme-particulier :
utitur hac lege,	il use de cette loi,
qua est judicium,	par laquelle est *accordé* le jugement,
arce communi sociorum.	*loi*, sauve-garde commune des alliés.
Tametsi lex est	Quoique *cette* loi soit *établie*
de pecuniis repetundis,	pour l'argent à-réclamer,
ille negat	il nie
se repetere pecuniam,	qu'il réclame de l'argent,
non desiderat tanto opere	il ne regrette pas avec tant de force
quam ereptam :	cet *argent* enlevé :
dicit se repetere abs te	il dit qu'il réclame de toi, *Verres*,
sacra suorum majorum :	les divinités de ses ancêtres :
reposcit a te	il redemande à toi
deos penates patrios.	les dieux pénates de-*sa*-famille.
19. Ecqui est pudor,	19. Où est *pour toi* la pudeur,
Verres?	Verrès?
ecqua religio? ecqui metus?	où *est* la religion? où *est* la crainte?
habitasti Messanæ	tu as habité à Messine
apud Heium :	chez Héius :
vidisti illum	tu as vu lui
facere res divinas	accomplir les cérémonies religieuses
prope quotidie	presque chaque-jour
apud eos deos	devant ces dieux
in suo sacrario.	dans son oratoire.
Non movetur pecunia ;	Il n'est-pas-sensible à l'argent :
denique non requirit	en un mot il ne redemande pas
quæ fuerunt	*les objets* qui ont été
causa ornamenti.	pour l'ornement.
Habe Canephoros :	Garde les Canéphores :
restitue simulacra deorum.	restitue les images des dieux.
Quia dixit quæ,	Parce qu'il a dit ces *paroles*,
quia socius amicusque	parce qu'un allié et un ami
populi romani,	du peuple romain,
tempore dato,	la circonstance étant offerte,
questus est modeste	s'est plaint avec-modération
apud vos ;	auprès de vous ;
quia fuit proximus	parce qu'il a été fidèle
suæ religioni non modo	à sa religion non-seulement
in repetundis diis patriis,	en redemandant *ses* dieux paternels,

triis repetundis, sed etiam in ipso jurejurando ac testimonio, proximus fuit : hominem missum ab isto scitote esse Messanam de legatis unum, illum ipsum, qui navi istius ædificandæ publice præfuit, qui a senatu peteret, ut Heius ignominia afficeretur.

IX. 20. Homo amentissime, quid putasti? te impetraturum? Quanti is a civibus suis fieret, quanti auctoritas ejus haberetur, ignorabas? Verum fac te impetravisse : fac aliquid gravius in Heium statuisse Mamertinos : quantam putas auctoritatem laudationis eorum futuram, si in eum, quem constet verum pro testimonio dixisse, pœnam constituerint? Tametsi quæ est ista laudatio, quum laudator interrogatus lædat necesse est? Quid? isti laudatores tui, nonne testes mei sunt? Heius est laudator : læsit gravissime. Producam ceteros : reticebunt, quæ poterunt, libenter : dicent, quæ necesse erit, ingratiis. Negent isti onerariam navem maximam ædificatam esse Mes-

permis une juste réclamation, parce qu'un allié, un ami du peuple romain, a profité des circonstances pour faire entendre une plainte modérée, parce qu'il a obéi à sa conscience en redemandant les dieux de ses pères, en respectant la foi du serment, apprenez, citoyens, que Verrès a renvoyé à Messine un des membres de la députation, celui même qui a présidé à la construction du vaisseau, pour demander au sénat que la conduite d'Héius fût censurée et blâmée.

IX. 20. Homme insensé! vous êtes-vous flatté d'obtenir un tel décret? Ignoriez-vous le crédit et la considération dont jouit Héius parmi ses compatriotes? Supposons que vous l'eussiez obtenu ; supposons que les Mamertins eussent décerné quelque peine contre lui, de quel poids serait leur témoignage, si l'on était puni chez eux pour avoir dit la vérité? Au surplus, que penser d'un éloge, quand les panégyristes deviennent accusateurs aussitôt qu'on les interroge? Or, Verrès, vos panégyristes ne sont-ils pas mes témoins? Heius vous loue, et c'est lui qui vous a fait le plus de mal. J'interrogerai aussi les autres : ils seront discrets ; je dois m'y attendre. Ils ne révèleront rien de ce qu'ils pourront taire, mais il faudra bien qu'ils avouent ce qu'il est impossible de nier. Nieront-ils qu'un vaisseau ait été con-

sed etiam	mais encore
in jurejurando ipso	dans le serment lui-même
ac testimonio ;	et dans *son* témoignage;
scitote unum hominem	sachez qu'un homme,
de legatis esse missum	*un* des députés, a été envoyé
ab isto Messanam,	par ce *Verres* à Messine,
illum ipsum qui præfuit	celui-*là* même qui a présidé
navi istius	au vaisseau de ce *préteur*
ædificandæ publice,	devant être construit par-la-ville,
qui peteret a senatu	pour demander au sénat
ut Heius	qu'Héius
afficeretur ignominia.	fût marqué d'infamie.
IX. 20. Homo	IX. 20. Homme
amentissime,	insensé,
quid putasti?	qu'as-tu pensé?
te impetraturum?	que tu obtiendrais *cette injustice?*
Ignorabas quanti	Ignorais-tu combien
is fieret a suis civibus,	il était estimé par ses concitoyens,
quanti auctoritas ejus	combien le crédit de lui
haberetur?	était-étendu?
Verum fac te impetravisse;	Mais suppose que tu *l'*aies obtenu;
fac Mamertinos	suppose que les Mamertins
statuisse aliquid gravius	aient prononcé quelque *peine* trop grave
in Heium;	contre Heius;
quantam putas	combien grande penses-tu
futuram auctoritatem	devoir être l'autorité
laudationis eorum,	de l'éloge d'eux,
si constituerint pœnam	s'ils avaient porté une peine
in eum quem constet	contre cet *homme* que l'on-sait
dixisse verum	avoir dit la vérité
pro testimonio?	en témoignage?
Tametsi	D'ailleurs
quæ est ista laudatio,	quel est cet éloge,
quum est necesse laudator	quand il est nécessaire que le panégyriste
interrogatus lædat?	étant interrogé accuse?
Quid? isti tui laudatores,	Quoi? ces *hommes*, tes panégyristes,
nonne sunt mei testes?	ne sont-ils pas mes témoins?
Heius est laudator :	Héius est *ton* panégyriste :
læsit gravissime.	il *t'*a attaqué très-gravement.
Producam ceteros :	Je produirai les autres :
reticebunt libenter	ils tairont volontiers
quæ poterunt :	ce qu'ils pourront :
dicent ingratiis	ils diront contre-*leur*-gré
quæ erit necesse.	ce qui sera nécessaire.
Isti negent	Ces *hommes* nieront-ils
navem onerariam	qu'un vaisseau de-charge
maximam	très-grand

sanæ? Negent, si possint. Negent ei navi faciundæ senatorem mamertinum publice præfuisse? Utinam negent! Sunt etiam cetera, quæ malo integra reservare, ut quam minimum dem illis temporis ad meditandum confirmandumque perjurium.

21. Hæc tibi laudatio procedat in numerum. Hi te homines auctoritate sua sublevent: qui te neque debent adjuvare, si possint : neque possunt, si velint : quibus tu privatim injurias plurimas contumeliasque imposuisti : quo in oppido multas familias in perpetuum infames tuis stupris flagitiisque fecisti. At publice commodasti. Non sine magno quidem reipublicæ provinciæque Siciliæ detrimento. Tritici modium LX millia empta populo romano dare debebant, et solebant[1]; abs te solo remissum est. Respublica detrimentum fecit, quod per te imperii jus una in civitate imminutum est : Siculi, quod hoc

struit à Messine pour Verrès? qu'ils le nient, s'ils l'osent Nieront-ils qu'un sénateur de Messine ait présidé à la construction? puissent-ils avoir cette impudence! J'ai d'autres questions encore que je réserve pour le moment même. Je ne veux pas leur donner le temps de méditer et de concerter leur parjure.

21. Que cet éloge unique, Verrès, vous tienne lieu de ceux qu'on vous refuse. Faites valoir le suffrage d'une ville qui ne devrait pas vous secourir, si elle le pouvait, et qui ne le pourra pas quoiqu'elle le veuille; d'une ville, où tant de citoyens ont essuyé de vous des injustices et des outrages sans nombre, où tant de familles ont été déshonorées à jamais par vos infâmes dissolutions. Mais vous avez rendu des services importants à la cité. Oui, Verrès, et ces importants services ont coûté cher à la république et à la Sicile. Les Mamertins devaient nous vendre soixante mille boisseaux de blé; ils l'ont fait dans tous les temps. Vous seul les en avez dispensés; et cela aux dépens de la république, privée par vous de l'exercice d'un droit de souveraineté; aux dépens des Siciliens mêmes, puisque les soixante mille boisseaux n'ont pas été retranchés de la totalité du blé

esse ædificatam Messanæ?	ait été construit à Messine?
Negent, si possint.	Qu'ils *le* nient, s'ils *le* peuvent.
Negent senatorem	Nieront-ils qu'un sénateur
mamertinum	mamertin
præfuisse publice	ait présidé au-nom-de-la-ville
ei navi faciundæ?	à ce vaisseau devant être construit?
Utinam negent!	Puissent-ils *le* nier!
Sunt etiam cetera quæ malo	Et il y a d'autres *questions* que je préfère
reservare integra,	réserver entières,
ut dem illis	afin de donner à ces *hommes*
quam minimum temporis	le moins de temps *possible*
ad meditandum	pour méditer
confirmandumque	et accomplir
perjurium.	un parjure.
21. Hæc laudatio	21. Que cet éloge [plusieurs].
procedat tibi in numerum.	serve à toi en nombre (te tienne lieu de
Hi homines sublevent te	Que ces hommes soutiennent toi
sua auctoritate;	de leur crédit;
qui neque debent	*eux* qui ni ne doivent
adjuvare te, si possint;	aider toi, s'ils *le* peuvent;
neque possunt, si velint;	ni ne *le* peuvent, s'ils *le* veulent;
quibus privatim	*eux* sur qui en particulier
tu imposuisti	tu as fait-tomber
plurimas injurias	beaucoup d'injustices
et contumelias;	et d'affronts:
in oppido	dans une ville
quo fecisti multas familias	où tu as rendu plusieurs familles
infames in perpetuum	déshonorées pour toujours
tuis stupris flagitiisque.	par tes infamies et *tes* désordres.
At commodasti publice.	Mais tu as rendu-des-services à-la-ville.
Non quidem	Non pas du moins
sine magno detrimento	sans un grand détriment
reipublicæ	pour la république
et provinciæ Siciliæ.	et la province *de* Sicile.
Debebant dare	Ils (les Mamertins) devaient donner
populo romano	au peuple romain
LX millia modium tritici	soixante mille boisseaux de blé
empta,	*qu'ils auraient* achetés,
et solebant;	et ils avaient-l'habitude *de le faire;*
est remissum abs te solo.	(cet impôt) *leur* a été remis par toi seul.
Respublica	La république
fecit detrimentum,	a éprouvé dommage,
quod jus imperii	parce que le droit de souveraineté
imminutum est per te	a reçu-une-atteinte par toi
in una civitate;	dans une ville;
Siculi,	les Siciliens *ont éprouvé dommage*,
quod hoc non est detractum	parce que cela n'a pas été retranché

non de summa frumenti detractum est, sed translatum in Centuripinos et Halesinos, immunes populos : et hoc plus impositum, quam ferre possent.

22. Navem imperare[1] ex fœdere debuisti. Remisisti in triennium. Militem nullum unquam poposcisti per tot annos. Fecisti item, uti prædones solent : qui quum communes hostes sint omnium, tamen aliquos sibi instituunt amicos, quibus non modo parcant, verum etiam præda quos augeant, et eos maxime, qui habent oppidum opportuno loco, quo sæpe adeundum sit navibus, nonnunquam etiam necessario.

X. 23. Phaselis illa[2], quam cepit P. Servilius, non fuerat urbs ante Cilicum atque prædonum : Lycii illam, græci homines, incolebant. Sed quod erat ejusmodi loco, atque ita projecta in altum, ut et exeuntes e Cilicia prædones sæpe ad eam necessario devenirent, et, quum ex hisce se locis reciperent,

qu'ils doivent, mais répartis sur Halèse et Centorbe, villes franches, que vous avez ainsi taxées au-dessus de leurs moyens.

22. Votre devoir était d'exiger un vaisseau des Mamertins : vous les en avez exemptés pendant trois ans, et, pendant ces trois ans, vous ne leur avez pas demandé un seul homme de guerre. Vous avez fait ce que font les pirates : ennemis communs de tous les peuples, ils se ménagent cependant quelques amis qu'ils épargnent, qu'ils enrichissent même d'une partie de leur butin ; ils ont soin de choisir ceux qui leur offrent un port sûr, et chez lesquels ils sont quelquefois obligés de chercher un asile.

X. 23. Cette Phasélis, qui fut prise par Servilius, n'avait pas toujours été un repaire de Ciliciens et de pirates ; c'était une colonie de Lyciens, peuple sorti de la Grèce. Comme cette ville s'avance beaucoup dans la mer, les pirates étaient souvent obligés d'y aborder, soit en sortant de leurs ports, soit en revenant de leurs courses. Ils se

de summa frumenti,	de la totalité du blé *imposé*,
sed translatum	mais reporté
in Centuripinos	sur les *habitants* de-Centorbe
et Halesinos,	et sur *ceux* d'-Halèse,
populos immunes;	peuples exempts-de-charges;
et hoc impositum	et cela *leur fut* imposé
plus quam possent ferre.	de plus qu'ils *ne* pouvaient supporter.
22. Debuisti ex fœdere	22. Tu as dû d'après le traité
imperare navem.	exiger un vaisseau.
Remisisti in triennium.	Tu *en* as exempté pendant trois-ans.
Unquam poposcisti	Jamais tu n'as demandé
nullum militem	aucun soldat
per tot annos.	pendant tant d'années (trois ans).
Fecisti item	Tu as fait aussi
uti prædones solent :	comme les pirates ont-coutume *de faire* :
qui quum sint	lesquels quoiqu'ils soient
hostes communes omnium,	les ennemis communs de tous,
tamen instituunt sibi	cependant ils font à eux
aliquos amicos,	quelques amis,
quibus non modo parcant,	que non-seulement ils épargnent,
verum etiam	mais encore
quos augeant præda,	qu'ils enrichissent de *leur* butin,
et eos maxime	et *ce sont* ces *peuples* surtout
qui habent oppidum	qui ont une ville
loco opportuno,	dans un lieu favorable,
quo sæpe	où souvent
sit adeundum navibus,	il soit à-aborder aux vaisseaux,
nonnunquam etiam	*et* quelquefois même
necessario.	par-nécessité.
X. 23. Illa Phaselis,	X. 23. Cette Phasélis,
quam P. Servilius cepit,	que P. Servilius prit,
non fuerat ante	n'avait pas été auparavant
urbs Cilicum	une ville de Ciliciens
atque prædonum :	et de pirates :
Lycii, homines græci,	des Lyciens, hommes (peuples) grecs,
incolebant illam.	habitaient elle.
Sed quod erat	Mais parce qu'elle était
loco ejusmodi,	dans un lieu d'une telle sorte (situation),
atque ita projecta in altum,	et si avancée dans la mer,
ut prædones	que les pirates
et exeuntes e Cilicia	et sortant de la Cilicie
evenirent sæpe ad eam	abordaient souvent à cette *ville*
ecessario,	par nécessité,
t deferrentur eodem,	et relâchaient au même *lieu*,
uum se reciperent	quand ils se retiraient
hisce locis;	de ces parages;
iratæ adsciverunt sibi	les pirates attachèrent à eux

eodem deferrentur; adsciverunt illud sibi oppidum piratæ, primo commercio, deinde etiam societate.

24. Mamertina civitas, improba antea non erat: etiam erat inimica improborum : quæ C. Catonis, illius, qui consul fuit, impedimenta retinuit. At cujus hominis? clarissimi potentissimique; qui tamen quum consul fuisset, condemnatus est[1]. Ita C. Cato, duorum hominum clarissimorum nepos, L. Paulli, et M. Catonis, et P. Africani sororis filius, quo damnato, tum, quum severa judicia fiebant, H-S XVIII millibus lis æstimata est; huic Mamertini irati fuerunt; qui majorem sumptum, quam, quanti Catonis lis æstimata est, in Timarchidis prandium sæpe fecerunt.

25. Verum hæc civitas isti prædoni ac piratæ siciliensi Phaselis fuit; huc omnia undique deportabantur; apud istos relinquebantur : quod celari opus erat, habebant sepositum ac reconditum : per istos, quæ volebat, in navem clam imponenda, occulte exportanda curabat : navim denique maximam,

l'associèrent d'abord par le commerce, ensuite par un traité d'alliance.

24. De même, avant la préture de Verrès, Messine n'était pas corrompue; elle était même ennemie des méchants. Ce fut elle qui arrêta les équipages de C. Caton, d'un consulaire, d'un citoyen dont le nom et la puissance étaient si imposants. Sa dignité de proconsul ne put le soustraire aux lois : oui Caton, petit-fils de Paul Émile et de Marcus Caton, neveu de Scipion l'Africain, fut condamné à restituer dix-huit mille sesterces; et les tribunaux étaient sévères alors. Ce fut au sujet d'une somme aussi modique que les Mamertins montrèrent cette animosité contre lui, eux qui depuis ont souvent dépensé beaucoup plus pour un souper de Timarchide.

25. Messine a été la Phasélis de ce brigand, de ce pirate sicilien. C'était là que s'entassaient les dépouilles de la province entière; on les déposait chez eux. Ils mettaient à part, ils cachaient ce qu'il fallait dérober aux regards. C'étaient eux qui se chargeaient d'embarquer en secret, de transporter sans bruit ce qu'il voulait. C'est chez eux, enfin, qu'il a fait construire un très-grand vaisseau, pour

illud oppidum,
primo commercio,
deinde etiam societate.
24. Civitas mamertina
non erat improba antea:
erat etiam
inimica improborum;
quæ retinuit
impedimenta C. Catonis,
illius qui fuit consul.
At cujus hominis?
clarissimi potentissimique,
qui tamen est condemnatus,
quum fuisset consul.
Ita C. Cato,
nepos duorum hominum
clarissimorum,
L. Paulli, et M. Catonis,
et filius
sororis P. Africani,
quo damnato,
tum quum judicia
fiebant severa,
lis est æstimata
XVIII millibus H S;
Mamertini
irati fuerunt huic;
qui fecerunt sæpe
in prandium Timarchidis
sumptum majorem,
quam quanti
lis Catonis est æstimata.
25. Verum hæc civitas
fuit Phaselis isti prædoni
ac piratæ siciliensi;
omnia deportabantur
undique huc;
relinquebantur apud istos:
habebant sepositum
ac reconditum
quod erat opus celari:
curabat per istos
quæ volebat
imponenda clam in navem,
exportanda occulte:
denique curavit
navim maximam,

cette ville,
d'abord par le commerce,
ensuite même par une alliance.
24. La ville des-Mamertins
n'était pas mauvaise auparavant:
elle était même
ennemie des méchants;
elle qui retint
les équipages de C. Caton,
de celui qui fut consul.
Et de quel homme?
du plus illustre et du plus puissant.
qui néanmoins fut condamné,
quoiqu'il fût consul.
Oui C. Caton,
petit-fils de deux hommes
très-célèbres,
L. Paul *Émile*, et M. Caton,
et fils
de la sœur de P. *Scipion* l'Africain.
lequel ayant été condamné,
alors que les jugements
étaient séveres,
son amende fut portée
à dix-huit mille sesterces;
les Mamertins
s'irritèrent contre lui;
eux qui firent souvent
pour un repas de Timarchide
une dépense plus grande,
que *la somme* à laquelle
l'amende de Caton fut portée.
25. Mais cette ville
a été une Phasélis pour ce brigand
et *ce* pirate sicilien;
tout était apporté
de toutes parts jusque-là (dans la ville;
tout était laissé chez ces *hommes*.
ils tenaient à-part
et renfermé
ce qu'il était besoin d'être caché:
il veillait par eux (par leur moyen)
aux objets qu'il voulait
être chargés en-secret sur un vaisseau,
et transportés furtivement:
enfin il prit-soin
qu'un vaisseau très-grand,

quam onustam furtis in Italiam mitteret, apud istos faciendam ædificandamque curavit. Pro hisce rebus vacatio data est ab isto sumptus, laboris, militiæ, rerum denique omnium. Per triennium soli non modo in Sicilia, verum, ut opinio mea fert, his quidem temporibus, in omni orbe terrarum, vacui, expertes, soluti ac liberi fuerunt ab omni sumptu, molestia, munere.

26. Hinc illa Verrea[1] nata sunt : hinc in convivium Sext. Cominium protrahi jussit, in quem scyphum de manu jacere conatus est : quem obtorta gula de convivio in vincula atque in tenebras abripi jussit : hinc illa crux, in quam civem romanum iste, multis inspectantibus, sustulit : quam non ausus est usquam defigere, nisi apud eos, quibuscum omnia scelera sua ac latrocinia communicasset.

XI. 27. Laudatum etiam vos quemquam venire audetis? qua auctoritate? utrum, quam apud senatorium ordinem, an quam apud populum romanum habere debetis? Ecqua civitas est,

envoyer en Italie le fruit de ses déprédations. Pour prix de tant de soins, ils ont été pendant trois ans exemptés de contributions, de corvées, de service militaire, en un mot de toute charge publique. Eux seuls, dans toute la Sicile, je pourrais dire dans le monde entier, ont été, pendant ces trois années, libres, tranquilles, affranchis, déchargés de toute dépense, de tout embarras, de toute redevance.

26. Aussi est-ce à Messine que furent instituées les fameuses *Verréennes*. C'est dans un repas donné à Messine qu'il fit traîner à ses pieds Sext. Cominius, qu'il lui jeta sa coupe au visage, et qu'il le fit saisir à la gorge pour être jeté dans un cachot ténébreux. C'est là que fut dressée cette croix sur laquelle expira un citoyen romain, à la vue d'une foule de spectateurs. Eh ! dans quel autre lieu l'aurait-il osé placer que chez ceux qu'il avait associés à tous ses forfaits et à tous ses brigandages ?

XI. 27. Mamertins, vous osez venir ici décerner des éloges ! de quel droit ? quels titres vous recommandent au sénat et au peuple romain ?

quam mitteret in Italiam	qu'il enverrait en Italie
onustam furtis,	chargé de *ses* vols,
faciendam ædificandamque	fût fait et construit
apud istos.	chez eux.
Pro hisce rebus	Pour ces services
vacatio sumptus,	une exemption de dépense,
laboris, militiæ,	de travaux, de service-militaire,
denique omnium rerum	enfin de toutes charges
est data ab isto.	fut accordée par ce *Verrès*.
Per triennium	Pendant trois-années
soli non modo in Sicilia,	seuls non-seulement dans la Sicile,
verum, ut mea opinio fert,	mais, comme mon opinion *le* suppose,
his quidem temporibus,	au milieu même de ces circonstances,
in omni orbe terrarum,	dans tout le globe des terres (l'univers),
fuerunt vacui, expertes,	furent exempts, affranchis,
soluti ac liberi	dégagés et libres
ab omni sumptu,	de toute dépense,
molestia, munere.	de *tout* embarras, de *toute* charge.
26. Hinc sunt nata	26. De là sont nées
illa Verrea;	ces Verréennes;
hinc jussit	de là (ensuite) il ordonna
Sext. Cominium	Sext. Cominius
protrahi in convivium,	être traîné au milieu d'un repas,
in quem conatus est	*Cominius* contre lequel il s'efforça
jacere de manu scyphum;	de lancer de *sa* main une coupe;
quem, gula obtorta,	lequel, *sa* gorge étant serrée,
jussit abripi	il ordonna être entraîné
de convivio in vincula	du repas dans les fers
atque in tenebras;	et dans les ténèbres;
hinc illa crux	de là cette croix
in quam iste sustulit	sur laquelle il fit-élever
civem romanum,	un citoyen romain,
multis inspectantibus;	beaucoup d'*hommes* regardant;
quam non ausus est	*cette croix* qu'il n'osa
defigere usquam,	faire-dresser nulle part,
nisi apud eos,	si ce n'est chez ceux-*là*,
quibuscum communicasset	avec-lesquels il avait partagé
omnia sua scelera	tous ses crimes
ac latrocinia.	et *tous ses* brigandages.
XI. 27. Vos audetis etiam	XI. 27. Vous osez encore, *Mamertins*,
enire laudatum	venir louer
uemquam?	quelqu'un?
ua auctoritate?	de quel droit?
trum quam debetis habere	est-ce celui que vous devez avoir
ud ordinem senatorium,	auprès de l'ordre des-sénateurs,
quam	ou celui que *vous devez avoir*
pud populum romanum?	auprès du peuple romain?

non modo in provinciis nostris, verum in ultimis nationibus, aut tam potens, aut tam libera, aut etiam tam immanis ac barbara; rex denique ecquis est, qui senatorem populi romani tecto ac domo non invitet? qui honos non homini solum habetur, sed primum populo romano, cujus beneficio nos in hunc ordinem venimus, deinde ordinis auctoritati, quæ nisi gravis erit apud socios, in exteras nationes ubi erit imperii nomen et dignitas? Mamertini me publice non invitarunt. Me quum dico, leve est : senatorem populi romani si non invitaverunt, honorem debitum detraxerunt, non homini, sed ordini. Nam ipsi Tullio patebat domus locupletissima et amplissima Cn. Pompeii Basilisci : quo etiamsi esset invitatus a vobis, tamen devertisset. Erat etiam Percenniorum, qui nunc item Pompeii sunt, domus honestissima : quo L. frater meus '

Est-il, je ne dis pas dans nos provinces, mais aux extrémités du monde, une seule nation si fière de sa puissance, si orgueilleuse de sa liberté, si féroce même et si barbare qu'on la suppose, est-il un seul roi qui ne s'empresse d'accueillir et d'inviter un sénateur romain? Cet hommage s'adresse, non à la personne, mais d'abord au peuple romain, puisque ce titre est un de ses bienfaits, ensuite à la dignité de l'ordre sénatorial. Que deviendraient en effet la gloire et la majesté de notre empire, si cet ordre auguste n'était pas respecté chez les alliés et les nations étrangères? Eh bien! les Mamertins ne m'ont fait, à moi, aucune invitation publique. Quand je dis à moi, c'est peu de chose; mais j'étais sénateur : en ne m'invitant pas, ils ont offensé, non un seul individu, mais l'ordre entier du sénat. Quant à moi personnellement, la riche maison de Pompéius Basiliscus m'était ouverte : j'aurais logé chez lui, quand même vous m'auriez invité. J'avais encore la maison des Percennius, qui portent aussi le nom de

Ecqua est civitas,
non modo
in nostris provinciis,
verum in nationibus
ultimis,
aut tam potens,
aut tam libera,
aut etiam tam immanis
ac barbara;
denique ecquis est rex,
qui non invitet
tecto ac domo
senatorem populi romani?
honos qui habetur
non solum homini,
sed primum
populo romano,
beneficio cujus
nos venimus
in hunc ordinem,
deinde auctoritati ordinis,
quæ nisi erit gravis
apud socios,
ubi erit nomen
et dignitas imperii
in nationes exteras?
Mamertini
non invitarunt me publice.
Quum dico me, est leve:
si non invitaverunt
senatorem populi romani,
detraxerunt honorem
debitum, non homini,
sed ordini.
Nam domus locupletissima
et amplissima
Cn. Pompeii Basilisci
patebat Tullio
ipsi:
quo tamen devertisset,
etiamsi
esset invitatus a vobis.
Erat etiam
domus honestissima
Percenniorum,
qui sunt nunc item
Pompeii;

Quelle est la ville,
non-seulement
dans nos provinces,
mais dans les nations
les plus reculées,
ou assez puissante,
ou assez libre,
ou même assez sauvage
et *assez* barbare;
enfin quel est le roi,
qui n'invite pas
sous *son* toit et dans *sa* maison
un sénateur du peuple romain?
honneur qui est rendu
non-seulement à la personne;
mais d'abord
au peuple romain,
par le bienfait duquel
nous parvenons
à ce rang,
ensuite à l'autorité de *cet* ordre,
laquelle si elle n'est pas de-poids
chez *nos* alliés,
où sera la gloire
et la majesté de l'empire
chez les nations étrangères?
Les Mamertins
n'ont pas invité moi au-nom-de-la-ville.
Quand je dis moi, c'est peu-de-chose:
s'ils n'ont pas invité
un sénateur du peuple romain,
ils ont refusé un honneur
qu'ils devaient, non à un homme,
mais à un ordre.
Car la maison très-opulente
et très-honorable
de Cn. Pompéius Basiliscus
était-ouverte à Tullius *Cicéron*
lui-même (personnellement):
où pourtant il aurait logé,
quand bien même
il aurait été invité par vous.
Il y avait encore
la maison très-recommandable
des Percennius,
qui sont maintenant aussi *du nom*
de-Pompéius;

summa illorum voluntate devertit. Senator populi romani, quod in vobis fuit, in vestro oppido jacuit et pernoctavit in publico. Nulla hoc civitas unquam alia commisit.

Amicum enim nostrum in judicium vocabas. Tu, quid ego privatim negotii geram, interpretabere imminuendo honore senatorio?

28. Verum hæc tum queremur, si quid de vobis per eum ordinem agetur, qui ordo a vobis adhuc solis contemptus est. In populi romani quidem conspectum, quo ore vos commisistis? nec prius illam crucem, quæ etiam nunc civis romani sanguine redundat, quæ fixa est ad portum urbemque vestram, revellistis, neque in profundum abjecistis, locumque illum omnem expiastis, quam Romam atque in horum conventum adiretis? In Mamertinorum solo fœderato atque pacato monumentum istius crudelitatis constitutum est. Vestrane urbs electa est, ad quam quum adirent ex Italia, crucem civis ro-

Pompéius. Lucius, mon frère, fut reçu chez eux avec le plus vif empressement. Mais il n'a pas dépendu de vous qu'un sénateur romain ne trouvât point d'asile dans votre ville, et qu'il y passât la nuit entière exposé aux injures de l'air : nulle autre cité ne donna jamais l'exemple d'une telle insolence.

C'est, dites-vous, que j'accusais votre ami. Et quoi ! mes torts personnels vous donneront le droit de manquer à un sénateur?

28. Je réserve mes plaintes pour quelque moment où l'on s'occupera de vous dans le sénat, dans cet ordre auguste qui n'a jamais été méprisé que par vous. De quel front cependant osez-vous paraître devant le peuple romain ? Et cette croix, qui fume encore du sang d'un de nos citoyens, cette croix dressée à l'entrée de votre port et de votre ville, vous ne l'avez pas arrachée, avant de vous montrer dans Rome et devant cette assemblée ? vous ne l'avez pas précipitée au fond de la mer ? vous n'avez pas purifié cette terre souillée par le plus horrible des attentats ? Hélas ! aux portes de Messine, de Messine notre alliée, notre amie, un monument atteste à jamais la cruauté de Verrès. A-t-on fait choix de votre ville, afin que ceux qui arrivent d'Italie aperçoivent l'instrument du

quo L. meus frater devertit	où L. mon frère alla-loger
summa voluntate illorum.	à la grande satisfaction d'eux.
Senator populi romani,	Un sénateur du peuple romain,
quod fuit in vobis,	autant qu'il a été en vous,
jacuit in vestro oppido	a été-sans-asile dans votre ville
et pernoctavit in publico.	et a passé-la-nuit sur la *voie* publique.
Nulla alia civitas	Aucune autre cité
commisit unquam hoc.	ne commit jamais cet *outrage.*
Vocabas enim	Mais tu appelais
in judicium	en jugement
nostrum amicum.	notre ami.
Tu interpretabere	Tu interprétais *donc*
honore senatorio	par l'honneur du-sénat
imminuendo	devant être outragé
quid negotii ego geram	ce que moi je puis faire
privatim?	à-titre-de-particulier?
28. Verum	28. Mais
queremur hæc tum,	je me plaindrai de ceci alors,
si quid agetur	si (que) quelque chose sera traité
de vobis per eum ordinem,	touchant vous dans cet ordre (le sénat),
qui ordo est contemptus	lequel ordre a été outragé
adhuc a vobis solis.	jusqu'à présent par vous seuls.
Quo quidem ore	De quel front cependant
commisistis vos	avez-vous offert vous
in conspectum	à la vue
populi romani?	du peuple romain?
nec revellistis	Et vous n'avez pas arraché
illam crucem,	cette croix,
quæ redundat etiam nunc	qui dégoutte encore à présent
sanguine civis romani,	du sang d'un citoyen romain,
quæ est fixa ad portum	qui a été dressée à l'entrée de *votre* port
vestramque urbem	et de votre ville,
neque abjecistis	et vous ne *l'*avez pas précipitée
in profundum,	dans le fond de *la mer,*
expiastisque	et vous *n'*avez *pas* purifié
omnem illum locum,	toute cette place
priusquam adiretis Romam	avant d'entrer dans Rome
atque in conventum horum?	et dans l'assemblée de ceux-ci?
Monumentum	Un monument
crudelitatis istius	de la cruauté de cet *homme*
est constitutum	est élevé
in solo fœderato	sur le territoire allié
atque pacato	et pacifié
Mamertinorum.	des Mamertins.
Vestrane urbs est electa	Est-ce que votre ville a été choisie
ad quam,	*pour être la ville* vers laquelle,
quum adirent ex Italia,	quand on se dirigerait *venant* de l'Italie,

mani priusquam quemquam amicum populi romani viderent? quam vos Rheginis, quorum civitati invidetis, item incolis vestris, civibus romanis, ostendere soletis, quo minus sibi arrogent, minusque vos despiciant, quum videant jus civitatis illo supplicio esse mactatum.

XII. 29. Verum hæc emisse te dicis. Quid? illa attalica tota Sicilia nominata ab eodem Heio peripetasmata[1] emere oblitus es? Licuit eodem modo, ut signa. Quid enim actum est? An litteris pepercisti? Verum hominem amentem hoc fugit : minus clarum putavit fore, quod de armario, quam quod de sacrario esset ablatum. At quomodo abstulit? non possum dicere planius, quam ipse apud vos dixit Heius. Quum quæsissem, numquid aliud de bonis ejus pervenisset ad Verrem, respondit istum ad se misisse, ut sibi mitteret Agrigentum peripetasmata.

supplice d'un citoyen romain, avant qu'ils puissent rencontrer un ami de la république? Vous affectez de montrer cette croix aux habitants de Rhége, à qui vous enviez le droit de citoyen ; vous la montrez aux Romains établis parmi vous, afin de les humilier et de vous venger de leurs dédains, en leur faisant voir les priviléges des citoyens anéantis par ce supplice infâme.

XII. 29. C'est trop longtemps oublier les statues d'Héius : vous prétendez, Verrès, les avoir achetées. Et ces tapis attaliques, renommés dans toute la Sicile, avez-vous oublié de les acheter du même Héius? Vous pouviez faire comme pour les statues. Pourquoi ce défaut de forme? était-ce pour épargner les écritures? Sa prévoyance ne s'est pas étendue jusque-là : il a cru qu'on s'apercevrait moins d'un garde-meuble volé que d'un oratoire dépouillé. Mais de quelle manière les a-t-il enlevés? Je ne puis mieux vous l'expliquer qu'en vous répétant la déposition d'Héius. Je lui demandais si quelque autre de ses effets n'était point passé dans les mains de Verrès. « Il m'a fait dire, a-t il répondu, d'envoyer mes tapis à Agrigente. — Les avez-vous

viderent crucem
civis romani,
priusquam
quemquam amicum
populi romani ?
vos soletis
ostendere quam Rheginis,
civitati quorum
invidetis,
item civibus romanis,
vestris incolis,
quo arrogent minus sibi,
despiciantque vos minus,
quum videant jus civitatis
esse mactatum
illo supplicio.

XII. 29. Verum dicis
te emisse hæc.
Quid ? oblitus es emere
ab eodem Heio
illa peripetasmata
attalica
nominata tota Sicilia ?
Licuit eodem modo,
ut signa.
Quid enim est actum ?
An pepercisti litteris ?
Verum hoc fugit
hominem amentem :
putavit
quod esset ablatum
de armario,
fore minus clarum,
quam quod de sacrario.
At quomodo abstulit ?
non possum dicere planius,
quam Heius ipse
dixit apud vos.
Quum quæsissem,
numquid aliud
de bonis ejus
pervenisset ad Verrem,
respondit istum
misisse ad se,
ut mitteret sibi
peripetasmata
Agrigentum.

on vît la croix
d'un citoyen romain,
avant de *voir*
aucun ami
du peuple romain ?
vous avez-l'habitude
de montrer elle aux Rhéginiens,
au droit-de-cité desquels
vous portez-envie
et aussi aux citoyens romains,
vos habitants (qui habitent parmi vous),
afin qu'ils prétendent moins pour eux,
et qu'ils méprisent vous moins,
lorsqu'ils voient que les droits de cité
ont été anéantis
par ce supplice.

XII. 29. Mais tu dis, *Verrès,*
que tu as acheté ces *statues.*
Quoi ? tu as oublié d'acheter
du même Héius
ces tapis
attaliques
renommés dans toute la Sicile
*Cela t'*a été-permis de la même façon,
que les statues.
Comment donc *cela* a-t-il été fait ?
As-tu voulu épargner les écritures ?
Mais cela a échappé
à *cet* homme extravagant :
il a cru
que ce qui était enlevé
d'un garde-meuble,
serait moins connu,
que ce qui *serait enlevé* d'un oratoire.
Mais comment *les* a-t-il enlevés ?
je ne peux pas *le* dire plus clairement,
qu'Héius lui-même
ne *l'*a dit devant vous.
Comme je *lui* avais demandé,
si quelque autre *objet*
du mobilier de lui
*n'*était *pas* passé chez Verrès,
il répondit que celui-ci
avait envoyé à lui *l'ordre*
de faire-parvenir à lui
ses tapis
à Agrigente.

Quæsivi, an misisset. Respondit id, quod necesse erat, scilicet dicto audientem fuisse prætori : misisse. Rogavi, pervenissentne Agrigentum : dixit pervenisse. Quemadmodum revertissent? Negavit adhuc revertisse. Risus populi atque admurmuratio omnium facta est.

30. Hic tibi in mentem non venit, jubere, ut hæc quoque referret, H-S VI millibus D se tibi vendidisse? Metuisti, ne æs alienum tibi cresceret, si H-S VI millibus D tibi constarent ea, quæ tu facile posses vendere H-S CC millibus? Fuit tanti, mihi crede. Haberes quod defenderes : nemo quæreret, quanti illa res esset. Si modo te posses docere emisse : facile cui velles, tuam causam et factum probares. Nunc de peripetasmatis quemadmodum te expedias, non habes.

SECUNDA NARRATIO.

31. Quid? a Philarcho Centuripino, homine locuplete, ac nobili, phaleras[1] pulcherrime factas, quæ regis Hieronis fuisse

envoyés? — Il fallait bien obéir au préteur : je les ai envoyés. — Lui sont-ils parvenus ? — Oui. — Sont-ils revenus ? — Pas encore. » A cette réponse, le peuple se mit à rire. Et vous, juges, vous frémîtes d'indignation.

30. Quoi ! Verrès, il ne vous est pas venu dans l'esprit de lui faire écrire qu'il vous les avait vendus six mille cinq cents sesterces ! Craigniez-vous de vous ruiner, en payant six mille cinq cents sesterces ce que vous pouviez aisément vendre deux cent mille sesterces? Ah ! la précaution n'était pas inutile : vous pourriez répondre aujourd'hui. On ne demanderait pas le prix ; et ce titre serait votre justification. A présent, vous voilà dans un embarras inextricable.

SECONDE NARRATION.

31. Et ces colliers, vrais chefs-d'œuvre de l'art, qui viennent, à ce qu'on dit, du roi Hiéron, les avez-vous pris, les avez-vous

Quæsivi, an misisset.
Respondit
id quod erat necesse,
scilicet fuisse audientem
prætori dicto :
misisse.
Rogavi, pervenissentne
Agrigentum :
dixit pervenisse.
Quemadmodum
revertissent ?
Negavit revertisse adhuc.
Risus populi
atque admurmuratio
omnium
est facta.
30. Hic non venit tibi
in mentem,
jubere ut referret quoque
se vendidisse hæc tibi
VI millibus D H-S ?
Metuisti, ne æs alienum
cresceret tibi,
si ea constarent tibi
VI millibus D H-S,
quæ tu posses
vendere facile
CC millibus H-S ?
Fuit tanti, crede mihi.
Haberes quod defenderes :
nemo quæreret,
quanti illa res esset.
Si modo posses docere
te emisse :
probares facile cui velles
tuam causam et factum.
Nunc non habes
quemadmodum expedias te
de peripetasmatis.

Je *lui* demandai, s'il *les* avait envoyés.
Il *me* répondit
ce qui était inévitable,
c'est-à-dire qu'il avait été obéissant
au préteur sur *son* ordre :
qu'il *les* avait envoyés
Je m'informai, s'ils étaient parvenus
à Agrigente :
il dit qu'ils *y* étaient arrivés.
De quelle manière
ils étaient revenus ?
Il nia qu'ils fussent-de-retour encore.
Le rire du peuple
et un murmure
de tous (général)
fut fait (suivit cette réponse).
30. Alors il n'est pas venu à toi
à l'esprit,
de *lui* ordonner de rapporter aussi
qu'il avait vendu ces *tapis* à toi
six mille cinq cents sesterces ?
Tu as craint que les dettes
ne s'augmentassent à toi
si ces *tapis* coûtaient à toi
six mille cinq cents sesterces,
eux que tu aurais pu
vendre facilement
deux cent mille sesterces ?
*C'*était assez *utile*, crois-moi.
Tu aurais de quoi te défendre :
personne ne chercherait,
ce que cet objet était (valait).
Si seulement tu pouvais prouver
que tu *l'*avais acheté :
tu justifierais facilement à qui tu voudrais
ta cause et *ta* conduite.
Maintenant tu n'as pas
comment tu pourras débarrasser toi
de *ces* tapis.

SECUNDA NARRATIO.

31. Quid ?
utrum abstulisti tandem,
an emisti
a Philarcho Centuripino,
homine locuplete ac nobili,

SECONDE NARRATION.

31. Quoi ?
ou as-tu enlevé enfin,
ou as-tu acheté
à Philarque de-Centorbe,
homme opulent et noble,

dicuntur, utrum tandem abstulisti, an emisti? In Sicilia quidem quum essem, sic a Centuripinis, sic a ceteris audiebam (non enim parum res erat clara): tam te has phaleras a Philarcho Centuripino abstulisse dicebant, quam alias item nobiles ab Aristo Panormitano, quam tertias a Cratippo Tyndaritano. Etenim si Philarchus vendidisset, non ei, posteaquam reus factus es, redditurum te promisisses. Quod quia vidisti plures scire, cogitasti, si ei reddidisses, te minus habiturum, rem nihilominus testatam futuram : non reddidisti. Dixit Philarchus pro testimonio, se, quod nosset tuum istum morbum, ut amici tui appellant, cupisse te celare de phaleris : quum abs te appellatus esset, negasse habere sese : apud alium quoque eas habuisse depositas, ne qua invenirentur : tuam tantam fuisse sagacitatem, ut eas per illum ipsum inspiceres, ubi erant de-

achetés à Philarque de Centorbe? Pendant mon séjour en Sicile, j'ai ouï dire aux habitants de Centorbe et à tous les Siciliens (car la chose n'était rien moins qu'un mystère) que vous les avez enlevés à Philarque, comme vous en avez pris d'autres non moins précieux à Ariste de Palerme, et d'autres encore à Cratippe de Tyndare. Et dans le fait, si vous les aviez achetés, pourquoi, lorsque vous avez été cité devant les tribunaux, avez-vous promis à Philarque de les lui rendre? Il est vrai que, voyant tant de personnes dans le secret, vous avez calculé que, si vous les rendiez, vous ne les auriez plus, et que le vol n'en serait pas moins constaté : en conséquence, vous les avez gardés. Philarque a déposé que, connaissant ce que vos amis appellent votre maladie, il avait voulu vous cacher ces colliers; que, mandé par vous, il avait nié qu'il les eût; qu'en effet il les avait déposés chez un tiers, afin qu'ils ne fussent pas trouvés chez lui; mais que rien ne pouvait échapper à votre sagacité; que vous aviez

phaleras	des colliers
factas pulcherrime,	travaillés avec-beaucoup-d'art
quæ dicuntur fuisse	qui sont dits avoir appartenu
regis Hieronis ?	au roi Hérion ?
Quum quidem	A l'époque, en effet,
essem in Sicilia,	*où* j'étais en Sicile,
audiebam sic	j'entendais *parler* ainsi
a Centuripinis,	les *habitants* de-Centorbe
sic a ceteris	ainsi les autres
(res enim non erat	(car le fait n'était pas
parum clara) :	peu connu):
dicebant te abstulisse	ils disaient que tu avais enlevé
a Philarcho Centuripino	à Philarque de-Centorbe
has phaleras,	ces colliers,
tam quam alias item nobiles	ainsi que d'autres aussi remarquables
ab Aristo Panormitano,	à Aristée de-Palerme,
quam tertias	*ainsi* que les troisièmes (d'autres encore)
a Cratippo Tyndaritano.	à Cratippe de-Tyndare.
Etenim si Philarchus	En effet si Philarque
vendidisset,	*te les* avait vendu,
non promisisses	tu n'aurais pas promis
te redditurum ei,	que tu *les* rendrais à lui,
posteaquam es factus reus.	après que tu serais devenu accusé.
Quia vidisti	Parce que tu as vu
plures scire quod,	que plusieurs savaient ce *fait*,
cogitasti,	tu as réfléchi,
si reddidisses ei,	que si tu rendais *les colliers* à lui
te habiturum minus,	tu aurais moins,
rem futuram	*et* que la chose (le vol) serait
nihilominus testatam :	non moins constatée :
non reddidisti.	*alors* tu n'as pas rendu.
Philarchus dixit	Philarque a dit
pro testimonio,	dans *sa* déposition,
se cupisse celare te	qu'il avait désiré cacher à toi
de phaleris,	*ses* colliers,
quod nosset	parce qu'il connaissait
istum morbum tuum,	cette maladie qui-te-possède,
ut tui amici appellant;	comme tes amis *l'*appellent;
quum esset appellatus	*il a dit* que lorsqu'il fut appelé
abs te,	par toi,
negasse sese habere :	il nia qu'il *les* avait :
habuisse quoque eas	*ajoutant* qu'il avait de plus eux
depositas apud alium,	déposés chez un autre,
ne invenirentur qua;	pour qu'on ne les trouvât pas quelque part;
tuam sagacitatem	que ta sagacité
fuisse tantam,	fut si grande,
ut inspiceres eas	que tu vis eux

positæ : tum se deprehensum negare non potuisse : ita ab se invito ablatas phaleras gratis.

XIII. 32. Jam, ut hæc omnia reperire ac perscrutari solitus sit, judices, est operæ pretium cognoscere. Cibyratæ sunt fratres quidam, Tlepolemus et Hiero : quorum alterum fingere opinor e cera solitum esse, alterum esse pictorem. Hosce opinor Cibyræ[1], quum in suspicionem venissent suis civibus fanum expilasse Apollinis, veritos pœnam judicii ac legis, domo profugisse. Quod Verrem artificii sui cupidum cognoverant tum, quum iste, id quod ex testibus didicistis, Cibyram cum inanibus syngraphis venerat[2], domo profugientes ad eum se exsules, quum iste esset in Asia, contulerunt. Habuit secum eos ab illo tempore, et in legationis prædis atque furtis multum illorum opera consilioque usus est.

33. Hi sunt illi, quibus in tabulis retulit sese Q. Tadius dedisse jussu istius græcis pictoribus. Eos jam bene cognitos

su vous les faire montrer par le dépositaire lui-même ; qu'alors il n'a plus été possible de nier, et qu'il a fallu céder les colliers malgré lui et sans indemnité.

XIII. 32. Il est bon que vous sachiez par quel moyen il parvenait à faire toutes ces découvertes. Il existe deux frères nés à Cibyre. On les nomme Tlépolème et Hiéron. Si je ne me trompe, l'un travaille en cire ; l'autre est peintre. Si je ne me trompe encore, ces deux hommes, soupçonnés d'avoir volé le temple d'Apollon, s'enfuirent de leur pays pour échapper à la rigueur des lois. Ils avaient connu Verrès lorsqu'il était venu à Cibyre avec des obligations qui n'avaient plus de valeur (je ne parle ici que d'après les témoins). Ils savaient sa passion pour les ouvrages de leur art. Ils se réfugièrent auprès de lui, en Asie, où il était alors. Depuis ce temps, il les a toujours eus à sa suite : leur adresse et leurs conseils l'ont merveilleusement servi dans les vols qui signalèrent sa lieutenance en Asie.

33. C'est d'eux que parle Tadius dans ses registres, lorsqu'il dit avoir, par l'ordre de Verrès, payé une somme d'argent à des

per illum ipsum,
ubi erant depositæ;
tum se deprehensum
non potuisse negare;
phaleras ablatas ita
gratis ab se invito.

XIII. 32. Jam
est pretium operæ
cognoscere, judices,
ut solitus sit reperire
ac perscrutari omnia hæc.
Sunt quidam fratres
cibyratæ,
Tlepolemus et Hiero:
quorum opinor alterum
solitum esse fingere e cera,
alterum esse pictorem.
Opinor hosce
quum venissent
suis civibus Cibyræ,
in suspicionem
expilasse fanum Apollinis,
veritos pœnam judicii
ac legis,
profugisse domo.
Quod cognoverant Verrem
cupidum sui artificii,
tum quum iste
venerat Cibyram
cum syngraphis inanibus,
id quod didicistis
ex testibus,
se contulerunt exsules,
profugientes domo,
ad eum,
quum iste esset in Asia.
Habuit eos secum
ab illo tempore,
et usus est multum opera
consilioque illorum
in prædis atque furtis
legationis.

33. Hi sunt illi,
quibus Q. Tadius
retulit in tabulis
sese dedisse
pictoribus græcis

par l'entremise de celui-là même,
où (chez lequel) ils étaient déposés;
qu'alors se *trouvant* convaincu
il n'avait pas pu nier;
les colliers *avoir été* enlevés ainsi
pour-rien *et* malgré lui.

XIII. 32. Maintenant
il est important
que vous sachiez, juges,
comment il avait-coutume de trouver
et de rechercher tous ces *objets*.
Il y a *deux* certains frères
de la ville de-Cibyre,
Tlépolème et Hieron:
desquels je crois que l'un
a-coutume de travailler en cire,
et que l'autre est peintre.
Je crois que ces *deux hommes*
comme ils étaient venus
à leurs concitoyens à Cibyre,
en soupçon
d'avoir pillé le temple d'Apollon,
craignant la flétrissure d'un jugement
et *la rigueur* de la loi,
s'étaient enfuis de *leur* patrie.
Comme ils avaient connu Verrès
amateur de leur talent,
a l'époque où celui-ci
était venu à Cibyre
avec des obligations sans-valeur,
ce que vous avez appris
des témoins,
se retirèrent exilés,
et fuyant de *leur* patrie,
auprès de lui,
lorsqu'il était en Asie.
Il (Verrès) a eu eux avec-lui
depuis ce temps,
et s'est servi beaucoup de l'aide
et des conseils d'eux
dans les déprédations et les vols
de *sa* préture.

33. Ce sont ces *hommes*,
dont Q. Tadius
a parlé dans *ses* registres,
disant qu'il a donné *de l'argent*
à des peintres grecs

et re probatos secum in Siciliam duxit. Quo posteaquam venerunt, mirandum in modum (canes venaticos diceres), ita odorabantur omnia et pervestigabant, ut, ubi quidque esset, aliqua ratione invenirent. Aliud minitando, aliud pollicendo, aliud per servos, aliud per liberos, per amicum aliud, aliud per inimicum inveniebant. Quidquid illis placuerat, perdendum erat. Nihil aliud optabant quorum poscebatur argentum, nisi ut Hieroni et Tlepolemo displiceret.

TERTIA NARRATIO.

XIV. 34. Vere me Hercules hoc, judices, dicam. Memini, Pamphilum Lilybætanum, hospitem meum, et amicum, nobilem hominem, mihi narrare : quum iste ab sese hydriam Boethi manu factam, præclaro opere et grandi pondere, per potestatem abstulisset, se sane tristem et conturbatum domum revertisse, quod vas ejusmodi, quod sibi a patre et a majori-

peintres grecs. Sûr de leur talent, dont ils lui avaient donné des preuves non équivoques, il les mena avec lui en Sicile. Là ces excellents limiers se mirent en quête : ils éventaient le gibier et le suivaient à la piste, sans qu'il fût possible de les mettre en défaut. Menaces, promesses, esclaves, hommes libres, amis, ennemis, tout devenait pour eux un instrument utile. Il fallait se résoudre à perdre tout ce qui leur semblait beau. Ceux dont l'argenterie était demandée ne formaient qu'un seul vœu : c'était qu'elle ne fût pas du goût des deux frères.

TROISIÈME NARRATION.

XIV. 34 Voici une anecdote dont je peux vous garantir la vérité : je la tiens de Pamphile, mon hôte et mon ami, et l'un des premiers citoyens de Lilybée. Verrès lui avait pris d'autorité un chef-d'œuvre de Boëthus, une aiguière d'un grand poids et d'un travail achevé. Il était rentré chez lui fort triste et de très-mauvaise humeur : ce vase

jussu istius.	par ordre de ce *Verrès*.
Duxit secum in Siciliam	Il emmena avec lui en Sicile
eos jam bene cognitos	eux déjà bien connus
et probatos re.	et appréciés à l'œuvre.
Posteaquam venerunt eo,	Quand ils furent arrivés là,
odorabantur	ils flairaient
et pervestigabant omnia	et dépistaient tout
in modum mirandum	d'une manière merveilleuse
(diceres canes venaticos),	(on aurait dit des chiens de-chasse),
ita ut, ubi esset quidque,	de sorte que, *partout* où était quelque chose,
invenirent aliqua ratione.	ils *le* trouvaient par quelque moyen.
Inveniebant	Ils découvraient
aliud minitando,	ceci en menaçant,
aliud pollicendo,	cela en promettant,
aliud per servos,	ceci par des esclaves,
aliud per liberos,	cela par des *hommes* libres,
aliud per amicum,	ceci par un ami,
aliud per inimicum.	cela par un ennemi.
Quidquid placuerat illis	Tout ce qui avait plu à eux
erat perdendum.	devait être perdu.
Quorum argentum	*Ceux* dont l'argenterie
poscebatur	était demandée
optabant nihil aliud,	ne désiraient rien autre chose,
nisi ut displiceret	si ce n'est qu'elle déplût
Hieroni et Tlepolemo.	à Hiéron et à Tlépolème.

TERTIA NARRATIO.	TROISIÈME NARRATION.
XIV. 34. Me Hercules,	XIV. 34. Par Hercule,
judices,	juges,
dicam hoc vere.	je vais dire cela avec-vérité.
Memini Pamphilum	Je me souviens que Pamphile
Lilybætanum,	de-Lilybée,
meum hospitem et amicum,	mon hôte et *mon* ami,
hominem nobilem,	homme distingué,
narrare mihi :	*l'*a raconté à moi :
quum iste abstulisset	comme ce *Verrès* avait enlevé
ab sese, per potestatem,	de lui (de ses mains), d'autorité,
hydriam,	une aiguière,
factam manu Boethi,	faite de la main de Boëthus,
opere præclaro	d'un travail remarquable
et pondere grandi,	et d'un poids considérable,
se revertisse domum	il revint chez lui
sane tristem	fort triste
et conturbatum,	et de-mauvaise-humeur,
quod vas ejusmodi,	de ce qu'un vase de cette sorte,
quod esset relictum sibi	qui avait été laissé à lui

bus esset relictum, quo solitus esset uti ad festos dies, ad hospitum adventum, a se esset ablatum. Quum sederem, inquit, domi tristis, accurrit Venerius : jubet me scyphos sigillatos ad prætorem statim afferre. Permotus sum, inquit : binos habebam : jubeo promi utrosque, ne quid plus mali nasceretur, et mecum ad prætoris domum ferri. Eo quum venio, prætor quiescebat : fratres illi cibyratæ inambulabant. Qui simul ut me viderunt : « Ubi sunt, Pamphile, inquiunt, scyphi? » Ostendo tristis. Laudant. Incipio queri, me nihil habiturum, quod alicujus esset pretii, si etiam scyphi essent ablati. Tum illi, ubi me conturbatum vident : « Quid vis nobis dare, ut isti abs te ne auferantur? » Ne multa, sestertios cc me, inquit, poposcerunt; dixi me daturum c. Vocat interea prætor · scyphos poscit. Tum illos cœpisse prætori dicere, putasse se, id quod audissent, alicujus pretii, scyphos esse Pamphili : luteum negotium esse; non dignum, quod in suo argento

avait appartenu à son père et à ses aïeux ; il s'en servait les jours de fête, et lorsqu'il recevait des hôtes. « J'étais assis chez moi, me disait-il. fort mécontent. Je vois paraître un des esclaves attachés au temple de Vénus; il m'enjoint d'apporter sur-le-champ au préteur mes coupes ornées de reliefs. Cet ordre fut un coup de foudre : j'en avais deux ; de peur d'un plus grand mal, j'ordonne qu'on les tire toutes deux du buffet. et qu'on les apporte avec moi chez le préteur. J'arrive : il reposait ; les deux frères se promenaient. Dès qu'ils me voient : « Vos coupes, Pamphile, où sont-elles ? » Je les montre en soupirant. Ils les trouvent admirables : « Hélas ! disais-je, s'il faut qu'on m'enlève aussi mes coupes, je n'aurai plus rien qui soit de quelque valeur. » Attendris par mes plaintes : « Eh bien ! me dirent-ils, que voulez-vous donner pour qu'elles ne vous soient pas enlevées ? » Bref, ils veulent deux cents sesterces. J'en promets cent. Sur ces entrefaites, le préteur appelle ; il demande les coupes : ils lui disent qu'ils avaient cru sur la foi d'autrui qu'elles étaient de quelque valeur, mais qu'elles sont indignes de figurer parmi l'argenterie de Verrès. » Le préteur fut de leur avis, et Pamphile remporta ses coupes, qui dans la réalité étaient

a patre et a majoribus,	par *son* père et *ses* aïeux,
quo solitus esset uti	dont il avait-coutume de se servir
ad dies festus,	pour les jours de-fêtes,
ad adventum hospitum,	pour la réception de *ses* hôtes,
esset ablatum a se.	avait été arraché à lui.
Quum sederem, inquit,	Lorsque j'étais-assis, dit-il,
tristis domi,	triste chez moi,
Venerius accurrit :	un *esclave* de-Vénus accourt :
jubet me afferre statim	il ordonne à moi d'apporter à l'instant
scyphos sigillatos	*mes* coupes ornées-de-reliefs
ad prætorem.	chez le préteur.
Sum permotus, inquit.	Je fus ému, dit-il :
habebam binos;	j'*en* avais deux ;
jubeo utrosque promi,	j'ordonne l'une-et-l'autre être présentées,
ne quid plus mali	de peur que plus de dommage
nasceretur,	ne *m*'arrivât,
et ferri mecum	et être apportées avec-moi
ad domum prætoris.	au palais du préteur.
Quum venio eo,	Lorsque j'arrive là,
prætor quiescebat :	le préteur reposait :
illi fratres cibyratæ	ces frères de-Cibyre
inambulabant.	se promenaient.
Qui simul ut viderunt me	Lesquels aussitôt qu'ils aperçurent moi :
« Pamphile, inquiunt,	« Pamphile, *me* disent-ils,
ubi sunt scyphi ? »	où sont *tes* coupes ? »
Ostendo tristis. Laudant.	Je *les* montre avec-tristesse. Ils *les* louent.
Incipio queri,	Je commence à me plaindre,
me habiturum nihil,	de ce que je n'aurai *plus* rien,
quod esset alicujus pretii,	qui soit de quelque prix,
si scyphi	si *mes* coupes
essent ablati etiam.	*m*'étaient enlevées aussi.
Tum illi,	Alors ceux-ci,
ubi vident me	lorsqu'ils voient moi
conturbatum :	désolé :
« Quid vis dare nobis,	« Que veux-tu donner à nous,
ut isti ne auferantur abs te? »	pour qu'elles ne soient pas ôtées à toi ? »
Ne multa, inquit,	Pour n'*en* pas *dire* davantage, dit-il,
poposcerunt me	ils taxèrent moi
CC sestertios;	à deux cents sesterces ;
dixi me daturum C.	je répondis que j'*en* donnerais cent.
Interea prætor vocat :	Cependant le préteur appelle :
poscit scyphos.	il demande les coupes.
Tum illos	Alors ceux-ci
cœpisse dicere prætori,	se mettent à dire au préteur,
se putasse,	qu'ils avaient cru,
id quod audissent,	ce qu'ils avaient entendu *dire*,
scyphos Pamphili	que les coupes de Pamphile

Verres haberet. Ait ille, idem sibi videri. Ita Pamphilus scyphos optimos aufert. Et me Hercules ego antea, tametsi hoc nescio quid nugatorium sciebam esse, ista intelligere : tamen mirari solebam, istum in his ipsis rebus aliquem sensum habere ; quem scirem nulla in re quidquam simile hominis habere.

XV. 35. Tum primum intellexi, ad eam rem istos fratres cibyratas fuisse, ut iste in furando manibus suis, oculis illorum uteretur. At ita studiosus est hujus præclaræ existimationis, ut putetur in hisce rebus intelligens esse, ut nuper (videte hominis amentiam !) posteaquam est comperendinatus [1], quum jam pro damnato mortuoque [2] esset, ludis circensibus, mane apud L. Sisennam, virum primarium, quum essent triclinia strata, argentumque expositum in ædibus, quum pro

des chefs-d'œuvre. Franchement, j'ai toujours pensé qu'il y a bien peu de mérite à se connaître en pareilles bagatelles. Cependant je ne comprenais pas que Verrès pût même avoir cette espèce de mérite, lui qui, dans tout le reste, n'a rien de ce qui ressemble à l'homme.

XV. 35. L'aventure de Pamphile m'a fait voir pourquoi il tenait ces deux frères auprès de lui : c'est qu'il prenait par ses mains ce qu'il voyait par leurs yeux. Mais vous ne concevez pas à quel point il est jaloux de ce glorieux renom de connaisseur. Un de ces matins, (admirez son extravagance !) le sursis de trois jours venait d'être prononcé, et déjà on le regardait comme un homme condamné et rayé du nombre des citoyens. Il entra chez Sisenna, pendant la célébration des jeux ; les lits étaient parés, l'argenterie exposée sur les buffets, la maison remplie d'une foule de citoyens distingués, tels

esse alicujus pretii :
esse negotium luteum ,
non dignum
quod Verres haberet
in suo argento.
Ille ait videri sibi idem.
Ita Pamphilus aufert
scyphos optimos.
Et ego, me Hercules, antea,
tametsi sciebam hoc esse
nescio quid nugatorium
intelligere ista ,
tamen solebam mirari,
istum habere
aliquem sensum
in his rebus ipsis ;
quem scirem
habere in nulla re
quidquam simile hominis.
XV. 35. Intellexi
tum primum,
istos fratres cibyratas
fuisse ad eam rem ,
ut iste in furando
uteretur suis manibus ,
oculis illorum.
At est ita studiosus
hujus existimationis
præclaræ ,
ut putetur
esse intelligens
in hisce rebus ,
ut nuper
(videte amentiam
hominis !)
posteaquam
est comperendinatus ,
quum jam esset
pro damnato mortuoque,
ludis circensibus ,
mane apud L. Sisennam ,
virum primarium ,
quum triclinia
essent strata ,
argentumque expositum
in ædibus ,
quum pro dignitate

étaient de quelque valeur :
mais que *c'*était une chose grossière ,
qui n'*était* pas digne
que Verrès l'eût
dans son argenterie.
Celui-ci dit qu'il paraît à lui de même.
Ainsi Pamphile remporte
ses coupes très-précieuses.
Et moi , par Hercule , auparavant,
quoique je fusse persuadé que c'était
je ne sais quoi de frivole
que de connaître ces *objets,*
néanmoins j'avais-coutume de m'étonner,
que ce *Verrès* eût
quelque jugement
en ces matières mêmes ;
lequel je savais
n'avoir sous aucun rapport
rien *de* semblable à un homme.
XV. 35. Je compris
alors pour-la-première-fois ,
que ces frères de-Cibyre
étaient *là* dans ce but,
pour que Verrès en volant
se servît de ses *propres* mains ,
mais des yeux de ces *agents.*
Mais il est si jaloux
de cette réputation
brillante ,
à savoir qu'il soit cru
être connaisseur
en ces matières ,
que dernièrement
(voyez l'extravagance
de l'homme !)
après que
il eut été renvoyé-à-trois-jours ,
lorsque déjà il était *regardé*
comme condamné et mort *civilement,*
pendant les jeux du-Cirque ,
un matin chez L. Sisenna ,
homme du-premier-rang ,
lorsque les lits
étaient parés,
et l'argenterie exposée
sur les buffets ,
lorsque en raison du rang

dignitate L. Sisennæ, domus esset plena hominum honestissimorum, accesserit ad argentum, contemplari unumquodque otiose et considerare cœperit. Mirari stultitiam alii, quod in ipso judicio, ejus ipsius cupiditatis, cujus insimularetur, suspicionem augeret; alii amentiam, cui comperendinato, quum tam multi testes dixissent, quidquam illorum veniret in mentem. Pueri autem Sisennæ, credo, qui audivissent, quæ in istum testimonia essent dicta, oculos de isto nunquam dejicere, neque ab argento digitum discedere.

36. Est boni judicis, parvis ex rebus conjecturam facere uniuscujusque et cupiditatis et incontinentiæ. Qui reus lege, et reus comperendinatus, re et opinione hominum pene damnatus, temperare non potuerit maximo conventu, quin L. Sisennæ argentum tractaret et consideraret, hunc in provincia prætorem quisquam putabit a Siculorum argento cupiditatem, aut manus abstinere potuisse?

qu'on doit les trouver chez un homme de ce rang. Verrès s'approche de l'argenterie. Il s'arrête à considérer, à examiner chaque pièce l'une après l'autre. Les uns admiraient cette maladresse imbécile, de venir, dans le cours d'un procès où il était accusé d'une passion extrême pour ces sortes d'objets, aggraver encore et fortifier les soupçons contre lui-même. Les autres ne concevaient pas cette étrange apathie qui, à la veille du jugement, après tant de dépositions accablantes, lui permettait de s'occuper de ces bagatelles. Quant aux esclaves de Sisenna, instruits sans doute des dépositions faites contre lui, ils suivirent des yeux tous ses mouvements, et ne s'écartèrent pas un instant du buffet.

36. Un bon juge tire des inductions des plus petites choses. Un homme est accusé; son arrêt sera prononcé dans trois jours, s'il n'est pas encore condamné par le tribunal, il l'est déjà par l'opinion publique : et cet homme, devant une nombreuse assemblée, ne peut s'empêcher de toucher et d'examiner pièce à pièce l'argenterie de Sisenna : est-il croyable que, dans son gouvernement, il ait pu être assez maître de lui, pour ne pas convoiter et ne pas prendre l'argenterie des Siciliens?

L. Sisennæ,
domus esset plena hominum
honestissimorum,
accesserit ad argentum,
cœperit contemplari
et considerare otiose
unumquodque.
Alii mirari stultitiam,
quod in ipso judicio,
augeret suspicionem
ejus cupiditatis ipsius,
cujus insimularetur;
alii amentiam,
cui comperendinato,
quum testes tam multi
dixissent,
quidquam illorum
veniret in mentem.
Pueri autem Sisennæ,
qui, credo,
audivissent testimonia
quæ essent dicta in istum,
dejicere nunquam
oculos de isto,
neque digitum
discedere ab argento.
36. Est boni judicis
facere conjecturam
et cupiditatis
et incontinentiæ
uniuscujusque
ex rebus parvis.
Qui reus lege,
et reus comperendinatus,
pene damnatus re
et opinione hominum,
non potuerit temperare
conventu maximo,
quin tractaret
et consideraret
argentum L. Sisennæ,
quisquam putabit
hunc prætorem
in provincia
potuisse abstinere
cupiditatem aut manus
ab argento Siculorum?

de L. Sisenna,
sa maison était remplie d'hommes
les plus distingués,
il (Verrès) s'approcha de l'argenterie,
se mit à examiner
et à considérer à-loisir
chaque *piece*.
Les uns d'admirer *sa* sottise,
de ce que dans *le cours* même *d'*un procès,
il aggravait le soupçon
de cette cupidité même,
dont il était accusé;
les autres la folie *d'un homme*,
auquel remis-à-trois-jours,
lorsque des témoins si nombreux
avaient déposé *contre lui*,
quelque chose de ces *bagatelles*
venait à l'esprit.
Mais les esclaves de Sisenna,
qui, je *le* pense,
avaient appris les témoignages
qui avaient été portés contre lui,
ne détourner jamais
les yeux de lui,
et *leur* doigts (leurs mains)
ne pas s'éloigner de l'argenterie.
36. Il est d'un bon juge
de tirer un indice
et de la passion
et de la cupidité
de chacun
des circonstances légères.
Celui qui accusé au *nom de* la loi,
et accusé renvoyé-à-trois-jours,
presque condamné par le fait
et par l'opinion des hommes,
n'a pas pu s'empêcher
dans une réunion très-nombreuse,
de toucher
et d'examiner
l'argenterie de L. Sisenna,
quelqu'un croira-t-il
que celui-là préteur
dans une province
a pu retenir
son désir ou *ses* mains
de l'argenterie des Siciliens?

XVI. 37. Verum, uti Lilybæum [1], unde digressa est, oratio revertatur, Diocles est, Pamphili gener, illius, a quo hydria ablata est, Popillius cognomine. Ab hoc abaci vasa omnia, ut exposita fuerant, abstulit. Dicat, licet, se emisse. Etenim hic propter magnitudinem furti, sunt, ut opinor, litteræ factæ. Jussit Timarchidem æstimare argentum. Quo modo? quo qui unquam tenuissime in donatione histrionum [2] æstimavit. Tametsi jamdudum ego erro, qui tam multa de tuis emptionibus verba faciam, et quæram, utrum emeris, et quomodo, et quanti emeris : quod verbo transigere possum. Ede mihi scriptum, quid argenti in provincia Sicilia pararis, unde quidque, aut quanti emeris.

38. Quid fit? Quanquam non debebam ego abs te has litteras poscere : me enim tabulas tuas habere et proferre oportebat. Verum negas te horum annorum aliquot confecisse.

XVI. 37. Mais terminons cette digression et revenons à Lilybée. Dans cette ville habite Dioclès, surnommé Popillius, et gendre de Pamphile, de celui à qui Verrès enleva ce beau vase de Boëthus. Le préteur dégarnit chez lui le buffet tout entier, tel qu'il se trouvait. Il dira qu'il a acheté : car ici, vu l'importance de l'objet, il en a sans doute fait mention dans ses registres. Timarchide eut ordre d'en faire l'estimation. Mais on n'évalua jamais à si bas prix les bagatelles qu'on donne aux histrions à la fin des repas. Au reste, j'ai tort de m'étendre aussi longtemps sur vos achats prétendus, et de demander si vous avez acheté, comment et combien vous avez payé. Un mot suffit. Produisez un état de l'argenterie que vous avez acquise en Sicile, avec le nom des vendeurs et la somme qu'ils ont reçue.

38. Avez-vous cet état ? Je ne devrais pas être obligé de vous le demander ; il conviendrait qu'il fût entre mes mains et produit par moi. Mais vous dites que pendant tout ce temps vous n'avez tenu

XVI. 37. Verum,
uti oratio
revertatur Lilybæum,
unde digressa est,
est Diocles
gener Pamphili,
illius a quo
hydria est ablata,
cognomine Popillius.
Abstulit ab hoc
omnia vasa abaci,
ut fuerant exposita.
Dicat, licet, se emisse.
Etenim hic, ut opinor,
propter magnitudinem
furti,
litteræ sunt factæ.
Jussit Timarchidem
æstimare argentum.
Quo modo?
quo qui unquam
æstimavit tenuissime
in donatione histrionum.
Tametsi jamdudum
ego erro,
qui faciam
verba tam multa
de tuis emptionibus,
et quæram, utrum emeris,
et quomodo,
et quanti emeris:
quod possum
transigere verbo.
Ede mihi scriptum,
quid pararis argenti
in provincia Sicilia,
unde aut quanti
emeris quidque.
38. Quid fit?
Quanquam
ego non debebam
poscere abs te has litteras;
oportebat enim
me habere et proferre
tuas tabulas.
Verum negas te confecisse
horum aliquot annorum.

XVI. 37. Mais,
pour que la discussion
en revienne à Lilybée,
d'où elle s'est détournée,
il y a Dioclès,
gendre de Pamphile,
celui à qui
l'aiguière a été prise,
du surnom (surnommé) Popillius.
Verrès a enlevé à lui
tous les vases de *son* buffet,
tels qu'ils étaient exposés.
Qu'il dise, il *le* peut, qu'il *les* a achetés.
En effet ici, je pense,
à cause de l'importance
du vol,
des écritures ont été passées.
Il a ordonné à Timarchide
d'estimer *cette* argenterie.
De quelle façon?
d'une façon telle, que personne jamais
n'estima à-plus-vil-prix
dans le don (le salaire) des histrions.
Toutefois, depuis longtemps
j'ai-tort,
moi qui fais
des réflexions si nombreuses
sur tes achats,
et *qui* demande, si tu as acheté,
et comment,
et à quel *prix* tu as acheté:
puisque je peux
en-finir d'un *seul* mot.
Montre-moi inscrit,
ce que tu as acquis d'argenterie
dans la province *de* Sicile,
d'où et combien
tu as acheté chaque *pièce*.
38. Qu'arrive-t-il? *Tu ne le peux*.
Cependant
moi, je ne devais pas
réclamer de toi cette inscription:
il fallait en effet
moi posséder et produire
tes registres.
Mais tu nies toi *en* avoir tenu
durant ces quelques années.

Compone hoc, quod postulo, de argento : de reliquo videro. « Nec scriptum habeo, nec possum edere. » Quid futurum igitur est? Quid existimas hosce judices facere posse? Domus plena signorum pulcherrimorum jam [etiam] ante præturam : multa ad villas tuas posita, apud amicos multa deposita, multa aliis data atque donata : tabulæ nullum indicant emptum. Omne argentum ablatum ex Sicilia est : nihil cuiquam, quod suum dici vellet, relictum. Fingitur improba defensio, prætorem omne id argentum coemisse : tamen id ipsum tabulis demonstrari non potest. Si quas tabulas profers, in his, quæ habes, quomodo habeas, scriptum non est. Horum autem temporum, quum te plurimas res emisse dicis, tabulas omnino nullas profers. Nonne te et prolatis et non prolatis tabulis condemnari necesse est?

XVII. 39. Tu a M. Cælio, equite romano, lectissimo adolescente, quæ voluisti, vasa argentea Lilybæi abstulisti : tu

aucun registre. Donnez du moins quelques éclaircissements sur l'article de l'argenterie. Pour le reste, nous verrons. « Je n'ai rien écrit ; je ne puis rien produire. » Que voulez-vous donc que fassent les juges? Dès avant votre préture, votre maison était remplie des plus belles statues ; vous en avez placé un grand nombre dans vos campagnes, déposé un grand nombre chez vos amis ; vous en avez donné beaucoup à d'autres ; et vos registres n'indiquent aucun achat. Toute l'argenterie a disparu en Sicile ; il n'y reste rien, absolument rien, qui soit de quelque prix ; et, pour toute réponse, on me dit que le préteur a tout acheté ; et cette réponse, qui n'en est pas une, est démentie par les registres du préteur. Car, si vous en produisez quelques-uns, on n'y trouve ni le détail de ce que vous possédez, ni la manière dont vous l'avez acquis. Et, pour tout le temps où vous placez la date de vos achats multipliés, vous dites que vous n'avez pas tenu de registres. Vous voilà donc nécessairement condamné et par les registres qui sont produits, et par ceux qui ne le sont pas.

XVII. 39. Dans cette même ville de Lilybée, vous avez pris à M. Célius, jeune chevalier romain du plus grand mérite, tout ce qui vous a plu dans son argenterie ; vous avez fait main basse sur

Compone hoc quod postulo,	Compose celui que je demande,
de argento :	pour l'argenterie :
videro de reliquo.	je verrai pour le reste.
« Nec habeo scriptum,	« Et je n'ai pas écrit *de registre*
nec possum edere. »	et je ne puis pas *en* produire. »
Quid igitur futurum est?	Quoi donc en résultera-t-il ?
Quid existimas	Que penses-tu
hosce judices posse facere?	que ces juges puissent faire ?
Domus plena signorum	*Ta* maison *était* pleine de statues
pulcherrimorum	les plus belles
jam etiam ante præturam ;	déjà même avant *ta* préture ;
multa posita	beaucoup *ont été* placées
ad tuas villas,	dans tes maisons-de-campagne,
multa deposita	beaucoup déposées
apud amicos,	chez *tes* amis,
multa data	beaucoup données
atque donata aliis.	et distribuées à d'autres :
tabulæ indicant	*tes* registres n'indiquent
nullum emptum.	aucun achat.
Omne argentum	Toute l'argenterie
est ablatum ex Sicilia :	a été enlevée de la Sicile :
nihil relictum cuiquam,	rien n'*a été* laissé à qui que ce fût,
quod vellet dici suum.	qu'il voulût être dit à-lui.
Defensio improba fingitur,	Une défense coupable est alléguée,
prætorem coemisse	*quand on dit* que le préteur a acheté
omne id argentum :	toute cette argenterie :
id tamen ipsum non potest	*et* cependant cela même ne peut
demonstrari tabulis.	être démontré par les registres.
Si profers quas tabulas,	Si tu produis quelques registres,
non est scriptum in his,	il n'a pas été écrit dans ces *registres*
quomodo habeas	comment tu possèdes
quæ habes.	ce que tu as.
Profers autem	D'ailleurs tu ne présentes
nullas tabulas omnino	aucun registre absolument
horum temporum,	de cette époque,
quum dicis te emisse	lorsque (à laquelle) tu dis toi avoir acheté
plurimas res.	le plus grand nombre d'objets.
Nonne est necesse	N'est-il pas nécessaire
te condemnari,	que tu sois condamné,
et tabulis prolatis,	et par les registres *qui ont été* produits,
et non prolatis?	et par *ceux qui* n'*ont* pas *été* produits ?
XVII. 39. Tu abstulisti	XVII. 39. Tu as enlevé
Lilybæi	à Lilybée
a M. Cælio,	à M. Célius,
equite romano,	chevalier romain,
adolescente lectissimo,	jeune-homme très-distingué,
vasa argentea quæ voluisti ;	les vases d'-argent que tu as voulu ;

C. Cacurii, promptissimi hominis, et experientis, et in primis gratiosi, supellectilem omnem auferre non dubitasti : tu maximam et pulcherrimam mensam citream [1] a Q. Lutatio Diodoro, qui Q. Catuli beneficio a L. Sulla civis romanus factus est, omnibus scientibus, Lilybæi abstulisti. Non tibi objicio, quod hominem dignissimum tuis moribus, Apollonium, Niconis filium, Drepanitanum, qui nunc A. Clodius vocatur, omni argento optime facto spoliasti ac depeculatus es. Taceo. Non enim putat ille sibi injuriam factam, propterea quod homini jam perdito, et collum in laqueum inserenti, subvenisti, quum pupillis drepanitanis bona patria erepta cum illo partitus es. Gaudeo etiam, si quid ab illo abstulisti : et abs te nihil rectius factum esse dico. A Lysone vero Lilybætano, primo homine, apud quem deversatus es, Apollinis signum ablatum certe non oportuit. At dices te emisse. Scio : H-S M. Ita opinor; scio,

tout le mobilier de C. Cacurius, citoyen plein de talent, de connaissances, et généralement estimé ; aux yeux de tous les habitants, vous avez enlevé une grande et superbe table de citre à Lutatius Diodorus, que Sylla avait fait citoyen romain sur la recommandation de Catulus. Je ne vous reproche pas d'avoir dépouillé Apollonius de Drépane, fils de Nicon, et connu aujourd'hui sous le nom d'Aulus Clodius. Vous vous êtes approprié toute sa magnifique argenterie. Cet homme était digne de vous : je n'ai rien à dire ; lui-même ne songe pas à se plaindre. Il était perdu sans ressource, et prêt à se donner la mort, lorsque vous partageâtes avec lui les dépouilles de Drépane. Vous avez bien fait de ne pas le ménager : c'est la meilleure action de votre vie. Mais Lyson, un des premiers de sa ville et qui vous avait logé chez lui, il ne fallait pas lui prendre sa statue d'Apollon. Vous prétendez l'avoir achetée ; oui, mille sesterces ; je sais cela ;

tu non dubitasti auferre	tu n'as pas craint de ravir
omnem supellectilem	tout le mobilier
C. Cacurii,	de C. Cacurius,
hominis promptissimi	homme plein-de-talent
et experientis,	et plein-de-connaissances,
et in primis gratiosi ;	et surtout estimé ;
tu abstulisti Lilybæi,	tu as enlevé à Lilybée,
omnibus scientibus,	tous *le* sachant,
mensam citream	une table de-citre
maximam et pulcherrimam	très-grande et très-belle
a Q. Lutatio Diodoro,	à Q. Lutatius Diodorus,
qui est factus a L. Sulla	qui a été fait par L. Sylla
civis romanus	citoyen romain
beneficio Q. Catuli.	par les bons-offices de Q. Catulus.
Non objicio tibi,	Je ne fais-pas-un-reproche à toi,
quod spoliasti	de ce que tu as dépouillé
ac depeculatus es	et *de ce que* tu as dévalisé
omni argento optime facto	de toute *son* argenterie très-bien travaillée
hominem dignissimum	un homme très-digne
tuis moribus,	de tes mœurs (de toi),
Apollonium, filium Niconis,	Apollonius, fils de Nicon,
Drepanitanum,	*habitant* de-Drépane,
qui nunc vocatur	qui maintenant est appelé
A. Clodius.	A. Clodius.
Taceo.	Je me tais.
Ille enim non putat	Lui-*même* en effet ne pense pas
injuriam factam sibi,	*qu'*une injustice *ait été* faite à lui,
propterea quod subvenisti	par la raison que tu as secouru *en lui*
homini jam perdito,	un homme déjà perdu,
et inserenti collum	et passant *son* col
in laqueum,	dans un lacet,
quum partitus es cum illo	lorsque tu as partagé avec lui
bona patria erepta	les biens paternels arrachés
pupillis drepanitanis.	aux pupilles de-Drépane.
Gaudeo etiam,	Je me réjouis même,
si abstulisti quid ab illo :	si tu as enlevé quelque chose à cet *homme* :
et dico nihil	et je dis que rien
esse factum rectius abs te.	n'a été fait plus justement par toi.
Certe vero non oportuit	Mais certes il ne fallait pas
signum Apollinis	que la statue d'Apollon
ablatum a Lysone	*fût* enlevée à Lyson
Lilybætano,	de-Lilybée,
homine primo,	homme *du* premier *rang*,
apud quem deversatus es.	chez qui tu as logé.
At dices te emisse.	Mais tu diras que tu *l'*as achetée.
Scio : M H-S.	Je sais, mille sesterces.
Opinor ita ;	Je *le* pense ainsi ;

inquam : proferam litteras : et tamen id factum non oportuit. A pupillo Heio, cui Marcellus tutor est, a quo pecuniam grandem eripueras, scaphia cum emblematis [1] Lilybæi utrum empta esse dicis, an confiteris erepta?

40. Sed quid ego istius in ejusmodi rebus mediocres injurias colligo : quæ tantummodo in furtis istius, et damnis eorum, a quibus auferebat, versatæ esse videantur? Accipite, si vultis, judices, rem ejusmodi, ut amentiam singularem, ut furorem jam, non cupiditatem ejus perspicere possitis.

XVIII. 41. Melitensis Diodorus est, qui apud vos antea testimonium dixit. Is Lilybæi multos jam annos habitat, homo et domi nobilis, et apud eos, quo se contulit, propter virtutem splendidus et gratiosus. De hoc Verri dicitur, habere eum perbona toreumata [2] : in his pocula duo quædam, quæ Thericlea [3] nominantur, Mentoris manu, summo artificio facta.

je produirai même les registres. Mais je dirai toujours qu'il ne le fallait pas faire. Et les gondoles ornées de reliefs, qui appartenaient au jeune Héius, ce pupille de Marcellus, à qui vous aviez déjà extorqué une grande somme d'argent, direz-vous les avoir achetées, ou convenez-vous de bonne foi les avoir volées ?

40. Mais pourquoi recueillir ces anecdotes communes, qui présentent partout une suite uniforme d'effets volés d'une part, et perdus de l'autre? Voici un trait d'une espèce différente. Jusqu'ici vous n'avez vu que de la cupidité : vous allez voir de l'extravagance et même de la frénésie.

XVIII. 41. Diodore de Malte, un des témoins que vous avez entendus, s'est fixé à Lilybée depuis plusieurs années. Distingué dans sa patrie, il a mérité par ses vertus l'estime et l'amitié de ses nouveaux concitoyens. Verrès apprit qu'il avait de très-beaux vases travaillés au tour, entre autres, deux coupes, de celles qu'on appelle Thériclées, ouvrages admirables de Mentor. A peine en fut-il instruit, impatient

scio, inquam :
proferam litteras :
et tamen non oportuit
id factum.
Utrum dicis scaphia
cum emblematis
esse empta Lilybæi
a pupillo Heio,
cui Marcellus est tutor,
a quo eripueras
grandem pecuniam,
an confiteris erepta ?
40. Sed quid colligo ego
injurias mediocres istius
in rebus ejusmodi,
quæ videantur
esse versatæ tantummodo
in furtis istius,
et damnis eorum,
a quibus auferebat ?
Accipite, judices,
si vultis,
rem ejusmodi,
ut possitis perspicere
amentiam singularem ejus,
ut jam furorem,
non cupiditatem.
XVIII. 41. Est Diodorus
Melitensis,
qui dixit antea
testimonium apud vos.
Is habitat Lilybæi
jam multos annos,
homo et nobilis domi,
et splendidus
et gratiosus apud eos,
quo se contulit,
propter virtutem.
Dicitur Verri de hoc,
eum habere
toreumata perbona :
in his
duo quædam pocula,
quæ nominantur
Thericlea,
manu Mentoris,
facta artificio summo

je *le* sais, dis-je :
je produirai les registres :
et néanmoins il ne fallait pas
cela *être* fait.
Est-ce que tu dis que les gondoles
avec des reliefs
ont été achetées à Lilybée
au *jeune* pupille Héius,
dont Marcellus est le tuteur,
auquel tu avais arraché
une grande somme-d'argent,
ou bien avoues-tu *les avoir* prises ?
50. Mais pourquoi recueillé-je
les méfaits vulgaires de ce *Verrès*
dans des circonstances de ce genre,
et qui paraissent
consister seulement
dans les vols de ce *préteur*,
et les pertes de ceux
auxquels il enlevait (qu'il volait) ?
Apprenez, juges,
si vous *le* voulez,
un trait de ce genre,
afin que vous puissiez comprendre
cette folie singulière de lui,
que *vous la jugiez* maintenant une frénésie
et non une passion.
XVIII. 41. Il y a Diodore
de-Malte,
qui a dit (rendu) précédemment
témoignage devant vous.
Il habite à Lilybée
déjà depuis plusieurs années,
homme et distingué dans-*son*-pays,
et honoré
et considéré chez ceux
où (chez lesquels) il s'est transporté,
à cause de *son* mérite.
On dit à Verres à propos de lui,
qu'il possède
des ouvrages-ciselés excellents ;
entre autres
deux certaines coupes,
qui se nomment
Thériclées,
de la main de Mentor,
faites avec un art achevé.

Quod iste ubi audivit, sic cupiditate inflammatus est non solum inspiciundi, verum etiam auferendi, ut Diodorum ad se vocaret, ac posceret. Ille, qui illa non invitus haberet, respondet, se Lilybæi non habere : Melitæ apud quemdam propinquum suum reliquisse.

42. Tum iste continuo mittit homines certos Melitam : scribit ad quosdam Melitenses, ut ea vasa perquirant : rogat Diodorum, ut ad illum suum propinquum det litteras. Nihil ei longius videbatur, quam dum illud videret argentum. Diodorus, homo frugi ac diligens, qui sua servare vellet, propinquo suo scribit, ut iis, qui a Verre venissent, responderet, illud argentum se paucis illis diebus misisse Lilybæum. Ipse interea recedit. Abesse ab domo paulisper maluit, quam præsens illud optime factum argentum amittere. Quod ubi audivit iste, usque eo est commotus, ut sine ulla dubitatione insanire omnibus ac furere videretur. Quia non potuerat ar-

de les voir et de s'en emparer, il fait venir Diodore, et les lui demande. Celui-ci, qui n'était pas fâché de les avoir, répond qu'elles ne sont pas à Lilybée, qu'il les a laissées à Malte chez un parent.

42. Sans perdre un moment, Verrès envoie à Malte des commissaires affidés ; il écrit à quelques habitants de lui chercher les vases ; il prie Diodore d'en écrire à ce parent : les moments lui semblent des siècles. Diodore, homme économe et attentif, était bien aise de conserver ce qui était à lui. Il mande à son parent de répondre aux agents de Verrès qu'il vient de faire partir ces coupes pour Lilybée. Cependant il s'éloigne, aimant mieux s'absenter pour quelque temps que de perdre, en restant chez lui, ce qu'il avait de plus précieux. A la nouvelle de sa retraite, le préteur devient furieux. Tout le monde le croyait dans un accès de folie et de démence. Parce qu'il

Ubi iste audivit quod,
est inflammatus cupiditate
non solum inspiciundi,
verum etiam auferendi
sic ut
vocaret Diodorum ad se,
ac posceret.
Ille, qui haberet illa
non invitus,
respondet,
se non habere Lilybæi :
reliquisse Melitæ
apud quemdam
suum propinquum.
42. Tum iste mittit
continuo
homines certos Melitam ;
scribit
ad quosdam Melitenses,
ut perquirant ea vasa;
rogat Diodorum ,
ut det litteras ad illum
suum propinquum.
Nihil videbatur ei longius,
quam dum videret
illud argentum.
Diodorus,
homo frugi ac diligens,
qui vellet servare sua,
scribit suo propinquo
ut responderet iis
qui venissent a Verro,
se misisse Lilybæum
illis paucis diebus
illud argentum.
Ipse interea recedit:
Maluit abesse
paulisper ab domo,
quam amittere præsens
illud argentum
optime factum.
Ubi iste audivit quod,
est commotus usque eo,
ut videretur omnibus
sine ulla dubitatione
insanire ac furere.
Quia non potuerat

Des qu'il eut appris ce *fait*,
il fut enflammé du désir
non-seulement de *les* voir,
mais encore de *les* ravir
à tel point que
il fit-venir Diodore chez lui,
et *les lui* demanda.
Celui-ci, qui possédait elles
non avec-peine,
répond,
qu'il ne *les* a pas à Lilybée:
qu'il *les* a laissées à Malte,
chez un certain *citoyen*,
son parent.
42. Alors celui-ci envoie
sur-le-champ
des hommes sûrs à Malte;
il écrit
à quelques *habitants* de-Malte
qu'ils recherchent ces vases ;
il prie Diodore,
qu'il donne une lettre pour ce *citoyen*
qui est son parent.
Rien ne paraissait à lui plus long,
que *d'attendre* jusqu'à *l'instant de* voir
cette argenterie (ces vases).
Diodore,
homme économe et soigneux,
qui voulait conserver son *bien*,
écrit à son parent
de répondre à ceux
qui viendraient de la part de Verrès,
qu'il a envoyé à Lilybée
depuis ces quelques jours (dernièrement)
cette *pièce d'*argenterie.
Lui-même cependant s'éloigna.
Il aima-mieux s'absenter
quelque temps de *sa* maison,
que de perdre *étant* présent
cette argenterie
très-bien travaillée.
Quand ce *Verrès* apprit cette *nouvelle*,
il *en* fut ému jusqu'à ce *point*,
qu'il semblait à tous
sans aucun doute
être-insensé et être-furieux.
Parce qu'il n'avait pas pu

gentum eripere, ipse a Diodoro erepta sibi vasa optime facta dicebat : minitari absenti Diodoro : vociferare palam : lacrimas interdum vix tenere. Eriphylam [1] accepimus in fabulis ea cupiditate, ut, quum vidisset monile, ut opinor, ex auro et gemmis, pulchritudine ejus incensa, salutem viri proderet. Similis istius cupiditas : hoc etiam acrior atque insanior, quod illa cupiebat id, quod viderat : hujus libidines non solum oculis, sed etiam auribus excitabantur.

XIX. 43. Conquiri Diodorum tota provincia jubet. Ille ex Sicilia jam castra moverat, et vasa collegerat. Homo, ut aliquo modo illum in provinciam revocaret, hanc excogitavit rationem : si hæc ratio potiusquam amentia nominanda est. Apponit de suis canibus quemdam, qui dicat, se Diodorum Melitensem rei capitalis reum velle facere. Primo mirum omnibus videri, Diodorum reum, hominem quietissimum, ab

n'avait pu saisir les vases de Diodore, il disait que Diodore lui volait des vases admirables ; il menaçait Diodore absent ; il poussait des cris de rage ; des larmes même coulaient de ses yeux. Nous lisons dans la fable qu'Ériphyle, à la vue d'un collier d'or enrichi de pierreries, fut éprise d'une passion si violente que, pour l'obtenir, elle trahit et sacrifia son époux. Telle et plus violente et plus furieuse encore était la passion de Verrès. Ériphyle du moins avait vu ce qu'elle désirait ; mais Verrès se passionnait sur un ouï-dire, et les désirs entraient dans son âme par les oreilles comme par les yeux.

XIX. 43. Il ordonne qu'on cherche Diodore par toute la province. Diodore avait déjà fait retraite, il n'était plus en Sicile. Afin de le forcer à reparaître, Verrès imagine cet expédient, ou plutôt ce chef-d'œuvre d'extravagance : il aposte un de ses limiers pour intenter un procès criminel à Diodore. D'abord la surprise est extrême. Diodore accusé ! lui, le plus paisible des hommes et le moins fait

eripere argentum,
ipse dicebat
vasa optime facta
erepta sibi a Diodoro;
minitari Diodoro absenti;
vociferare palam;
interdum
tenere vix lacrimas.
Accepimus in fabulis
Eriphylam cupiditate ea,
ut, quum vidisset monile
ex auro et gemmis,
ut opinor,
incensa pulchritudine ejus,
proderet salutem viri.
Cupiditas istius similis,
acrior etiam
atque insanior hoc,
quod illa cupiebat
id quod viderat;
libidines hujus
excitabantur
non solum oculis,
sed etiam auribus.
XIX. 43. Jubet
Diodorum
conquiri tota provincia.
Ille jam moverat castra
ex Sicilia,
et collegerat vasa.
Homo, ut revocaret
aliquo modo
illum in provinciam,
excogitavit
hanc rationem;
si hæc est nominanda ratio
potiusquam amentia :
apponit quemdam
de suis canibus,
qui dicat,
se velle facere
reum rei capitalis
Diodorum Melitensem.
Primo videri mirum
omnibus,
Diodorum reum,
hominem quietissimum,

enlever *ces vases d'*argent,
il disait
que des vases très-bien travaillés
avaient été enlevés à lui par Diodore;
il menaçait Diodore absent;
il vociférait publiquement;
quelquefois
il retenait à peine *ses* larmes.
Nous avons lu dans les fables
qu'Eriphyle *était* d'une avidité telle,
que, comme elle avait vu un collier
d'or et de pierres-précieuses,
à ce que je crois,
éprise de la beauté de ce *bijou*,
elle trahit le salut de *son* époux.
La cupidité de ce *Verrès est* semblable.
plus violente même
et plus insensée par ce *motif*,
que celle-ci convoitait
ce qu'elle avait vu;
tandis que les désirs de cet *autre*
étaient excités
non-seulement par *ses* yeux,
mais encore par *ses* oreilles.
XIX. 43. Il ordonne
que Diodore
soit recherché dans toute la province.
Celui-ci déjà avait décampé
de la Sicile,
et avait emporté *ses* vases.
L'homme (Verrès), pour rappeler
par quelque moyen
ce *Diodore* dans la province,
imagina
cette raison;
si *cet* acte peut s'appeler une raison
plutôt qu'une extravagance :
il aposte l'un
de ses chiens (limiers),
qui doit dire,
qu'il veut faire *comparaître*
comme accusé de crime capital
Diodore de-Malte.
D'abord il paraît étonnant
à tous
de voir Diodore accusé,
l'homme le plus paisible,

omni modo facinoris, verum etiam minimi errati suspicione remotissimum : deinde esse perspicuum, fieri omnia illa propter argentum. Iste non dubitat jubere nomen deferri : et tum primum opinor istum absentis nomen recepisse [1].

44. Res clara Sicilia tota, propter cælati argenti cupiditatem reos fieri rerum capitalium : neque solum præsentes reos fieri, sed etiam absentes. Diodorus Romæ sordidatus circum patronos atque hospites cursare : rem omnibus narrare. Litteræ mittuntur ipsi a patre vehementes, ab amicis item, videret, quid ageret, de Diodoro quo progrederetur : rem claram esse et invidiosam : insanire hominem : periturum hoc uno crimine, nisi cavisset. Iste etiam tum patrem, si non in parentis, at in hominum numero putabat : ad judicium nondum se satis instruxerat : primus annus erat provinciæ : non ut in Sthenio,

pour être soupçonné, je ne dis pas d'une action criminelle, mais même de la faute la plus légère. On reconnut bientôt que ses beaux vases faisaient tout son crime. Le préteur, sans balancer, reçut la dénonciation, et je crois que c'est la première qu'il ait admise contre un absent.

44. Voilà donc toute la Sicile informée qu'on traduit devant les tribunaux ceux qui possèdent de beaux vases, et que l'absence même ne met pas à l'abri des poursuites judiciaires. Cependant Diodore était a Rome. Il se présente en habit de deuil chez ses patrons, chez ses hôtes : il leur raconte l'affaire. Le père de Verrès écrit à son fils dans les termes les plus énergiques. Ses amis lui mandent de prendre garde à ce qu'il fait ; qu'il se compromet étrangement vis-à-vis de Diodore ; que la vérité est connue ; que chacun est révolté ; qu'il a perdu la raison ; que, s'il n'y fait attention, cette affaire suffit pour le perdre. Quoique Verrès n'eût pas un profond respect pour son père, il daignait encore l'écouter : il ne se voyait pas alors en état d'acheter le silence des lois. C'était la première année de sa préture : il n'avait pas encore accumulé autant de richesses que dans le temps

remotissimum
ab omni suspicione
non modo facinoris,
verum etiam
minimi errati;
deinde esse perspicuum,
omnia illa fieri
propter argentum.
Iste non dubitat jubere
nomen deferri;
et opinor istum
recepisse tum primum
nomen absentis.
44. Res clara
tota Sicilia,
fieri reos
rerum capitalium
propter cupiditatem
argenti cælati;
neque solum præsentes
fieri reos,
sed etiam absentes.
Diodorus cursare Romæ
sordidatus
circum patronos
atque hospites;
narrare rem omnibus.
Litteræ vehementes
mittuntur ipsi
a patre, item ab amicis,
videret quid ageret,
quo progrederetur
de Diodoro;
rem esse claram
et invidiosam;
hominem insanire;
periturum
hoc uno crimine,
nisi cavisset.
Iste tum etiam
putabat patrem,
si non in numero parentis,
at in hominum;
instruxerat se nondum
satis ad judicium;
erat primus annus
provinciæ:

le plus éloigné
de tout soupçon,
non-seulement d'un crime,
mais encore
de la moindre faute;
ensuite il fut évident
que tout cela se faisait
à cause de *ses vases d'*argent.
Ce *Verrès* ne balance pas à ordonner
que la dénonciation fût admise;
et je pense que ce *préteur*
admit alors pour-la-première-fois
le nom d'un absent.
44. *C'est donc* une chose évidente
pour toute la Sicile,
que *les citoyens* deviennent accusés
de crimes capitaux
à cause de la cupidité *de Verrès*
pour l'argenterie ciselée;
et que non-seulement les présents
deviennent accusés,
mais aussi les absents.
Diodore se présente dans Rome
en-habit-de-deuil
chez *ses* patrons
et chez *ses* hôtes;
et raconte l'affaire à tous.
Des lettres énergiques
sont envoyées a lui (Verrès)
par *son* père et par *ses* amis,
pour qu'il prît-garde à ce qu'il faisait,
aux excès auxquels il se portait
à propos de Diodore;
que *son* motif était évident
et odieux;
que l'homme (lui-même) était-fou;
qu'il se perdrait
par cette seule accusation,
s'il n'y prenait-garde.
Ce *Verrès* à-cette-époque encore
considérait *son* père,
sinon au rang d'un père,
du moins au *nombre* des hommes;
il n'avait pas préparé soi encore
suffisamment à l'égard des procès;
c'était la première année
de *sa* préture:

jam refertus pecunia. Itaque furor ejus paululum, non pudore, sed metu ac timore repressus est. Condemnare Diodorum non audet : absentem de reis eximit. Diodorus interea prætore isto prope triennium provincia domoque caruit. Ceteri non solum Siculi, sed etiam cives romani hoc statuerant : quoniam iste tantum cupiditate progrederetur, nihil esse, quod quisquam putaret, se quod isti paulo magis placeret, conservare, aut domi retinere posse.

XX. 45. Postea vero quam intellexerunt, isti virum fortem, quem summe provincia exspectabat, Q. Arrium, non succedere : statuerunt se nihil tam clausum, neque tam reconditum posse habere, quod non istius cupiditati apertissimum promptissimumque esset. Tum iste ab equite romano splendido et gratioso, Cn. Calidio, cujus filium sciebat senatorem populi romani et judicem esse, equuleos argenteos nobiles, qui Q. Maximi fuerant, aufert.

de l'affaire de Sthénius. Il met donc un frein à sa fureur : contenu par la crainte plus que par la honte, il n'ose condamner Diodore ; il l'efface, comme absent, de la liste des accusés. Celui-ci cependant se garda bien de rentrer en Sicile, tant que dura la préture de Verrès, c'est-à-dire pendant près de trois ans. Siciliens, Romains, tous les autres s'étaient résignés : ils sentaient que sa cupidité se portant à de tels excès, il leur était impossible de conserver et de garder chez eux rien de ce qui aurait le malheur de lui plaire.

XX. 45. Ils espéraient que Q. Arrius viendrait le remplacer : la province l'attendait avec impatience. Quand ils virent leur attente déçue, ils comprirent qu'ils ne pourraient avoir de porte si bien fermée que sa cupidité ne sût l'ouvrir, de dépôt si bien caché que ses mains ne pussent l'atteindre. Ce fut alors qu'il enleva de petits chevaux d'argent, très-renommés et autrefois propriété de Q. Maximus, à un chevalier romain de la première distinction, à Cn. Calidius, dont il savait que le fils était à Rome sénateur et juge.

non jam refertus pecunia,
ut in Sthenio.
Itaque furor ejus
repressus est paululum.
non pudore,
sed metu ac timore.
Non audet
condemnare Diodorum :
eximit absentem de reis.
Diodorus interea
caruit provincia domoque
prope triennium
isto prætore.
Non solum ceteri Siculi,
sed etiam cives romani
statuerant hoc :
quoniam iste
progrederetur tantum
cupiditate,
esse nihil
quod quisquam putaret
se posse conservare,
aut retinere domi,
quod placeret
paulo magis isti.

XX. 45. Vero
postea quam intellexerunt
Q. Arrium, virum fortem,
quem provincia
exspectabat summe,
non succedere isti,
statuerunt se posse
nihil habere tam clausum,
neque tam reconditum,
quod non esset
apertissimum
promptissimumque
cupiditati istius.
Tum iste aufert
ab equite romano
splendido et gratioso,
Cn. Calidio,
cujus sciebat filium
esse senatorem et judicem
populi romani,
equuleos argenteos nobiles
qui fuerant Q. Maximi.

il n'*était* pas encore gorgé d'argent,
comme dans l'*affaire* de-Sthénius.
C'est pourquoi la fureur de lui
se calma quelque peu,
non par honte,
mais par crainte et par effroi.
Il n'ose pas
condamner Diodore : [accusés.
il *l'*efface *comme* absent du nombre des
Diodore sur-ces-entrefaites
resta-hors de *sa* province et de *sa* maison
presque pendant-trois-ans
ce *Verrès étant* préteur.
Non-seulement les autres Siciliens,
mais même les citoyens romains
s'étaient persuadé ceci :
que puisque ce *Verrès*
poussait aussi loin
par *sa* cupidité,
il n'y avait rien
que personne crût
qu'il pouvait conserver,
ou retenir chez-lui,
de ce qui plairait
un peu trop à ce *préteur*.

XX. 45. Mais
après qu'ils eurent appris
que Q. Arrius, homme de-cœur,
que la province
attendait le plus impatiemment,
ne succédait pas à ce *Verrès*,
ils comprirent qu'ils ne pouvaient
rien avoir de si *bien* enfermé,
ni de si *bien* caché,
qui ne fût
très-facile-à-découvrir
et très-facile-à-trouver
pour la cupidité de cet *homme*.
Alors ce *Verrès* enlève
à un chevalier romain
très-noble et considéré,
Cn. Calidius,
dont il savait que le fils
était sénateur et juge
du peuple romain,
de petits-chevaux d'-argent célèbres
qui avaient appartenu à Q. Maximus.

46. Imprudens huc incidi, judices : emit enim, non abstulit; nollem dixisse. Jactabit se, et in his equitabit equuleis. « Emi : pecuniam solvi. » Credo, etiam tabulæ proferentur. Est tanti. Cedo tabulas. Dilue sane crimen hoc calidianum, dum ego tabulas adspicere possim. Verumtamen quid erat, quod Calidius Romæ quereretur, se, quum tot annos in Sicilia negotiaretur, abs te solo ita esse contemptum, ita despectum, ut etiam una cum ceteris Siculis dispoliaretur, si emeras? Quid erat, quod confirmabat, se abs te argentum esse repetiturum, si tibi sua voluntate vendiderat? tu porro posses facere, ut Cn. Calidio non redderes? præsertim quum is L. Sisenna, defensore tuo, tam familiariter uteretur, et quum ceteris familiaribus Sisennæ reddidisses?

47. Denique non opinor negaturum esse te, homini honesto, sed non gratiosiori, quam Cn. Calidius est, L. Cordio argentum

46. Mais j'ai tort ; il ne les a pas enlevés : il les a achetés. Je me suis trop hasardé. Comme il va se pavaner sur ses petits chevaux ! « Je les ai achetés ; je les ai payés. » Je le crois, Verrès. Les registres même seront produits : la chose en vaut la peine. Voyons-les, et je n'insiste plus. Cependant, si vous aviez acheté, pourquoi Calidius se plaignait-il à Rome que, depuis tant d'années qu'il fait le commerce en Sicile, vous seul l'avez assez dédaigné, assez méprisé pour le dépouiller, ainsi que le dernier des Siciliens ? S'il vous les avait vendu librement, pourquoi assurait-il qu'il les réclamerait devant les tribunaux ? Et comment vous dispenser de les rendre ? Calidius est l'intime ami de L. Sisenna, votre défenseur ; et vous avez rendu aux autres amis de Sisenna.

47. Nierez-vous que votre fidèle Potamon ait restitué de votre part l'argenterie de L. Cordius, citoyen honnête, sans doute, mais

46. Incidi huc
imprudens, judices :
emit enim,
non abstulit ;
nollem dixisse.
Se jactabit, et equitabit
in his equuleis.
« Emi ; solvi pecuniam. »
Credo,
tabulæ proferentur etiam.
Est tanti.
Cedo tabulas.
Diluc sane
hoc crimen calidianum,
dum ego possim
adspicere tabulas.
Verumtamen quid erat,
quod Calidius
quereretur Romæ,
se, quum negotiaretur
tot annos in Sicilia,
esse ita contemptum
ita despectum abs te solo,
ut dispoliaretur etiam
una cum ceteris Siculis,
si emeras ?
Quid erat,
quod confirmabat,
se repetiturum esse abs te
argentum,
si vendiderat tibi
sua voluntate ?
tu porro posses facere
ut non redderes
Cn. Calidio ?
præsertim quum is
uteretur tam familiariter
L. Sisenna, tuo defensore,
et quum reddidisses
ceteris familiaribus
Sisennæ ?
47. Denique non opinor
te negaturum esse,
reddidisse per Potamonem,
tuum amicum,
argentum L. Cordio,
homini honesto,

46. Je suis tombé ici *dans un piége*
sans-*m'en*-apercevoir, juges :
il a acheté en effet,
il n'a pas volé ;
je voudrais-ne-pas avoir parlé.
Il s'enorgueillira, et montera
sur ces petits-chevaux.
« J'ai acheté ; j'ai payé le prix. »
Je *le* crois,
les registres seront apportés même.
*C'*est assez grave.
Voyons les registres.
Repousse, je-*le*-veux-bien,
cette accusation de-Calidius,
pourvu que je puisse
vérifier les registres.
Mais pourtant quel *motif* y avait-il,
pour que Calidius
se plaignît à Rome,
que lui, après qu'il eut fait-le-commerce
tant d'années en Sicile,
avait été assez méprisé,
assez dédaigné par toi seul
pour qu'il fût dépouillé également
ensemble avec les autres Siciliens,
si tu avais acheté ?
Qu'était-*ce* (d'où vient)
qu'il affirmait,
qu'il réclamerait de toi
son argenterie,
s'il *l'*avait vendue à toi
de son plein-gré ?
d'ailleurs pourrais-tu faire
que tu ne restituasses pas
à Cn. Calidius ?
surtout lorsque celui-ci
est lié si intimement
avec L. Sisenna, ton défenseur,
et lorsque tu as rendu
aux autres amis
de Sisenna ?
47. Enfin je ne pense pas
que tu nieras,
avoir fait-rendre par Potamon,
ton ami,
de l'argenterie à L. Cordius,
homme honnête, *sans doute*,

per Potamonem, amicum tuum, reddidisse. Qui quidem ceterorum causam apud te difficiliorem fecit. Nam quum te compluribus confirmasses redditurum, posteaquam Cordius pro testimonio dixit, te sibi reddidisse, finem reddendi fecisti : quod intellexisti, te, præda de manibus amissa, testimonium tamen effugere non posse. Cn. Calidio, equiti romano, per omnes alios prætores licuit argentum habere bene factum; licuit posse domesticis copiis, quum magistratum aut aliquem superiorem invitasset, ornare et apparare convivium; multi domi Cn. Calidii cum imperio ac potestate fuerunt : nemo inventus est tam amens, qui illud argentum tam præclarum ac tam nobile eriperet : nemo tam audax, qui posceret : nemo tam impudens, qui postularet, ut venderet.

48. Superbum est enim, judices, et non ferendum, dicere prætorem in provincia homini honesto, locupleti, splendido : « Vende mihi vasa cælata. » Hoc est enim dicere : « Non es

qui n'a pas plus de droits que Calidius à la considération publique? C'est même ce Cordius qui a fait tort aux autres. Plusieurs avaient votre parole; mais, depuis qu'il a déposé que vous lui aviez fait restitution, vous avez pris le parti de ne plus rendre, puisqu'en lâchant la proie, vous ne fermiez pas la bouche aux témoins. Avant vous, tous les préteurs avaient permis à Calidius de posséder une belle argenterie. Lorsqu'il invitait un magistrat, ou quelque citoyen d'un rang supérieur, il avait le droit d'orner et de parer sa table de ses richesses domestiques. Des hommes revêtus de l'autorité ont souvent été reçus dans sa maison. Nul d'eux n'a jamais été assez extravagant pour enlever cette argenterie si belle et si justement admirée, assez audacieux pour la demander, assez impudent pour lui proposer de la vendre.

48. N'est-ce pas, en effet, dans un préteur, le comble de l'orgueil et l'excès du despotisme que de dire à un de ses administrés, homme honnête, opulent, qui tient un grand état : « Vendez-moi vos vases

sed non gratiosiori
quam Cn. Calidius est.
Qui quidem fecit
causam ceterorum
difficiliorem apud te.
Nam quum confirmasses
pluribus te redditurum,
posteaquam Cordius
dixit pro testimonio,
te reddidisse sibi,
fecisti finem reddendi :
quod intellexisti,
præda amissa de manibus,
te tamen non posse
effugere testimonium.
Licuit Cn. Calidio,
equiti romano,
per omnes alios prætores,
habere argentum
bene factum;
licuit posse ornare
et apparare convivium
copiis domesticis,
quum invitasset
magistratum
aut aliquem superiorem;
multi cum imperio
ac potestate
fuerunt
domi Cn. Calidii :
nemo est inventus
tam amens,
qui eriperet
illud argentum
tam præclarum
ac tam nobile :
nemo tam audax,
qui posceret :
nemo tam impudens,
qui postularet ut venderet.
48. Est enim superbum,
et non ferendum, judices,
prætorem in provincia
dicere homini honesto,
locupleti, splendido :
« Vende mihi vasa cælata. »
Hoc est enim dicere :

mais non pas plus considéré
que Cn. Calidius ne *l*'est.
C'est lui qui même a rendu
la cause des autres
plus difficile auprès de toi.
Car après que tu avais assuré
à plusieurs que tu restituerais,
lorsque Cordius
eut dit dans *sa* déposition
que tu avais rendu à lui,
tu as cessé de rendre :
parce que tu as compris,
que la proie étant échappée de *tes* mains,
toi néanmoins tu ne pouvais pas
éviter les dépositions.
Il a été-permis à Cn. Calidius,
chevalier romain,
par tous les autres préteurs,
de posséder une argenterie
bien travaillée;
il *lui* a été-permis de pouvoir orner
et parer *sa* table
suivant l'état de-*sa*-fortune,
lorsqu'il avait invité
un magistrat
ou quelque *personnage* élevé;
beaucoup d'*hommes* en dignité
et en pouvoir
se sont trouvés
à la maison de Cn. Calidius :
aucun ne s'est trouvé
assez fou,
pour *lui* enlever
cette argenterie
si belle
et si estimée :
aucun assez audacieux,
pour *la lui* demander :
aucun assez impudent,
pour *le* solliciter de *la* vendre.
48. Il est orgueilleux en effet,
et non supportable, juges,
qu'un préteur dans *sa* province
dise à un homme honorable,
opulent, généreux :
« Vends-moi *les* vases ciselés. »
Car c'est dire :

dignus tu, qui habeas, quæ tam bene facta sint : meæ dignitatis ista sunt. » Tu dignior, Verres, quam Calidius? qui, ut non conferam vitam atque existimationem tuam cum illius : neque enim est conferenda : hoc ipsum conferam, quo tu te superiorem fingis : quod H-S LXXX millia divisoribus [1], ut prætor renuntiarere, dedisti; trecenta accusatori [2], ne tibi odiosus esset : ea re contemnis equestrem ordinem, ac despicis? ea re indignum tibi visum est, quidquam, quod tibi placeret, Calidium potius habere, quam te?

XXI. 49. Jactat se jam dudum de Calidio : narrat omnibus, se emisse. Num etiam de L. Papirio, viro primario, locuplete honestoque equite romano turibulum emisti? qui pro testimonio dixit, te, quum inspiciendum poposcisses, vulso emblemate remisisse : ut intelligatis, in homine intelligentiam esse, non avaritiam; artificii cupidum, non argenti fuisse. Nec

ciselés? » C'est lui dire : « Vous n'êtes pas digne de posséder de si beaux ouvrages; ils sont faits pour un homme comme moi. » Un homme comme vous, Verrès ! Je ne ferai pas à Calidius l'injure de comparer votre vie avec la sienne, sa réputation avec la vôtre. Mais dans les choses mêmes sur lesquelles vous fondez votre prétendue supériorité, qu'avez-vous plus que lui ? Quatre-vingt mille sesterces remis aux distributeurs, pour vous faire nommer préteur, trois cent mille donnés pour acheter le silence d'un accusateur, vous assurent-ils le droit de mépriser, de dédaigner l'ordre des chevaliers, et de trouver mauvais que Calidius possède plutôt que vous des choses qui vous plaisent ?

XXI. 49. Il y a longtemps qu'il triomphe sur cet article : il va disant partout qu'il a payé. Eh bien! Verrès, avez-vous payé aussi la cassolette de L. Papirius? Ce chevalier romain, également distingué par son rang et sa fortune, a déposé que, l'ayant demandée pour la voir, vous la renvoyâtes après en avoir détaché les reliefs; car il faut que vous sachiez, citoyens, que de la part de Verrès c'est affaire de goût, et non cupidité : ce n'est point la matière, c'est

« Tu non es dignus,
qui habeas,
quæ sint tam bene facta :
ista sunt
meæ dignitatis. »
Tu, Verres, dignior
quam Calidius?
qui, ut non conferam
tuam vitam
atque existimationem
cum illius,
neque enim est conferenda :
conferam hoc ipsum,
quo tu fingis
te superiorem :
quod dedisti
LXXX millia II-S
divisoribus,
ut renuntiarere prætor;
trecenta accusatori,
ne esset odiosus tibi :
contemnis ac despicis
ea re ordinem equestrem?
visum est tibi indignum
ea re
Calidium habere
potiusquam te quidquam
quod placeret tibi?
XXI. 49. Se jactat
jam dudum de Calidio :
narrat omnibus, se emisse.
Num emisti etiam
turibulum de L. Papirio,
viro primario,
equite romano
locuplete honestoque?
qui dixit pro testimonio,
te, quum poposcisses
inspiciendum,
remisisse
emblemate vulso :
ut intelligatis,
intelligentiam
esse in homine,
non avaritiam ;
fuisse cupidum
artificii, non argenti.

« Tu n'es pas digne,
d'avoir *des objets*,
qui sont aussi bien faits :
ces *pièces* sont conviennent)
à un homme de mon rang. »
Toi, Verrès, plus digne
que Calidius?
toi qui, pour que je ne compare pas
ta vie
et *la* réputation
avec *celles* de ce *Calidius*,
car il n'y a pas à-*les*-comparer :
je comparerai cela même,
en quoi tu imagines
que tu *es* supérieur :
parce que tu as donné
quatre-vingt mille se terces
aux distributeurs,
pour que tu fusses nommé préteur;
et trois-cent *mille* à un accusateur
pour qu'il ne fût pas trop sévère à toi :
méprises-tu et dédaignes-tu
pour cela l'ordre des-chevaliers?
a-t-il paru à toi indigne
pour cela
que Calidius possédât
plutôt que toi aucun *objet*
qui plût à toi?
XXI. 49. Il se vante
depuis longtems au sujet de Calidius :
il raconte à tous, qu'il a acheté.
Est-ce que tu as acheté aussi
la cassolette de L. Papirius,
homme du-premier-rang,
chevalier romain
riche et honorable?
lui qui a dit dans *sa* déposition,
que toi, comme tu *l'*avais demandée
à-examiner,
tu *l'*as renvoyée
les reliefs *en* ayant été ôtés :
de manière que l'on comprenne,
que *c'est* le goût
qui est (domine) chez l'homme (Verrès),
et non la cupidité;
qu'il a été convoitant
l'objet d'art, non la *pièce d'*argenterie.

solum in Papirio fuit hæc abstinentia : tenuit hoc institutum in turibulis omnibus, quæcunque in Sicilia fuerunt. Incredibile est autem, quam multa et quam præclara fuerint. Credo tum, quum Sicilia florebat opibus et copiis, magna artificia fuisse in ea insula; nam domus erat ante istum prætorem nulla paulo locupletior, qua in domo hæc non essent, etiamsi præterea nihil esset argenti; patella grandis cum sigillis, ac simulacris deorum; patera, qua mulieres ad res divinas uterentur; turibulum. Hæc autem omnia antiquo opere et summo artificio facta : ut hoc liceret suspicari, fuisse aliquando apud Siculos æqua pro portione cetera : sed quibus multa fortuna ademisset, tamen apud eos remansisse ea, quæ religio retinuisset.

50. Dixi, judices, multa fuisse fere apud Siculos omnes : ego idem confirmo, nunc ne unum quidem esse. Quid hoc est?

l'art qu'il recherche. Papirius n'est pas le seul qui se soit aperçu de ce noble désintéressement; Verrès s'est conduit suivant les mêmes principes dans l'examen de toutes les cassolettes qui existaient en Sicile. Or vous ne pourriez concevoir quel en était le nombre, quelle en était la beauté. Il est probable que cette province, dans les temps de sa gloire et de sa splendeur, possédait une infinité de chefs-d'œuvre en ce genre; car, avant la préture de Verrès, il n'était pas une maison un peu aisée, dans laquelle on ne trouvât au moins un grand plat pour les sacrifices, orné de reliefs et des images de quelques dieux, une patère dont les femmes se servaient pour les libations, une cassolette, et tout cela d'un goût antique et d'un travail achevé. D'où l'on peut conjecturer qu'autrefois les autres ornements étaient aussi communs en proportion, et que les Siciliens, à qui la fortune en a ravi la plus grande partie, avaient conservé du moins ceux que la religion avait retenus.

50. Je vous ai dit qu'il existait beaucoup de ces objets précieux chez presque tous les Siciliens; j'affirme qu'aujourd'hui il n'en reste

Nec hæc abstinentia fuit
solum in Papirio :
tenuit hoc institutum
in omnibus turibulis,
quæcunque fuerunt
in Sicilia.
Est autem incredibile,
quam fuerint multa
et quam præclara.
Credo tum, quum Sicilia
florebat
opibus et copiis,
magna artificia
fuisse in ea insula ;
nam ante istum prætorem
erat nulla domus
paulo locupletior,
in qua domo
hæc non essent,
etiamsi nihil argenti
esset præterea ;
patella grandis
cum sigillis,
ac simulacris deorum ;
patera,
qua mulieres uterentur
ad res divinas ;
turibulum.
Omnia hæc autem
facta opere antiquo
et artificio summo :
ut liceret hoc suspicari,
cetera fuisse aliquando
apud Siculos
pro portione æqua :
sed quibus fortuna
ademisset multa,
tamen ea remansisse
apud eos,
quæ religio retinuisset.
50. Dixi, judices,
fuisse multa
apud fere omnes Siculos :
ego confirmo idem,
ne unum quidem
esse nunc.
Quid est hoc ?

Et ce désintéressement n'a pas été (éclaté)
seulement envers Papirius ;
il a tenu cette conduite
pour toutes les cassolettes
qui se sont trouvées
en Sicile.
Or il est incroyable,
combien elles étaient nombreuses
et combien *elles étaient* belles.
Je crois qu'alors que la Sicile
était-florissante
par *ses* richesses et *ses* ressources,
de grands ouvrages-d'art
existaient dans cette île ;
car avant ce préteur
il n'y avait aucune maison
un peu opulente,
dans laquelle maison
ces *ouvrages* ne fussent pas,
quand même aucune *pièce d'*argenterie
n'y aurait été du reste ;
un plat *très*-grand
avec des reliefs,
et des images des dieux ;
une patère,
dont les femmes se servaient
pour les cérémonies divines ;
une cassolette.
Et tous ces *objets*
étaient faits d'un travail antique
et d'un art parfait :
de sorte qu'il était-permis par là de soupçonner.
que d'autres *objets* avaient existé jadis
chez les Siciliens
dans une proportion égale :
mais qu'*à ceux* auxquels la fortune
en avait ôté beaucoup,
néanmoins ces *objets-là* étaient restés
chez eux
que la religion s'était réservés.
50. J'ai dit, juges,
qu'il y *en* avait eu beaucoup
chez presque tous les Siciliens :
j'affirme de même,
que pas un-seul même
ne s'*y* trouve à présent.
Qu'est cela (d'où cela vient-il)?

quod monstrum, quod prodigium in provinciam misimus. Nonne vobis id egisse videtur, ut non unius libidinem, non suos oculos, sed omnium cupidissimorum insanias, quum Romam revertisset, expleret? qui simul atque in oppidum quodpiam venerat, immittebantur illi continuo cibyratici canes, qui investigabant et perscrutabantur omnia. Si quod erat grande vas et majus opus inventum, læti afferebant; si minus ejusmodi quidpiam venari potuerant, illa quidem certe pro lepusculis capiebantur, patellæ, pateræ, turibula. Hic quos putatis fletus mulierum, quas lamentationes fieri solitas esse in hisce rebus? quæ forsitan vobis parvæ esse videantur : sed magnum et acerbum dolorem commovent, mulierculis præsertim, quum eripiuntur e manibus ea quibus ad res divinas uti consueverunt, quæ a suis acceperunt, quæ in familia semper fuerunt.

pas un seul. Grands dieux! quel fléau! quel ravageur nous avons envoyé dans cette malheureuse province! Ne semble-t-il pas qu'il se soit proposé, non de repaître sa propre curiosité et sa seule avarice, mais de satisfaire, à son tour, les fantaisies de tous les hommes les plus avides? S'il entrait dans une ville, aussitôt il lâchait ses deux limiers; ils se mettaient en quête, ils furetaient partout. S'ils découvraient quelque grand vase, une pièce importante, ils l'apportaient en triomphe. Quelquefois la chasse était moins heureuse, ils se contentaient de menu gibier, de plats, de coupes, de cassolettes. Combien de femmes durent alors verser de larmes! quels cris lamentables elles firent entendre! Peut-être leurs douleurs vous sembleront-elles frivoles et peu dignes d'attention : mais c'étaient des femmes. Songez combien il est dur et cruel, surtout pour ce sexe, de se voir arracher des vases dont on s'est toujours servi pour les sacrifices, qu'on a reçus de ses ancêtres, et que de tout temps on a vus dans sa famille

quod monstrum,	Quel fléau,
quod prodigium	Quelle calamité
misimus in provinciam?	avons-nous envoyé dans la province?
Nonne videtur vobis	Ne semble-t-il pas à vous
egisse id, ut expleret,	qu'il ait fait cela, pour satisfaire,
quum revertisset Romam,	lorsqu'il serait-de-retour a Rome.
non libidinem unius,	non pas la passion d'un-seul *homme*,
non suos oculos,	non pas ses *propres* yeux,
sed insanias omnium	mais les fantaisies de tous *les hommes*
cupidissimorum?	les plus avides?
qui simul atque venerat	Lequel aussitôt qu'il était arrivé
in quodpiam oppidum,	dans n'importe-quelle ville,
continuo	à-l'instant-même
illi canes cibyratici	ces limiers de-Cibyre
immittebantur,	étaient lancés *par lui*,
qui investigabant	qui se mettaient-en-quête
et perscrutabantur omnia.	et fouillaient tous *les lieux*.
Si quod grande vas	Si quelque grand vase
et opus majus	et *quelque* ouvrage important
erat inventum,	était découvert,
afferebant læti;	ils *l'*apportaient pleins-de-joie;
si minus potuerant	s'ils n'avaient pu
venari quidpiam ejusmodi,	dépister rien de ce genre,
patellæ, pateræ, turibula,	des plats, des patères, des cassolettes,
illa quidem certe	*tous* ces *objets* du moins certes
capiebantur pro lepusculis.	étaient pris comme menu-gibier.
Hic quos fletus	Alors quels pleurs
mulierum,	*versés par* des femmes,
quas lamentationes	quelles lamentations
putatis solitas esse fieri	pensez-vous avoir-coutume d'avoir-lieu
in hisce rebus?	dans ces circonstances?
quæ forsitan	ces *circonstances* peut-être
videantur vobis	paraissent à vous
esse parvæ,	être petites,
sed commovent	mais elles causent
dolorem magnum	une douleur grande
et acerbum,	et amère,
præsertim mulierculis,	surtout à des femmes,
quum ea	lorsque ces *objets*
quibus consueverunt uti	dont elles avaient-coutume de se servir
ad res divinas,	pour les cérémonies divines,
quæ acceperunt a suis,	qu'elles ont reçus de leurs *ancêtres*,
quæ fuerunt semper	qui ont été toujours
in familia,	dans la famille,
eripiuntur e manibus.	sont arrachés de *leurs* mains.

QUARTA NARRATIO.

XXII. 51. Hic nolite exspectare, dum ego hoc crimen agam ostiatim, ab Æschylo Tyndaritano istum pateram abstulisse, a Thrasone item Tyndaritano patellam, a Nymphodoro Agrigentino turibulum. Quum testes ex Sicilia dabo, quem volet, [ille] eligat, quem ego interrogem de patellis, pateris, turibulis : non modo oppidum nullum; domus nulla paulo locupletior expers hujus injuriæ reperietur; qui quum in convivium venisset, si quidquam cælati adspexerat, manum abstinere, judices, non poterat. Cn. Pompeius est Philo, qui fuit Tyndaritanus; is cœnam isti dabat apud villam in Tyndaritano; fecit, quod Siculi non audebant; ille, civis romanus quod erat, impunius id se facturum putavit : apposuit patellam, in qua sigilla erant egregia. Iste continuo ut vidit, non dubitavit

QUATRIÈME NARRATION.

XXII. 51. N'attendez pas que je parcoure toutes les maisons de la province, et que je vous dise : « Il a pris une coupe à Eschyle de Tyndare, un plat à Thrason de la même ville, une cassolette à Nymphodore d'Agrigente. » Quand je produirai les témoins siciliens, qu'il choisisse celui qu'il voudra : je l'interrogerai sur ces détails trop uniformes, et vous verrez qu'il n'est pas une ville, pas même une maison un peu fortunée, qui n'ait à réclamer quelques effets de cette nature. Il venait à un repas : il voyait une pièce de vaisselle ciselée. Entraîné par une force irrésistible, il fallait qu'il y portât la main. Cn. Pompéius Philon, autrefois citoyen de Tyndare, l'avait invité à sa campagne. Il fit ce que nul Sicilien n'osait faire; mais il pensait qu'un Romain avait des droits que les Siciliens n'avaient pas. Il fit placer sur sa table un plat enrichi de très-belles figures. Verrès le

QUARTA NARRATIO.	QUATRIÈME NARRATION.
XXII. 51. Hic	XXII. 51. Ici
nolite exspectare,	n'attendez pas,
dum ego agam hoc crimen	que je poursuive cette accusation
ostiatim,	de-porte-en-porte,
istum abstulisse pateram	*que je prouve* qu'il a pris une coupe
ab Æschylo Tyndaritano,	à Eschyle de-Tyndare,
patellam a Thrasone	un plat à Thrason
item Tyndaritano,	également de-Tyndare,
turibulum	une cassolette
a Nymphodoro	à Nymphodore
Agrigentino.	d'-Agrigente.
Quum dabo	Quand je fournirai
testes ex Sicilia,	des témoins de la Sicile,
ille eligat quem volet,	qu'il choisisse *celui* qu'il voudra,
quem ego interrogem	lequel je puisse interroger
de patellis, pateris,	sur les plats, les coupes,
turibulis :	les cassolettes :
non modo	non-seulement
nullum oppidum,	aucune ville,
nulla domus	*mais* aucune maison
paulo locupletior	un peu opulente
reperietur expers	ne sera trouvée exempte
injuriæ hujus ;	des atteintes de ce *Verrès ;*
qui, judices, quum venisset	lequel, juges, lorsqu'il venait
in convivium,	à un repas,
si adspexerat	s'il avait aperçu
quidquam cælati,	quelque chose de ciselé,
non poterat	il ne pouvait
abstinere manum.	s'empêcher *d'y porter* la main.
Est Cn. Pompeius Philo,	Il y a Cn. Pompéius Philon,
qui fuit Tyndaritanus ;	qui fut *habitant* de-Tyndare ;
is dabat cœnam isti	il donnait un repas à ce *Verrès*
apud villam	à la campagne
in Tyndaritano ;	dans les environs-de-Tyndare ;
fecit quod Siculi	il fit ce que les Siciliens
non audebant ;	n'osaient pas *faire ;*
ille, quod erat	lui, parce qu'il était
civis romanus,	citoyen romain,
putavit se facturum id	pensa qu'il ferait cela
impunius :	plus impunément :
apposuit patellam,	il fit-servir un plat,
in qua erant	sur lequel se trouvaient
sigilla egregia.	des reliefs remarquables.
Iste continuo ut vidit,	Ce *Verrès* aussitôt qu'il *le* vit,

illud insigne penatium hospitalitiumque deorum ex hospitali mensa tollere : sed tamen, quod antea de istius abstinentia dixeram, sigillis avulsis reliquum argentum sine ulla avaritia reddidit.

52. Quid? Eupolemo Calactino, homini nobili, Lucullorum hospiti ac perfamiliari, qui nunc apud exercitum cum L. Lucullo est[1], non item fecit? Cœnabat apud eum; argentum ille ceterum purum apposuerat, ne purus ipse relinqueretur : duo pocula non magna, verumtamen cum emblematis. Hic, quasi festivum acroama[2], ne sine corollario de convivio discederet, ibidem, convivis inspectantibus, emblemata avellenda curavit. Neque ego nunc istius facta omnia enumerare conor : neque opus est, nec fieri ullo modo potest. Tantummodo uniuscujusque de varia improbitate generis indicia apud vos, et exempla pro-

voit, et Verrès à l'instant saisit sur la table d'un hôte cette pièce consacrée aux dieux domestiques, aux dieux protecteurs de l'hospitalité. Cependant, par une suite de ce désintéressement dont je vous parlais tout à l'heure, il se contenta de détacher les figures, et rendit généreusement ce qui restait de cette pièce d'argenterie.

52. N'en a-t-il pas usé de même à l'égard d'Eupolème de Calacte, d'une famille noble, l'hôte et l'ami de Lucullus, qui, dans ce moment, est à l'armée auprès de Lucius Lucullus? Il soupait chez lui. Eupolème avait fait servir son argenterie dépouillée de ses reliefs, afin que le prêteur ne fût pas tenté de le dépouiller lui-même. Deux coupes seulement, et toutes deux assez petites, osèrent paraître avec leurs ornements. Le préteur, comme s'il eût été l'un de ces bouffons qu'on mande pour l'amusement de la société, ne voulut pas se retirer du festin sans emporter sa petite couronne, et, à la vue des convives, il fit détacher les figures. Je n'entreprends pas de dénombrer tous ses vols : cette énumération est inutile, elle est même impossible. Seulement je présente en chaque genre des essais et des exemples de ses déprédations variées sous toutes les formes ; car il

non dubitavit tollere
ex mensa hospitali
illud insigne deorum
penatium hospitalitiumque;
sed tamen,
quod dixeram antea
de abstinentia istius,
signis avulsis,
reddidit
reliquum argentum
sine ulla avaritia.
52. Quid? non fecit item
Eupolemo Calactino,
homini nobili,
hospiti ac perfamiliari
Lucullorum,
qui nunc
est apud exercitum
cum L. Lucullo?
Cœnabat apud eum;
ille apposuerat
ceterum argentum
purum,
ne ipse relinqueretur
purus:
duo pocula non magna,
verumtamen
cum emblematis.
Hic, quasi
acroama festivum,
ne discederet de convivio
sine corollario,
ibidem,
convivis inspectantibus,
curavit emblemata
avellenda.
Neque ego conor
enumerare nunc
omnia facta istius;
neque est opus,
nec potest fieri
ullo modo.
Profero tantummodo
apud vos
indicia et exempla
de varia improbitate
uniuscujusque generis.

n'hésita pas à enlever
de la table d'un-hôte
cet ornement des (consacré aux) dieux
pénates et hospitaliers;
mais cependant,
par suite de ce que j'ai dit tout à l'heure
du désintéressement de lui,
les reliefs étant arrachés,
il rendit
le reste de la pièce-d'argenterie
sans aucun regret.
52. Quoi? n'a-t-il pas fait de même
à Eupolème de-Calacte,
homme noble,
l'hôte et l'intime-ami
des Lucullus,
qui maintenant
est à l'armée
avec L. Lucullus?
Il soupait chez lui;
celui-ci (Eupolème) avait fait-servir
son autre argenterie
toute-nue (sans les reliefs),
de peur que lui-même ne fût laissé
tout-nu (dépouillé de son argenterie):
il y avait deux coupes non grandes,
mais cependant
avec des figures.
Celui-ci (Verrès), comme s'*il eût été*
un bouffon pour-amuser,
afin de ne pas se retirer du festin
sans petite-couronne (salaire),
là-même (à table),
les convives *en* étant-témoins,
il eut-soin que les figures
fussent détachées.
Je ne m'efforce pas
d'énumérer maintenant
tous les méfaits de cet *homme;*
et il n'*en* est pas besoin,
et *cela* ne peut se faire
en aucune manière.
Je présente seulement
devant vous
des preuves et des exemples
de *ses* différents excès
en chaque genre.

fero. Neque enim ita se gessit in his rebus, tanquam rationem aliquando esset redditurus : sed prorsus ita, quasi aut reus nunquam esset futurus, aut, quo plura abstulisset, eo minore periculo in judicium esset venturus : qui hæc, quæ dico, jam non occulte, non per amicos atque interpretes, sed palam de loco superiore ageret pro imperio et potestate.

XXIII. 53. Catinam quum venisset, oppidum locuples, honestum, copiosum, Dionysiarchum ad se proagorum [1], hoc est, summum magistratum, vocari jubet : ei palam imperat, ut omne argentum, quod apud quemque esset Catinæ, conquirendum curaret, et ad se transferendum. Philarchum Centuripinum, primum hominem genere, virtute, pecunia, non hoc idem juratum dicere audistis, sibi istum negotium dedisse atque imperavisse, ut Centuripis, in civitate totius Siciliæ multo

n'agissait pas comme un homme qui doit un jour rendre compte de ses actions ; il semblait s'être persuadé que jamais il ne serait accusé, ou que la multiplicité même de ses vols en assurerait l'impunité. Ce n'était plus dans l'ombre, ni par les mains de ses amis et de ses agents qu'il commettait ses crimes, mais ouvertement, du haut de son tribunal, en déployant tout l'appareil de l'autorité.

XXIII. 53. Il arrive à Catane, ville riche et célèbre; il mande Dionysiarque qui en était proagore, c'est-à-dire le premier magistrat, et lui ordonne publiquement de rechercher toute l'argenterie qui se trouvera dans la ville, et de la lui apporter. Philarque, un des premiers citoyens de Centorbe par son mérite personnel, par sa naissance et sa fortune, a déclaré sous serment qu'une pareille injonction lui a été faite pour cette ville, une des plus opulentes et des plus considé-

Neque enim se gessit	En effet il ne s'est pas conduit
in his rebus	dans ces occasions
ita tanquam	de même qu'*un homme*
esset aliquando	*qui* serait un jour
redditurus rationem ,	devant rendre compte *de sa conduite* ,
sed prorsus ita	mais tout à fait de la même manière
quasi aut futurus esset	que si ou il ne devait être
nunquam reus ,	jamais accusé,
aut venturus esset	ou *que s*'il devait se présenter
in judicium ,	devant la justice, [grand
periculo eo minore	*ce serait* avec un danger d'autant moins
quo abstulisset plura :	qu'il aurait volé plus de choses :
qui ageret hæc quæ dico ,	*lui* qui faisait ce que je raconte ,
non jam occulte ,	non plus en-secret ,
non per amicos	ni par *les mains de ses* amis
atque interpretes ,	et *de ses* agents ,
sed palam ,	mais en-public ,
de loco superiore	du lieu élevé (de son siége) [voir.
pro imperio et potestate.	en vertu de *son* autorité et de *son* pou-
XXIII. 53. Quum	XXIII. 53. Comme
venisset Catinam ,	il était venu à Catane,
oppidum locuples ,	ville riche,
honestum , copiosum ,	célèbre, abondante *en choses précieuses* ,
jubet Dionysiarchum	il ordonne que Dionysiarque
proagorum ,	le proagore,
hoc est	c'est-à-dire
summum magistratum ,	le premier magistrat,
vocari ad se :	soit appelé près de lui :
imperat ei palam ,	il commande à lui publiquement ,
ut curaret omne argentum,	qu'il veillât *à ce que* toute l'argenterie ,
quod esset	qu'il y avait
apud quemque Catinæ ,	chez chaque *habitant* de Catane ,
conquirendum ,	fût cherchée ,
et transferendum ad se.	et apportée chez lui.
Non audistis	N'avez-vous pas entendu
Philarchum	Philarque
Centuripinum ,	de-Centorbe ,
hominem primum	homme *du* premier *rang*
genere , virtute , pecunia ,	par *sa* naissance , *son* mérite , *sa* fortune,
dicere juratum	déclarer sous-la-foi-du-serment
hoc idem ,	ce même *fait*,
istum	que ce *Verrès*
dedisse sibi negotium	avait donné à lui commission
atque imperavisse ,	et avait ordonné
ut conquireret Centuripis ,	qu'il fît-chercher à Centorbe ,
in civitate maxima	dans une ville la plus grande
et locupletissima multo	et la plus riche de beaucoup

maxima et locupletissima, omne argentum conquireret, et ad se comportari juberet? Agyrio similiter istius imperio vasa corinthia per Apollodorum, quem testem audistis, Syracusas deportata sunt.

QUINTA NARRATIO.

54. Illa vero optima, quod, quum ad Haluntium venisset prætor laboriosus et diligens, ipse in oppidum accedere noluit, quod erat difficili adscensu atque arduo, Archagathum Haluntinum, hominem non solum domi suæ, sed tota Sicilia in primis nobilem, vocari jussit : ei negotium dedit, ut quidquid Haluntii esset argenti cælati, aut, si quid etiam Corinthiorum, ut omne statim ad mare ex oppido deportaretur. Adscendit in oppidum Archagathus. Homo nobilis, qui a suis et amari et diligi vellet, ferebat graviter, illam sibi ab isto provinciam datam : nec, quid faceret, habebat. Pronuntiat, quid sibi imperatum esset : jubet omnes proferre, quæ habe-

rables de la Sicile. Par un ordre semblable, Apollodore, dont vous avez entendu la déposition, fit de même transporter à Syracuse les vases corinthiens qui étaient dans la ville d'Agyre.

CINQUIÈME NARRATION.

54. Mais voici le trait le plus admirable. Notre actif et infatigable préteur s'était approché d'Haluntium. La ville est sur une hauteur et d'un accès difficile. Il ne voulut pas se donner la peine de monter jusque-là. Il mande Archagathe, citoyen qui jouit de la plus grande considération dans sa patrie et dans toute la Sicile. Il le charge de faire apporter aussitôt, sur le bord de la mer, l'argenterie ciselée, et même tout ce qu'il y a de vases corinthiens dans Haluntium. Archagathe remonte. Cet homme honnête, et jaloux de mériter l'estime et l'amitié de ses compatriotes, était désespéré d'une commission si odieuse; mais il fallait obéir. Il signifie l'ordre du préteur : il enjoint à chacun de produire ce qu'il possède. La crainte était ex-

totius Siciliæ,
omne argentum,
et juberet
comportari ad se?
Vasa corinthia
sunt deportata similiter
Agyrio Syracusas
imperio istius
per Apollodorum,
quem audistis testem.

de toute la Sicile,
toute l'argenterie,
et qu'il prescrivît
qu'elle fût apportée chez lui?
Des vases corinthiens
furent transportés également
d'Agyre à Syracuse
sur l'ordre de lui (Verrès)
par *l'entremise d'*Apollodore,
que vous avez entendu *comme* témoin.

QUINTA NARRATIO.

54. Illa vero optima,
quod, quum prætor
laboriosus et diligens
venisset ad Haluntium,
noluit ipse
accedere in oppidum,
quod erat adscensu
difficili atque arduo,
jussit vocari
Archagathum
Haluntinum,
hominem nobilem in primis
non solum suæ domi,
sed tota Sicilia:
dedit ei negotium,
ut quidquid esset Haluntii
argenti cælati,
aut etiam ut, si
quid Corinthiorum,
omne deportaretur statim
ex oppido ad mare.
Archagathus
adscendit in oppidum.
Homo nobilis,
qui vellet et amari
et diligi a suis,
ferebat graviter
illam provinciam
datam sibi ab isto:
nec habebat quid faceret.
Pronuntiat,
quid esset imperatum sibi:
jubet omnes
proferre quæ haberent.

CINQUIÈME NARRATION

54. Mais ce *qu'il y a* de mieux,
c'est que, comme *ce* préteur
actif et vigilant
était arrivé près d'Haluntium,
il ne-voulut-pas lui-même
entrer dans la ville
parce qu'elle était d'une montée
difficile et escarpée,
et donna-l'ordre que l'on mandât
Archagathe
citoyen d'-Haluntium,
homme noble parmi les premiers
non-seulement dans sa patrie,
mais dans toute la Sicile:
il donna à lui commission,
afin que tout ce qu'il y avait à Haluntium
d'argent ciselé,
ou même, pour que s'*il s'y trouvait*
quelqu'un des *vases* corinthiens,
tout *cela* fût apporté à l'instant
de la ville près de la mer.
Archagathe
monte dans la ville.
Cet homme *d'un caractère* noble,
qui voulait et être aimé
et être approuvé par ses *concitoyens*,
supportait avec-peine
que cette mission
eût été donnée à lui par ce *Verrès*:
et n'avait (ne savait) quelle chose il ferait.
Il proclame,
ce qui a été ordonné à lui:
il ordonne que tous *les habitants*
apportent ce qu'ils possèderaient.

rent. Metus erat summus. Ipse enim tyrannus non discedebat longius : Archagathum et argentum in lectica cubans ad mare infra oppidum exspectabat.

55. Quem concursum in oppido factum putatis? quem clamorem? quem porro fletum mulierum? Qui viderent, equum trojanum introductum, urbem captam esse dicerent. Efferri sine thecis vasa, extorqueri alia de manibus mulierum, effringi multorum fores, revelli claustra. Quid enim putatis? scuta si quando conquiruntur a privatis in bello ac tumultu : tamen homines inviti dant, etsi ad salutem communem dari sentiunt : ne quem putetis sine maximo dolore argentum cælatum domo, quod alter eriperet, protulisse. Omnia deferuntur. Cibyratæ fratres vocantur : pauca improbant : quæ probarant, iis crustæ aut emblemata detrahuntur[1]. Sic Haluntini, excussis deliciis, cum argento puro domum reverterunt.

XXIV. 56. Quod unquam, judices, hujuscemodi everricu-

trême : le tyran ne s'éloignait pas ; couché dans sa litière, il attendait sur le rivage, au pied de la montagne, Archagathe et l'argenterie des Haluntiens.

55. Comment vous peindre le tumulte et l'agitation qui règnent dans la ville, les cris, les plaintes et les pleurs des femmes ? On eût dit que le cheval de Troie était entré dans les murs, et qu'Haluntium était pris d'assaut. Ici des vases sont emportés sans leurs étuis ; là d'autres vases sont arrachés aux femmes ; on enfonce les portes, on brise les verroux. Si quelquefois dans une guerre ou dans une alarme soudaine, on oblige les particuliers de fournir leurs armes, ils les cèdent à regret, quoique ce soit pour la défense commune. Quelle devait donc être la douleur des Haluntiens, en se voyant enlever leur argenterie pour qu'elle devînt la proie d'un brigand ? Enfin tout est apporté. Les deux frères sont appelés. Ils rejettent un très-petit nombre de pièces ; et, à mesure qu'ils approuvent, on détache les reliefs et les figures. Alors les Haluntiens retournèrent chez eux avec leur argenterie débarrassée de toutes ces superfluités d'un luxe frivole.

XXIV. 56. Quel fléau pour la province, et quel excès de dépréda-

Metus erat summus.	La crainte était extrême.
Tyrannus enim ipse	En effet le tyran lui-même
non discedebat longius :	ne s'écartait pas plus loin :
exspectabat	il attendait
Archagathum	Archagathe
et argentum	et l'argenterie
cubans in lectica ,	couché dans *sa* litière ,
ad mare infra oppidum.	au bord de la mer au pied de la ville.
55. Quem concursum	55. Quelle agitation
putatis factum in oppido?	pensez-vous qu'il se fit dans la ville?
quem clamorem?	quelles clameurs?
quem porro fletum	*et* aussi que de larmes
mulierum?	des femmes?
Qui viderent,	*Ceux* qui *en* auraient été-témoins,
dicerent equum trojanum	auraient dit que le cheval de-Troie
introductum ,	*était* introduit *dans les murs*,
urbem esse captam.	que la ville était prise.
Vasa efferri sine thecis ,	Des vases sont emportés sans étuis,
alia extorqueri	d'autres sont arrachés
de manibus mulierum ,	des mains des femmes ,
fores multorum effringi,	les portes de plusieurs *maisons* sont brisées,
claustra revelli.	des barrières sont enfoncées.
Quid enim putatis?	Car que pensez-vous *qu'on put faire* ?
Si quando scuta	Si quelquefois des armes
conquiruntur a privatis	sont requises des particuliers
in bello ac tumultu ,	dans une guerre ou une attaque-soudaine ,
tamen homines dant inviti,	pourtant on *les* donne à-contre-cœur,
etsi sentiunt dari	quoiqu'on sente qu'on *les* donne
ad salutem communem ;	pour le salut commun ;
ne putetis quem	ne pensez pas *alors* que personne
protulisse domo	ait laissé-sortir de *sa* maison
sine dolore maximo	sans une douleur très-grande
argentum cælatum ,	*son* argenterie ciselée
quod alter eriperet.	pour qu'un autre *l'*emportât.
Omnia deferuntur.	Tout est apporté.
Fratres cibyratæ vocantur ;	Les frères de-Cibyre sont appelés ;
improbant pauca :	ils rejettent peu de *pièces* :
crustæ aut emblemata	les reliefs ou les figures
detrahuntur	sont enlevées
iis quæ probarant.	de celles qui *leur* avaient plu.
Sic Haluntini	Ainsi les Haluntiens
reverterunt domum	retournèrent chez eux
cum argento puro ,	avec *leur* argenterie toute-nue ,
deliciis excussis.	les ornements *en* ayant été arrachés.
XXIV. 56. Quod	XXIV. 56. Quel
everriculum	spoliateur
hujuscemodi	de cette sorte

lum in illa provincia fuit? Avertere aliquid de publico quam obscurissime per magistratum solebant : etiam aliquid de privato nonnunquam occulte auferebant : et illi tamen condemnabantur. Et, si quæritis, ut ipse de me detraham : illos ego accusatores puto fuisse, qui hujusmodi hominum furta odore aut aliquo leviter presso vestigio persequebantur. Nam nos quidem quid facimus in Verre, quem in luto volutatum[1] totius corporis vestigiis invenimus? Permagnum est, in eum dicere aliquid, qui præteriens, lectica paulisper deposita, non per præstigias, sed palam per potestatem, uno imperio, ostiatim totum oppidum compilarit? At tamen, ut posset se dicere emisse, Archagatho imperat, ut aliquid illis, quorum argentum fuerat, nummulorum, dicis causa[3], daret. Invenit Archa-

tion ! On a vu des magistrats détourner en secret quelque somme du trésor public, quelquefois porter une main furtive sur les propriétés des citoyens ; et, malgré leurs précautions, ils étaient condamnés. S'il faut le dire, aux dépens de mon amour-propre, ceux qui les accusaient avaient besoin de talent pour suivre à la piste ces larcins ténébreux, et s'attacher à des traces légères. Mais lui, je trouve toutes les parties de son corps empreintes dans la fange où il s'est roulé. Quel talent faut-il pour convaincre un homme qui, passant près d'une ville, fait arrêter un instant sa litière, et, sans autre prestige que l'abus du pouvoir et la forme d'un ordre tyrannique, dépouille ouvertement toutes les maisons de toute une cité? Cependant il faut qu'il puisse dire : « J'ai acheté. » Il charge Archagathe de compter, pour la forme, quelques pièces de monnaie à ceux qu'il a dépouillés. Il en trouva fort peu qui voulussent accepter. Il les paya.

fuit unquam, judices,	y a-t-il eu jamais, juges,
in illa provincia?	dans cette province?
Solebant	*Des magistrats* avaient-coutume
per magistratum	pendant *leur* magistrature
avertere aliquid	de détourner quelque chose
de publico	du *trésor* public
quam obscurissime;	le plus secrètement possible;
auferebant etiam	ils enlevaient même
nonnunquam occulto	quelquefois furtivement
aliquid de privato;	quelque chose à un particulier;
et illi tamen	et ceux-ci néanmoins
condemnabantur.	étaient condamnés.
Et, si quæritis,	Et, si vous *me le* demandez,
ut detraham ipse	pour que j'ôte *moi*-même
de me:	de moi-*même* (de mon mérite):
ego puto	je pense
illos fuisse accusatores,	que ceux-*là* furent des accusateurs,
qui persequebantur	qui poursuivaient
furta hominum hujusmodi	les larcins d'hommes semblables
odore,	à l'odeur (en les flairant),
aut aliquo vestigio	ou sur quelque trace
leviter presso.	légèrement marquée.
Nam nos quidem	Car pour moi
quid facimus in Verre,	qu'ai-je fait à l'égard de Verrès,
quem invenimus	lequel j'ai trouvé
volutatum in luto	roulé dans la fange
vestigiis totius corporis?	par les indices de toute *sa* personne?
Est permagnum	Est-il bien difficile
dicere aliquid in eum	de dire quelque chose contre celui
qui præteriens,	qui dans-*sa*-route,
lectica deposita	*sa* litière étant arrêtée
paulisper,	pour-quelques-instants,
compilarit totum oppidum	dépouille toute une ville
ostiatim,	de-porte-en-porte,
non per præstigias,	non à force de prestiges,
sed palam	mais ouvertement
per potestatem	en vertu de *son* pouvoir
uno imperio?	sur un-seul ordre?
At tamen,	Mais cependant,
ut posset dicere se emisse,	pour qu'il pût dire qu'il avait acheté,
imperat Archagatho,	il ordonne à Archagathe,
ut daret, dicis causa,	de donner, pour la forme,
aliquid nummulorum	quelques pièces-de-monnaie
illis quorum	à ceux auxquels
argentum fuerat.	l'argenterie avait appartenu.
Archagathus	Archagathe
invenit paucos,	trouva peu de *gens*

gathus paucos, qui vellent accipere : his dedit. Eos nummos tamen iste Archagatho non reddidit. Voluit Romæ petere Archagathus ; Cn. Lentulus Marcellinus dissuasit, sicut ipsum dicere audistis. Recita ARCHAGATHI ET LENTULI TESTIMONIUM.

57. Et, ne forte hominem existimetis hanc tantam vim emblematum sine causa coacervare voluisse, videte, quanti vos, quanti existimationem populi romani, quanti leges et judicia, quanti testes siculos negotiatoresque fecerit. Posteaquam tantam multitudinem collegerat emblematum, ut ne unum quidem cuiquam reliquisset : instituit officinam Syracusis in regia maximam. Palam artifices omnes, cælatores, ac vascularios convocari jubet : et ipse suos complures habebat. Eo conducit magnam hominum multitudinem. Menses octo continuos opus his non defuit, quum vas nullum fieret, nisi aureum. Tum illa, ex patellis et turibulis quæ vellerat, ita scite

Mais cet argent ne lui a pas encore été remis par Verrès. Il a voulu le lui demander à Rome ; et Lentulus Marcellinus lui a conseillé de n'en rien faire. Vous le voyez par sa déposition. Lisez LES DÉPOSITIONS D'ARCHAGATHE ET DE LENTULUS.

57. Ne croyez pas que cet homme ait accumulé sans motif ce nombre incroyable d'objets si précieux. Vous allez voir une preuve de son respect pour vous, pour l'opinion publique, pour les lois et les tribunaux, pour les Siciliens et nos Romains témoins de son impudence. Après qu'il eut rassemblé tous ces reliefs, et qu'il n'en resta plus un seul à personne, il établit un atelier immense à Syracuse, dans le palais des anciens rois, sous les yeux de tous les habitans. Il y rassembla tous les orfevres, les graveurs, les ciseleurs de la province, sans compter ceux qui étaient à lui ; et le nombre en était grand. Cette multitude d'ouvriers travailla huit mois entiers, quoiqu'on les occupât seulement à des ouvrages en or. C'est alors que les ornements arrachés des plats et des cassolettes, furent appli-

qui vellent accipere :
dedit his.
Iste tamen non reddidit
eos nummos Archagatho.
Archagathus
voluit petere Romæ ;
Cn Lentulus Marcellinus
dissuasit,
sicut audistis ipsum
dicere.
Recita TESTIMONIUM
ARCHAGATHI ET LENTULI.
57. Et, ne existimetis
forte
hominem voluisse
coacervare sine causa
hanc vim tantam
emblematum,
videte quanti fecerit vos,
quanti existimationem
populi romani,
quanti leges et judicia,
quanti testes siculos
negotiatoresque.
Posteaquam collegerat
tantam multitudinem
emblematum,
ut reliquisset cuiquam
ne quidem unum :
instituit Syracusis
officinam maximam
in regia.
Jubet palam convocari
omnes artifices,
cælatores, ac vascularios,
et ipse
habebat suos complures.
Conducit eo
magnam multitudinem
hominum.
Octo menses continuos
opus non defuit his,
quum nullum vas fieret,
nisi aureum.
Tum illigabat ita scite
in poculis aureis,
illa quæ vellerat

qui voulussent accepter :
il *les* donna à ceux-ci.
Ce *Verres* toutefois ne rendit pas
cet argent à Archagathe.
Archagathe
voulut *le* demander dans Rome :
Cn. Lentulus Marcellinus
le dissuada,
comme vous *l'*avez entendu lui-même
le dire.
Lisez LES TÉMOIGNAGES
D'ARCHAGATHE ET DE LENTULUS.
57. Et, ne pensez pas
au moins
que *cet* homme ait voulu
ramasser sans motif
cette quantité si grande
de figures,
voyez combien il a estimé vous,
combien *il a estimé* l'opinion
du peuple romain,
combien les lois et les tribunaux,
combien les témoins siciliens
et les négociants *romains*.
Après qu'il eut rassemblé
une si grande quantité
de figures,
qu'il n'*en* avait laissé à personne
pas même une-seule :
il établit à Syracuse
un atelier immense
dans le palais.
Il ordonne publiquement qu'on appelle
tous les artistes
ciseleurs, et orfévres,
et lui-même
avait les siens en-grand-nombre.
Il réunit là
une grande multitude
d'hommes.
Pendant huit mois entiers
l'ouvrage ne manqua pas à eux,
quoique aucun vase ne se fabriquât,
si ce n'est en-or.
Alors il adaptait si habilement
dans des coupes d'-or,
ces *figures* qu'il avait arrachées

in aureis poculis illigabat, ita apte in scyphis aureis includebat, ut ea ad illam rem nata esse diceres: ipse tamen prætor, qui sua vigilantia pacem in Sicilia dicit fuisse, in hac officina majorem partem diei cum tunica pulla [1] sedere solebat et pallio.

XXV. 58. Hæc ego, judices, non auderem proferre, ni vererer, ne forte plura de isto ab aliis in sermone, quam a me in judicio audisse vos diceretis. Quis enim est, qui de hac officina, qui de vasis aureis, qui de istius pallio, tunica pulla, non audierit? Quem voles de conventu syracusano virum bonum, nominato: producam. Nemo erit, quin hoc se aut vidisse, aut audisse dicat.

59. O tempora, o mores! nihil nimium vetus proferam. Sunt vestrum, judices, aliquammulti, qui L. Pisonem cognoverunt, hujus L. Pisonis, qui prætor fuit, patrem. Is quum esset in Hispania prætor, qua in provincia occisus est, nescio quo

qués à des coupes d'or avec tant d'adresse, incrustés avec tant de goût, qu'ils semblaient avoir été faits pour occuper cette place. Cependant ce préteur, qui veut qu'on fasse honneur à sa vigilance de la paix dont a joui la Sicile, passait la plus grande partie du jour assis dans son atelier, vêtu d'une tunique brune et d'un manteau grec.

XXV. 58. Je n'oserais vous entretenir de tous ces détails, si je ne craignais pas qu'on ne me reprochât d'en avoir moins dit devant ce tribunal que chacun de vous n'en apprend dans les conversations particulières. En effet, qui n'a pas ouï parler de cet atelier, des vases d'or, du manteau grec et de la tunique brune? Nommez qui vous voudrez de nos Romains établis à Syracuse, pourvu que ce soit un honnête homme; je l'interrogerai : il ne s'en trouvera pas un qui n'atteste avoir vu lui-même tout ce que je dis, ou l'avoir appris de témoins oculaires.

59. O que les temps sont changés! Sans remonter à des époques éloignées, plusieurs de vous ont connu L. Pison, père de celui qui dernièrement a été préteur. Pendant qu'il commandait en Espagne,

ex patellis et turibulis,
includebat ita apte
in scyphis aureis,
ut diceres
ea esse nata
ad illam rem :
tamen prætor ipse,
qui dicit
pacem fuisse in Sicilia
sua vigilantia,
solebat sedere
in hac officina
majorem partem diei
cum tunica pulla et pallio.
XXV. 58. Ego, judices,
non auderem proferre hæc,
ni vererer,
ne diceretis forte
vos audisse plura de isto
ab aliis in sermone,
quam a me in judicio.
Quis est enim,
qui non audierit
de hac officina,
qui de vasis aureis,
qui de pallio istius,
tunica pulla?
Nominato bonum virum
quem voles
de conventu syracusano :
producam.
Erit nemo, quin dicat
se aut vidisse
aut audisse hoc.
59. O tempora, o mores!
proferam nihil
nimium vetus.
Sunt, judices,
aliquammulti vestrum,
qui cognoverunt
L. Pisonem,
patrem hujus L. Pisonis
qui fuit prætor.
Quum is esset prætor
in Hispania,
in qua provincia
est occisus,

des plats et des cassolettes,
il *les* incrustait si exactement
dans des vases d'-or,
que tu aurais dit
qu'elles étaient nées (avaient été faites)
pour cet objet;
cependant *ce* préteur même
qui dit
que la paix a été dans la Sicile
par sa vigilance,
avait-coutume d'être-assis
dans cet atelier
la plus grande partie du jour [grec.
avec une tunique brune et un manteau-
XXV. 58. *Pour* moi, juges,
je n'oserais pas exposer ces *détails*,
si je ne craignais pas,
que vous ne dissiez peut-être
que vous avez appris plus sur ce *Verres*
par d'autres dans la conversation,
que par moi dans *ce* procès.
Quel est *l'homme*, en effet,
qui n'a pas entendu *parler*
de cet atelier,
qui *n'a pas ouï parler* des vases d'-or,
qui du manteau-grec de ce *Verrès*,
qui de *sa* tunique brune?
Nommez l'honnête homme
que vous voudrez
de la réunion *des Romains* de-Syracuse :
je *le* ferai-paraître.
Il n'y aura personne qui ne dise
qu'il a ou vu
ou entendu *raconter ce que je dis.*
59. O temps, ô mœurs!
je ne rappellerai rien
de trop ancien.
Il y a, juges,
bon-nombre d'entre vous,
qui ont connu
L. Pison,
le père de ce L. Pison
qui a été préteur.
Lorsqu'il était préteur
en Espagne,
dans laquelle province
il fut tué,

pacto, dum armis exercetur, annulus aureus, quem habebat, fractus est, et comminutus. Quum vellet sibi annulum facere, aurificem jussit vocari in forum ad sellam, Cordubæ, et ei palam appendit aurum. Hominem in foro sellam jubet ponere, et facere annulum, omnibus præsentibus. Nimium fortasse dicet aliquis hunc diligentem. Hactenus reprehendat, si quis volet· nihil amplius. Verum fuit ei concedendum. Filius enim L. Pisonis erat [1], ejus, qui primus de pecuniis repetundis legem tulit.

60. Ridiculum est, nunc de Verre me dicere, quum de Pisone Frugi dixerim. Verumtamen, quantum intersit, videte. Iste quum aliquot abacorum faceret vasa aurea, non laboravit, quid non modo in Sicilia, verum etiam Romæ in judicio audiret. Ille in auri semuncia totam Hispaniam scire voluit, unde

où il a été tué, il arriva qu'en s'exerçant aux armes, il brisa son anneau. Il voulait en avoir un autre : il fit venir un orfévre dans le forum, au pied de son tribunal, à Cordoue. Là, publiquement, il pesa l'or nécessaire, et commanda à l'ouvrier de s'établir sur la place et de faire l'anneau en présence du peuple. C'est, dit-on, porter le scrupule à l'excès. Le blâme qui voudra. Mais c'était Pison ; c'était le fils de celui qui, le premier, porta une loi contre les concussionnaires.

60. Il est ridicule de nommer Verrès, après avoir cité le vertueux Pison. Cependant voyez le contraste : l'un se fait fabriquer des vases d'or en assez grand nombre pour couvrir plusieurs buffets, sans s'inquiéter de ce qu'on dira non-seulement en Sicile, mais même dans les tribunaux de Rome ; l'autre, pour une demi-once d'or, veut que toute l'Espagne sache d'où provient l'anneau du préteur.

dum exercetur armis,
annulus aureus
quem habebat,
est fractus,
et comminutus,
nescio quo pacto.
Quum vellet
facere sibi annulum,
jussit aurificem
vocari in forum
ad sellam,
Cordubæ,
et appendit ei
aurum palam.
Jubet hominem
ponere sellam in foro,
et facere annulum,
omnibus præsentibus.
Aliquis dicet fortasse
hunc nimium diligentem.
Si quis volet,
reprehendat hactenus,
nihil amplius.
Verum
fuit concedendum ei.
Erat enim filius
L. Pisonis,
ejus qui primus
tulit legem
de pecuniis repetundis.
60. Est ridiculum
me dicere nunc de Verre,
quum dixerim
de Pisone Frugi.
Verumtamen,
videte quantum intersit.
Iste quum faceret
vasa aurea
aliquot abacorum,
non laboravit
quid audiret
non modo in Sicilia,
verum etiam Romæ
in judicio.
Ille in semuncia auri,
voluit totam Hispaniam
scire unde annulus

pendant qu'il s'exerce aux armes,
un anneau d'-or
qu'il avait,
fut cassé,
et brisé,
je ne-sais de quelle manière.
Comme il voulait
faire à soi un anneau,
il ordonna qu'un orfévre
fût appelé dans le forum
auprès de *son* tribunal,
à Cordoue,
et pesa à lui
de l'or publiquement.
Il ordonne l'ouvrier
établir *son* siége dans le forum,
et fabriquer l'anneau,
tous étant-présents.
Quelqu'un dira peut-être
qu'il *était* trop scrupuleux.
Si l'on veut,
qu'on *le* blâme jusque-là,
mais pas davantage.
Au reste
cela fut à-pardonner à lui.
Car il était fils
de L. Pison,
de celui qui le premier
porta une loi
sur l'argent à-réclamer (de concussion).
60. Il est ridicule
que je parle à présent de Verrès,
lorsque j'ai parlé
de Pison le Vertueux.
Cependant,
voyez combien il y-a-de-différence.
Celui-ci, pendant qu'il fabriquait
des vases d'-or
de *quoi en garnir* plusieurs buffets,
ne s'inquiéta pas
de ce qu'il entendrait *dire*
non-seulement dans la Sicile,
mais encore à Rome
dans les tribunaux.
Celui-là pour une demi-once d'or,
voulut que toute l'Espagne
sût d'où *cet* anneau

prætori annulus fieret. Nimirum, ut hic nomen suum comprobavit, sic ille cognomen.

XXVI. 61. Nullo modo possum omnia istius facta aut memoria consequi, aut oratione complecti. Genera ipsa cupio breviter attingere : ut hic modo me commonuit Pisonis annulus, quod totum effluxerat. Quam multis istum putatis hominibus honestis de digitis annulos aureos abstulisse? nunquam dubitavit, quotiescunque alicujus aut gemma aut annulo delectatus est. Incredibilem rem dicam, sed tam claram, ut ipsum negaturum non arbitrer.

62. Quum Valentio ejus interpreti epistola Agrigento allata esset, casu signum iste animadvertit in cretula[1] ; placuit ei ; exquisivit, unde esset epistola : respondit, Agrigento. Iste litteras, ad quos solebat, misit : ut is annulus ad se primo quoque tempore afferretur. Ita litteris istius, patrifamilias, L.Titio cuidam, civi romano, annulus de digito detractus est. Illa vero ejus cupiditas incredibilis est. Nam ut in singula concla-

Le premier a justifié son nom ; le second s'est montré digne du surnom qui honore sa famille.

XXVI. 61. Dans l'impossibilité où je suis de rappeler à ma mémoire, et de rassembler dans un seul discours tous les crimes de Verrès, je tâche de vous donner en peu de mots une idée sommaire de chaque espèce de vol. En voici une, par exemple, que l'anneau de Pison me rappelle et qui m'était entièrement échappée de l'esprit. Combien d'hommes honnêtes se sont vu arracher du doigt leurs anneaux d'or ! Il l'a fait sans scrupule toutes les fois qu'un anneau lui plaisait par sa forme ou par la beauté de sa pierre. Je vais citer un fait incroyable, mais si notoire qu'il n'osera pas lui-même le démentir.

62. Valentius, son secrétaire, avait reçu une lettre d'Agrigente ; par hasard il aperçoit sur la craie l'empreinte du cachet. Elle lui plaît : il demande d'où lui vient cette lettre. On lui répond, d'Agrigente. Il écrit à ses agents qu'on lui apporte tout de suite ce cachet. Sur cet ordre, un père de famille, un citoyen romain, L. Titius, se voit enlever son anneau. Mais ce qui est vraiment inconcevable, c'est sa

fieret prætori.
Nimirum, ut hic
comprobavit suum nomen,
sic ille cognomen.
XXVI. 61. Possum
nullo modo
aut consequi memoria,
aut complecti oratione
omnia facta istius.
Cupio attingere
ipsa genera breviter :
ut hic annulus Pisonis
commonuit me modo
quod effluxerat totum.
Quam multis
hominibus honestis
putatis istum abstulisse
annulos aureos de digitis?
nunquam dubitavit,
quotiescunque
est delectatus aut gemma
aut annulo alicujus.
Dicam rem incredibilem,
sed tam claram
ut non arbitrer
ipsum negaturum.
62. Quum epistola
esset allata Agrigento
Valentio interpreti ejus,
iste animadvertit casu
signum in cretula;
placuit ei;
exquisivit
unde epistola esset :
respondit, Agrigento.
Iste misit litteras
ad quos solebat,
ut is annulus
afferretur ad se
primo quoque tempore.
Ita litteris istius,
annulus est detractus
de digito patrifamilias,
cuidam L Titio,
civi romano.
Illa vero cupiditas ejus
est incredibilis.

provenait au préteur.
Aussi, de même que celui-ci
a justifié son nom,
de même celui-là *a justifié son* surnom.
XXVI. 61. Je ne peux
d'aucune façon
ou (ni) retrouver dans *ma* mémoire,
ou (ni) rassembler dans un discours
tous les crimes de ce *Verrès*.
Je désire indiquer
leurs genres brièvement :
comme cet anneau de Pison
a rappelé à moi tout à l'heure
ce qui *m'*avait échappé entièrement.
A combien
d'hommes honorables
pensez-vous que ce *Verrès* ait arraché
des anneaux d'-or des doigts?
jamais il n'a hésité *à le faire*,
toutes les fois que
il a été charmé ou par la pierre
ou par l'anneau de quelqu'un.
Je citerai un fait incroyable,
mais si notoire
que je ne pense pas
que lui-même puisse *le* nier.
62. Comme une lettre
avait été apportée d'Agrigente
à Valentius interprète de lui,
il remarqua par hasard
un cachet sur la craie;
ce cachet plut à lui;
il s'informa
d'où la lettre était (venait):
on *lui* répondit, d'Agrigente.
Il envoya des lettres *à ceux*
auxquels il avait-coutume *d'en envoyer*,
pour que cet anneau
fût apporté à lui
à la première occasion.
Ainsi sur une lettre de ce *Verrès*,
un anneau fut arraché
du doigt d'un père-de-famille,
à un certain L. Titius,
citoyen romain.
Mais cette passion de cet *homme*
est incroyable.

via, quæ iste non modo Romæ, sed omnibus in villis habet, tricenos lectos optime stratos[1] cum ceteris ornamentis convivii quæreret, nimium multa comparare videretur. Nulla domus in Sicilia locuples fuit, ubi iste non textrinum instituerit.

63. Mulier est segestana, perdives et nobilis, Lamia nomine per triennium isti, plena domo telarum, stragulam vestem confecit : nihil nisi conchylio tinctum. Attalus, homo pecuniosus, Neti ; Lyso, Lilybæi ; Critolaus Ennæ ; Syracusis Æschrio, Cleomenes, Theomnastus ; Elori, Archonides, Megistus. Vox me citius defecerit, quam nomina. Ipse dabat purpuram tantum, amici operas, credo. Jam enim non libet omnia criminari : quasi vero hoc mihi non satis sit ad crimen, habuisse tam multum, quod daret : voluisse deportare tam multa : hoc denique, quod concedit, amicorum operis esse in hujuscemodi

fureur pour les étoffes. Quand même il aurait eu dessein de placer dans chacune de ses salles à manger, soit à Rome, soit dans ses différentes campagnes, trente lits magnifiquement ornés, et toutes les autres décorations des festins, il n'aurait jamais pu employer ce qu'il amassait en ce genre. Il n'est pas de maison opulente, dans la Sicile, où il n'ait établi une fabrique.

63. A Ségeste est une femme distinguée par sa naissance et sa fortune. Durant trois ans, dans sa maison remplie de métiers, on fabriqua des tapis pour Verrès, et tous étaient en pourpre conchylienne. Il avait des commis dans toutes les villes : à Nétum, Attale, homme fort riche ; Lyson, à Lilybée ; Critolaüs, à Enna ; à Syracuse, Eschrion, Cléomène, Théomnaste ; à Élore, Archonide, Mégiste. La voix me manquerait plus tôt que les noms. Mais, dira-t-on, il fournissait seulement la pourpre, et ses amis la main-d'œuvre. Je veux bien le croire ; car enfin, il ne faut pas chercher des crimes partout. Eh ! ne suffit-il pas, pour que je l'accuse, qu'il ait été en état de fournir cette quantité de pourpre, qu'il ait projeté d'emporter tant de choses de la province, qu'il ait enfin, comme il en convient, employé les esclaves de ses amis à de tels ouvrages ? Et les lits de

Nam videretur
comparare nimium multa,
ut quæreret
in singula conclavia
quæ iste habet
non modo Romæ,
sed in omnibus villis,
tricenos lectos
optime stratos
cum ceteris ornamentis
convivii.
Nulla domus locuples
fuit in Sicilia, ubi iste
non instituerit textrinum.
63. Est mulier segestana,
perdives et nobilis,
nomine Lamia :
confecit per triennium,
domo plena telarum,
vestem stragulam isti :
nihil nisi tinctum
conchylio.
Attalus, homo pecuniosus,
Neti ;
Lyso, Lilybæi ;
Critolaus Ennæ ;
Æschrio, Cleomenes,
Theomnastus Syracusis ;
Archonides, Megistus,
Elori.
Vox defecerit me
citius quam nomina.
Ipse dabat tantum
purpuram,
amici operas, credo.
Jam enim non libet
criminari omnia :
quasi vero
hoc non sit satis mihi
ad crimen,
habuisse tam multum
quod daret ;
voluisse
deportare tam multa ;
denique, hoc quod concedit,
usum esse operis amicorum
in rebus hujuscemodi.

Car il paraîtrait
avoir ramassé trop de choses,
pour réunir
dans chaque salle-à-manger
qu'il possède
non-seulement à Rome,
mais dans toutes *ses* campagnes,
trente lits
magnifiquement ornés
avec les autres décorations
des festins.
Aucune maison riche [*Verrès*
ne fut en Sicile, où (dans laquelle) ce
n'ait établi des métiers-à-tisser.
63. Il y a une femme de-Ségeste,
très-riche et très-noble,
de nom (nommée) Lamia :
elle a fabriqué pendant trois-ans,
dans *sa* maison pleine de métiers,
des couvertures pour ce *Verrès* :
et aucune si ce n'est teinte
en pourpre.
Attale, homme très-riche,
à Nétum ;
Lyson, à Lilybée ;
Critolaüs à Enna ;
Eschrion, Cléomène,
Théomnaste à Syracuse ;
Archonide, Megiste
à Élore.
La voix manquerait à moi
plus tôt que les noms.
Lui, il donnait seulement
la pourpre,
ses amis la main-d'œuvre, je *le* crois.
Car enfin il ne *me* plaît pas
d'incriminer tout :
comme si d'ailleurs
cela n'était pas assez (suffisant) pour moi
pour *son* accusation,
qu'il ait eu tant de *pourpre*
à donner ;
qu'il ait voulu
emporter tant de choses ;
et enfin, ce dont il convient,
qu'il ait usé du concours de *ses* amis
dans des travaux de ce genre.

rebus usum. Jam vero lectos æratos, et candelabra ænea, num cui, præter istum, Syracusis per triennium facta esse existimatis? Emebat, credo. Sed tantum vos certiores, judices, facio, quid iste in provincia prætor egerit, ne cui forte nimium negligens fuisse videatur, neque se satis, quum potestatem habuerit, instruxisse et ornasse.

SEXTA NARRATIO.

XXVII. 64. Venio nunc, non jam ad furtum, non ad avaritiam, non ad cupiditatem, sed ejusmodi facinus, in quo omnia nefaria contineri mihi atque inesse videantur : in quo dii immortales violati, existimatio atque auctoritas nominis populi romani imminuta, hospitium spoliatum ac proditum, abalienati scelere istius a nobis omnes reges amicissimi nationesque, quæ in eorum regno ac ditione sunt.

65. Nam reges Syriæ, regis Antiochi filios pueros, scitis

bronze et les candélabres d'airain, pour quel autre en a-t-on fabriqué dans Syracuse, pendant trois années entières? Il achetait, je le crois. Mais je veux seulement vous instruire de ce qu'il a fait dans sa province, afin qu'on ne le soupçonne pas de s'être oublié lui-même, et d'avoir négligé le soin de son ameublement, pendant qu'il était revêtu de l'autorité.

SIXIÈME NARRATION.

XXVII. 64. Maintenant, juges, ce n'est plus un larcin, ce n'est plus un trait d'avarice et de cupidité que je dénonce, mais un délit où je vois rassemblé tout ce qui porte atteinte aux lois de la morale publique. Les dieux immortels outragés, la majesté du peuple romain avilie, l'hospitalité trahie et dépouillée, tous les rois les plus dévoués à la république et les nations qui vivent sous leur empire, aliénés de nous par le crime d'un préteur : tels sont les attentats dont je demande vengeance.

65. Vous savez que, dans ces derniers temps, les jeunes rois de Syrie, fils du roi Antiochus, ont fait quelque séjour à Rome. Ils y

Jam vero lectos æratos,	Mais ensuite, quant aux lits de-bronze,
et candelabra ænea,	et aux candélabres d'-airain,
num existimatis	est-ce que vous pensez
esse facta Syracusis	qu'il *en* ait été fait à Syracuse
per triennium,	pendant trois-ans,
cui, præter istum?	pour quelque *autre,* excepté *pour* lui?
Emebat, credo.	Il achetait, je *le* crois.
Sed tantum, judices,	Mais seulement, juges,
facio vos certiores,	je ferai vous plus certains (assurés),
quid iste egerit	de ce qu'il a fait
prætor in provincia,	*comme* préteur dans *sa* province,
ne forte	de peur que par hasard
videatur cui	il ne semble à quelqu'un
fuisse nimium negligens,	avoir été trop insouciant,
neque instruxisse	et *n'*avoir *pas* pourvu
et ornasse se satis,	et n'avoir pas meublé soi suffisamment,
quum habuerit potestatem.	quand il avait le pouvoir.

SEXTA NARRATIO.	SIXIÈME NARRATION.
XXVII. 64. Venio nunc,	XXVII. 64. J'*en* viens maintenant,
non jam ad furtum,	non plus à un vol,
non ad avaritiam,	ni à *un trait d'*avarice,
non ad cupiditatem,	ni à *un trait de* cupidité,
sed facinus ejusmodi,	mais à un crime de telle sorte,
in quo omnia nefaria	*qu'*en lui tous les crimes
videantur mihi	paraissent à moi
contineri atque inesse;	être contenus et être renfermés;
in quo	*qu'*en lui (en ce crime)
dii immortales violati,	les dieux immortels *ont été* outragés,
existimatio	l'honneur
atque auctoritas	et la majesté
nominis populi romani	du nom du peuple romain
imminuta,	*ont été* avilis,
hospitium	l'hospitalité
spoliatum ac proditum,	*a été* dépouillée et trahie,
omnes reges amicissimi	tous les rois les plus amis
nationesque	et les nations
quæ sunt in regno	qui sont sous l'empire
ac ditione eorum,	et l'obéissance d'eux,
abalienati a nobis	*ont été* éloignés de nous
scelere istius.	par l'attentat de cet *homme.*
65. Nam scitis	65. Car vous savez
reges Syriæ,	que les rois de Syrie,
pueros filios	jeunes fils
regis Antiochi,	du roi Antiochus,
fuisse nuper Romæ:	ont été dernièrement à Rome:

Romæ nuper fuisse : qui venerant non propter Syriæ regnum ; nam id sine controversia obtinebant, ut a patre et a majoribus acceperant : sed regnum Ægypti ad se et ad Selenen, matrem suam, pertinere arbitrabantur. Hi ipsi posteaquam temporibus reipublicæ exclusi[1], per senatum agere quæ voluerant, non potuerunt, in Syriam, in regnum patrium profecti sunt. Eorum alter, qui Antiochus vocatur, iter per Siciliam facere voluit. Itaque, isto prætore venit Syracusas.

66. Hic Verres hereditatem sibi venisse arbitratus est, quod in ejus regnum ac manus venerat is, quem iste et audierat multa secum præclara habere, et suspicabatur. Mittit homini munera : satis large hæc ad usum domesticum : vini, olei, quod visum erat : etiam tritici, quod satis esset, de suis decumis[2]. Deinde ipsum regem ad cœnam vocat. Exornat ample

étaient venus pour une contestation relative, non au royaume de Syrie qu'on ne leur disputait pas (ils le tiennent de leur père et de leurs aïeux), mais à celui d'Égypte, sur lequel ils croyaient avoir des droits par Séléné, leur mère. Les circonstances ne permettant pas au sénat d'accueillir leur demande, ils repartirent pour la Syrie, leur royaume héréditaire. L'un d'eux, Antiochus, voulut passer par la Sicile. Il vint donc à Syracuse durant la préture de Verrès.

66. Dès que ce tyran le vit entrer dans ses États, il le regarda comme une proie tombée entre ses mains. Il avait ouï dire que le jeune prince apportait avec lui beaucoup d'objets précieux : son avidité seule l'aurait deviné. Il lui envoie des présents assez considérables, et spécialement, pour l'entretien de sa maison, de l'huile, du vin, et même une quantité suffisante de blé : c'était le fruit des décimes extorquées. Il l'invite lui-même à souper. Il fait parer la salle

qui venerant
non propter regnum Syriæ;
nam obtinebant id
sine controversia,
ut acceperant a patre
et a majoribus ;
sed arbitrabantur
regnum Ægypti
pertinere ad se
et ad Selenen,
suam matrem.
Hi ipsi
posteaquam exclusi
temporibus reipublicæ,
non potuerunt agere
per senatum
quæ voluerant,
profecti sunt in Syriam,
in regnum patrium.
Alter eorum,
qui vocatur Antiochus,
voluit facere iter
per Siciliam.
Itaque venit Syracusas,
isto prætore.
66. Hic Verres
arbitratus est
hereditatem venisse sibi,
quod is,
quem et iste audierat,
et suspicabatur
habere secum multa,
venerat in regnum
ac manus ejus.
Mittit munera
homini ;
hæc satis large
ad usum domesticum :
quod visum erat,
vini, olei;
etiam
quod esset satis tritici,
de suis decumis.
Deinde vocat
regem ipsum ad cœnam.
Exornat triclinium
ample magnificeque ;

qui *y* étaient venus
non à cause du royaume de Syrie ;
car ils occupaient lui
sans contestation,
comme ils *l'*avaient reçu de *leur* père
et de *leurs* aïeux ;
mais ils pensaient
que le royaume d'Égypte
appartenait à eux
et à Séléné,
leur mère.
Ces *princes* eux-mêmes
après que repoussés
par les circonstances de l'État (politiques)
ils n'avaient pu faire
par l'*entremise du* sénat
ce qu'ils avaient voulu,
partirent pour la Syrie,
pour le royaume de-*leurs*-pères.
L'un d'eux
qui est nommé Antiochus,
voulut faire route
par la Sicile.
C'est pourquoi il vint à Syracuse,
ce *Verrès étant* préteur.
66. Alors Verrès
s'imagina
qu'un héritage était arrivé à lui,
parce que ce *prince*,
lequel et il avait entendu *dire*,
et il soupçonnait
avoir avec-lui beaucoup de *richesses*,
était venu dans *ses* États
et entre les mains de lui.
Il envoie des présents
à l'homme (Antiochus) ;
et cela assez abondamment
pour *son* usage domestique :
ce qui *lui* avait paru *nécessaire*,
en vin *et* en huile;
et aussi
ce qui était assez (suffisant) de blé,
du fruit de ses dîmes.
Ensuite il invite
le roi lui-même à souper.
Il pare la salle
avec-grandeur et avec-magnificence ;

magnificeque triclinium : exponit ea, quibus abundabat, plurima ac pulcherrima vasa argentea : namque hæc aurea nondum fecerat. Omnibus curat rebus instructum et paratum ut sit convivium. Quid multa? Rex ita discessit, ut et istum copiose ornatum, et se honorifice acceptum arbitraretur. Vocat ad cœnam deinde ipse prætorem : exponit suas copias omnes, multum argentum, non pauca etiam pocula ex auro, quæ, ut mos est regius, et maxime in Syria, gemmis erant distincta clarissimis. Erat etiam vas vinarium, ex una gemma pergrandi trulla excavata, cum manubrio aureo : de qua, credo, satis idoneum, satis gravem testem, Q. Minucium dicere audistis.

67. Iste unumquodque vas in manus sumere, laudare, mirari. Rex gaudere, prætori populi romani satis jucundum et gratum illud esse convivium. Posteaquam inde discessum est, cogitare iste nihil aliud (id quod ipsa res declaravit), nisi,

avec la plus grande magnificence, expose sur ses buffets cette argenterie admirable dont il était si bien pourvu : sa vaisselle d'or n'existait pas encore. Il a soin que rien ne manque à la délicatesse et à la somptuosité du festin. Enfin le roi se retira frappé de l'opulence de Verrès, et charmé de la réception honorable qu'on lui avait faite. A son tour, il invite le préteur. Il étale toutes ses richesses, beaucoup d'argenterie, et même une grande quantité de coupes d'or ornées de pierreries, telles qu'en ont les rois, et surtout les rois de Syrie. On remarquait, entre autres pièces, un vase à mettre du vin, d'une seule pierre, avec une anse d'or. Vous avez entendu la déposition de Q. Minucius, témoin éclairé et digne de foi.

67. Verrès prend chaque pièce dans ses mains ; il loue, il admire. Le roi est enchanté que la fête soit agréable à un préteur du peuple romain. On se sépare. Dès ce moment Verrès ne s'occupe plus, comme

exponit ea vasa argentea,
plurima ac pulcherrima,
quibus abundabat;
namque fecerat nondum
hæc aurea.
Curat ut convivium
sit instructum
omnibus rebus
et paratum.
Quid multa?
Rex discessit
ita ut arbitraretur
et istum ornatum copiose,
et se acceptum honorifice.
Ipse deinde
vocat prætorem
ad cœnam :
exponit omnes suas copias,
multum argentum,
non pauca etiam
pocula ex auro,
quæ, ut est mos regius,
et maxime in Syria,
erant distincta
gemmis clarissimis.
Erat etiam vas vinarium,
trulla excavata
ex una gemma pergrandi,
cum manubrio aureo,
de qua audistis dicere
Q. Minucium,
testem satis idoneum,
satis gravem, credo.

67. Iste sumere
unumquodque vas
in manus,
laudare, mirari.
Rex gaudere
illud convivium
esse satis jucundum
et gratum prætori
populi romani.
Posteaquam
discessum est inde,
iste cogitare nihil aliud,
(id quod res ipsa
declaravit),

il expose ces vases d'-argent
très-nombreux et très-beaux,
dont il abondait;
car il n'avait pas fait encore
ces *vases* d'-or.
Il a-soin que le repas
soit fourni
de toutes choses *nécessaires*
et somptueux.
Que *dirai-je* de plus?
Le roi se retira
traité de manière à penser
et celui-ci pourvu abondamment,
et lui-même reçu honorablement.
Lui-même ensuite
il invite le préteur
à souper:
il étale toutes ses richesses,
beaucoup d'argenterie,
non un-petit-nombre aussi
de coupes d'or,
qui, comme c'est l'usage des-rois,
et surtout en Syrie,
étaient parsemées
des pierres-précieuses les plus belles.
Il y avait aussi un vase à-vin,
vase creusé
dans une-seule pierre très-grande,
avec une anse en-or,
dont vous avez entendu parler
Q. Minucius,
témoin assez compétent,
assez digne-de-foi, je crois.

67. Ce *Verrès* prend
chaque vase
dans *ses* mains,
les loue, *les* admire.
Le roi se réjouit
que ce repas
soit assez intéressant
et agréable pour un préteur
du peuple romain.
Après que
on fut sorti de là,
il (Verrès) ne songea à rien autre chose,
(ce que l'événement même
a prouvé),

quemadmodum regem ex provincia spoliatum expilatumque dimitteret. Mittit rogatum vasa ea, quæ pulcherrima apud illum viderat : ait se suis cælatoribus velle ostendere. Rex, qui istum non nosset, sine ulla suspicione libentissime dedit. Mittit etiam trullam gemmeam rogatum : velle se eam diligentius considerare : ea quoque ei mittitur.

XXVIII. 68. Nunc reliquum, judices, attendite, de quo et vos audistis, et populus romanus non nunc primum audiet : et in exteris nationibus usque ad ultimas terras pervagatum est. Candelabrum e gemmis clarissimis, opere mirabili perfectum, reges hi, quos dico, Romam quum attulissent, ut in Capitolio ponerent . quod nondum etiam perfectum templum offenderant, neque ponere potuerunt, neque vulgo ostendere ac proferre voluerunt : ut et magnificentius videretur, quum suo tempore in cella Jovis optimi maximi [1] poneretur, et clarius, quum pulchritudo ejus recens ad oculos hominum atque inte-

la suite l'a fait voir, qu'à trouver le secret de faire sortir de la province le roi entièrement pillé et dépouillé. Il lui envoie demander les plus beaux des vases qu'il a vus chez lui. C'était pour les montrer à ses ciseleurs. Le roi, qui ne connaissait pas l'homme, les donne avec plaisir et sans aucun soupçon. Verrès fait demander aussi le vase d'une seule pierre. Il veut le considérer avec attention. Ce vase aussi lui est envoyé.

XXVIII. 68. Juges, redoublez votre attention : ce que je vais dire n'est point nouveau pour vous ; le peuple romain ne l'entendra point ici pour la première fois ; le bruit en est parvenu chez les nations étrangères, jusqu'aux extrémités du monde. Les princes dont je parle avaient apporté un candélabre enrichi des pierres les plus brillantes et d'un travail admirable. Leur dessein était de le placer dans le Capitole ; mais l'édifice n'étant pas achevé, ils ne purent y déposer leur offrande. D'un autre côté, ils ne voulaient pas livrer ce chef-d'œuvre à l'avidité des regards publics : ils étaient bien aises de lui

nisi, quemadmodum
dimitteret ex provincia
regem spoliatum
expilatumque.
Mittit rogatum
ea vasa pulcherrima
quæ viderat apud illum :
ait se velle ostendere
suis cælatoribus.
Rex, qui non nosset istum,
dedit libentissime
sine ulla suspicione.
Mittit etiam rogatum
trullam gemmeam :
se velle considerare eam
diligentius :
ea mittitur quoque ei.
XXVIII. 68. Nunc,
judices,
attendite reliquum,
de quo et vos audistis,
et populus romanus
non audiet nunc
primum,
et pervagatum est
in nationibus exteris
usque ad terras ultimas.
Hi reges quos dico,
quum attulissent Romam
candelabrum
e gemmis clarissimis,
perfectum opere mirabili,
ut ponerent in Capitolio :
quod offenderant templum
nondum perfectum etiam,
neque potuerunt ponere,
neque voluerunt ostendere
ac proferre vulgo :
ut videretur
et magnificentius,
quum poneretur
suo tempore
in cella Jovis
optimi maximi,
et clarius,
quum pulchritudo ejus
perveniret

si ce n'est de quelle manière
il renverrait de *sa* province
le roi dépouillé
et pillé.
Il envoie demander
ces vases magnifiques
qu'il avait vus chez lui :
il dit qu'il veut *les* montrer
à ses ciseleurs.
Le roi, qui ne connaissait pas cet *homme*,
les donne tres-volontiers
sans aucun soupçon.
Il envoie aussi demander
le vase de-pierre précieuse :
disant qu'il veut considérer lui
avec plus-d'attention :
il est envoyé également à lui.
XXVIII. 68. Maintenant,
juges,
prêtez-attention au reste,
à ce dont et vous avez entendu *parler*,
et *dont* le peuple romain
n'entendra pas *parler* aujourd'hui
pour-la-première-fois,
et *qui* s'est répandu
chez les nations étrangères
jusqu'aux contrées les plus reculées.
Ces rois dont je parle,
après qu'ils eurent apporté à Rome
un candélabre *enrichi*
des pierres-précieuses les plus belles,
travaillé avec un art merveilleux,
pour qu'ils *le* plaçassent dans le Capitole :
parce qu'ils avaient trouvé le temple
non-encore acheve même,
ils ne purent *l'y* déposer,
et ils ne voulurent pas *le* montrer
et *le* produire au public :
afin qu'il parût
et avec-plus-de-magnificence,
lorsqu'il serait placé
à son temps
dans le sanctuaire de Jupiter
très-bon *et* très-grand,
et avec-plus-d'éclat,
lorsque la beauté de lui
viendrait (se montrerait)

gra perveniret. Statuerunt id secum in Syriam reportare : ut, quum audissent, simulacrum Jovis optimi maximi dedicatum, legatos mitterent, qui cum ceteris rebus illud quoque eximium atque pulcherrimum donum in Capitolium afferrent. Pervenit res ad istius aures, nescio quomodo. Nam rex id celatum voluerat : non quo quidquam metueret, aut suspicaretur, sed ut ne multi illud ante præciperent oculis, quam populus romanus. Iste petit a rege, et eum pluribus verbis rogat, ut id ad se mittat : cupere se dicit inspicere, neque se aliis videndi potestatem esse facturum.

69. Antiochus, qui animo esset et puerili et regio, nihil de istius improbitate suspicatus est : imperat suis, ut id in prætorium involutum quam occultissime deferrent. Quo posteaquam attulerunt, involucris rejectis constituerunt, iste clamare cœpit,

ménager le mérite de la nouveauté, pour le moment où il serait placé dans le sanctuaire du maître des dieux, afin que le plaisir de la surprise ajoutât encore au sentiment de l'admiration. Ils prirent le parti de le remporter avec eux en Syrie, et d'attendre la dédicace du temple pour envoyer cette rare et magnifique offrande par les ambassadeurs chargés des autres présents. Verrès eut connaissance de ce candélabre, je ne sais par quelle voie, car le roi en faisait un secret ; non pas qu'il eût des craintes et des soupçons, mais il ne voulait pas que beaucoup de personnes fussent admises à le voir avant le peuple romain. Le préteur demande au roi et le prie avec instance de le lui envoyer ; il a le plus grand désir de le voir ; cette faveur sera pour lui seul.

69. Antiochus était jeune, il était roi ; il ne soupçonna rien de sa perversité. Il ordonne à ses officiers d'envelopper le candélabre et de le porter au palais du préteur le plus secrètement possible. On l'apporte, on le découvre, on le place devant Verrès. Il s'écrie que c'est

recens atque integra,
ad oculos hominum.
Statuerunt reportare id
secum in Syriam:
ut, quum audissent
simulacrum Jovis
optimi maximi
dedicatum,
mitterent legatos,
qui afferrent quoque
in Capitolium
cum ceteris rebus
illud donum
eximium
atque pulcherrimum.
Res pervenit
ad aures istius,
nescio quomodo.
Nam rex voluerat
id celatum:
non quo metueret
aut suspicaretur
quidquam,
sed ut ne multi
præciperent oculis illud,
ante quam
populus romanus.
Iste petit a rege,
et rogat eum
pluribus verbis,
ut id mittat ad se:
dicit se cupere inspicere,
neque se facturum esse
aliis
potestatem videndi.
69. Antiochus,
qui esset animo
et puerili et regio,
suspicatus est nihil
de improbitate istius:
imperat suis,
ut deferrent in prætorium
id involutum
quam occultissime.
Posteaquam
attulerunt quo,
constituerunt

nouvelle et intacte,
aux regards des hommes.
Ils résolurent de remporter lui
avec-eux en Syrie:
afin que, quand ils auraient appris
que la statue de Jupiter
très-bon *et* très-grand
était inaugurée,
ils envoyassent des députés,
qui apporteraient aussi
au Capitole
avec d'autres objets
cette offrande
rare
et magnifique.
Le fait arriva
aux oreilles de ce *Verrès*,
je ne-sais comment.
Car le roi avait voulu
qu'il *restât* caché:
non pas qu'il craignît
ou *qu*'il soupçonnât
rien,
mais de peur que beaucoup de *gens*
ne connussent des yeux ce *candélabre*
avant que
le peuple romain *le vît*.
Ce *Verrès* demande au roi,
et prie lui
avec beaucoup de paroles,
qu'il l'envoie à lui:
il dit qu'il désire *l*'examiner,
et qu'il ne donnera pas
à d'autres
la faculté de *le* voir.
69. Antiochus,
qui était d'un caractère
et de-jeune-homme et de-roi,
ne soupçonna rien
de la perversité de ce *préteur*:
il ordonne à ses *gens*,
qu'ils portent au palais-du-préteur
ce *candélabre* enveloppé
et le plus secrètement possible.
Lorsque
ils *l*'eurent apporté là,
et qu'ils *l*'eurent mis-en-place

dignam rem esse regno Syriæ, dignam regio munere, dignam Capitolio. Etenim erat eo splendore, qui ex clarissimis et pulcherrimis gemmis esse debebat : ea varietate operum, ut ars certare videretur cum copia : ea magnitudine, ut intelligi posset, non ad hominum apparatum, sed ad amplissimi templi ornamentum esse factum. Quod quum satis jam perspexisse videretur, tollere incipiunt, ut referrent. Iste ait, se velle illud etiam atque etiam considerare : nequaquam se esse satiatum : jubet illos discedere, et candelabrum relinquere. Sic illi tum inanes ad Antiochum revertuntur.

XXIX. 70. Rex primo nihil metuere, nihil suspicari. Dies unus, alter, plures : non referri. Tum mittit rex ad istum, si sibi videatur, ut reddat. Jubet iste posterius ad se reverti. Mirum illi videri. Mittit iterum. Non redditur. Ipse hominem ap-

un présent digne du royaume de Syrie, digne du roi, digne du Capitole. En effet, ce candélabre étincelait du feu des pierres les plus éclatantes. La variété et la délicatesse du travail semblaient le disputer à la richesse de la matière ; et sa grandeur annonçait qu'on l'avait destiné, non à parer le palais d'un mortel, mais à décorer le temple le plus auguste de l'univers. Quand les officiers crurent que Verrès avait eu tout le temps de l'examiner, ils se mirent en devoir de le remporter. Il leur dit qu'il ne l'a pas assez vu, qu'il veut le voir encore ; il leur ordonne de se retirer et de laisser le candélabre, ils retournent vers Antiochus, sans rien rapporter.

XXIX. 70. D'abord le roi est sans inquiétude et sans défiance. Un jour, deux jours, plusieurs jours se passent, et le candélabre ne revient pas. Il envoie le redemander. Verrès remet au lendemain. Antiochus est étonné. Il envoie une seconde fois ; le candélabre n'est pas rendu. Il va lui-même trouver le préteur, et le prie de vou-

involucris rejectis,	l'enveloppe étant retirée,
iste cœpit clamare,	ce *Verrès* commença à s'écrier,
esse rem	que c'était une chose
dignam regno Syriæ,	digne du royaume de Syrie.
dignam munere regio,	digne de *constituer* un présent royal,
dignam Capitolio.	digne du Capitole
Erat etenim eo splendore	Il était en effet de cet éclat
qui debebat esse	qui devait être (résulter)
ex gemmis clarissimis	des pierres les plus brillantes
et pulcherrimis;	et les plus belles;
varietate operum ea	d'une variété de travail telle
ut ars videretur	que l'art semblait
certare cum copia;	disputer avec la richesse;
magnitudine ea	d'une grandeur telle
ut posset intelligi	qu'il pouvait être compris
non esse factum	qu'il n'avait pas été fait
ad apparatum hominum,	pour l'ornement des hommes.
sed ad ornamentum	mais pour la décoration
templi amplissimi.	du temple le plus auguste.
Quum videretur jam	Comme *Verrès* paraissait déjà
perspexisse quod satis,	avoir examiné lui assez *longtemps*,
incipiunt tollere,	*les gens* se disposent à *l*'enlever,
ut referrent.	pour *le* rapporter.
Iste ait se velle	Celui-ci dit qu'il veut
considerare illud	considérer lui
etiam atque etiam;	encore et encore (à plusieurs reprises);
se esse satiatum	qu'il n'est pas rassasié
nequaquam;	du tout;
jubet illos discedere,	il ordonne qu'ils se retirent,
et relinquere candelabrum.	et laissent le candélabre.
Sic illi revertuntur tum	De sorte que ceux-ci reviennent alors
inanes ad Antiochum.	*les mains* vides vers Antiochus.
XXIX. 70. Rex primo	XXIX. 70. Le roi d'abord
metuere nihil,	ne craint rien,
suspicari nihil.	ne soupçonne rien.
Unus dies, alter,	Un jour *se passe*, un second,
plures:	*puis* plusieurs *se passent*:
non referri.	*le candélabre* n'est pas rapporté.
Tum rex mittit ad istum,	Alors le roi envoie chez ce *Verrès*,
ut reddat, si videatur sibi.	pour qu'il *le* rende, s'il paraît-bon à lui.
Iste jubet reverti	Celui-ci ordonne qu'on revienne
posterius ad se.	plus tard chez lui.
Videri mirum illi.	*Cela* paraît étonnant à ce *roi*.
Mittit iterum.	Il envoie de nouveau.
Non redditur.	*Le candélabre* n'est pas rendu.
Ipse	Lui-même
appellat hominem:	s'adresse à l'homme (au préteur):

pellat : rogat, ut reddat. Os hominis insignemque impudentiam cognoscite. Quod sciret, quodque ex ipso rege audisset in Capitolio esse ponendum, quod Jovi optimo maximo, quod populo romano servari videret, id sibi ut donaret, rogare et vehementer petere cœpit. Quum ille se et religione Jovis capitolini, et hominum existimatione impediri diceret, quod multæ nationes testes essent illius operis ac muneris : iste homini minari acerrime cœpit. Ubi videt, eum nihilo magis minis, quam precibus permoveri : repente hominem de provincia jubet ante noctem decedere. Ait se comperisse, ex ejus regno piratas in Siciliam esse venturos.

71. Rex maximo conventu Syracusis, in foro, ne quis forte me in crimine obscuro versari, atque affingere aliquid suspicione hominum arbitretur, in foro, inquam, Syracusis, flens, ac deos hominesque contestans, clamare cœpit, candelabrum factum e gemmis, quod in Capitolium missurus esset, quod in templo clarissimo populo romano monumentum suæ societatis amicitiæque esse voluisset, id sibi C. Verrem abstulisse :

loir bien le rendre. Ici connaissez l'effronterie et l'impudence insigne du personnage. Il savait que ce chef-d'œuvre devait être placé dans le Capitole, qu'il était réservé pour Jupiter et pour le peuple romain. Il le savait, il l'avait appris du roi lui-même ; et il demande qu'il lui en fasse un don, et il insiste de la manière la plus pressante. Le prince s'en défend : le vœu qu'il a fait à Jupiter, le soin de son honneur, ne lui laissent pas la liberté d'en disposer. Plusieurs nations ont vu travailler à ce magnifique ouvrage : elles en connaissent la destination. Le préteur ne répond que par des menaces ; mais, voyant qu'elles ne réussissent pas mieux que les prières, il lui enjoint brusquement de sortir de la province avant la nuit. On l'a informé, dit-il, que des pirates sortis de son royaume doivent faire une descente en Sicile.

71. Le roi, en présence d'une foule de Romains, dans le forum de Syracuse (car ne croyez pas que je parle ici d'un crime commis dans l'ombre, et que je l'accuse sur de simples soupçons) ; oui, le roi, les larmes aux yeux, attestant et les dieux et les hommes, déclare à haute voix que Verrès lui enlève un candélabre tout en pierreries,

rogat ut reddat.	*le* prie qu'il *le* rende.
Cognoscite os hominis	Apprenez le front de *cet* homme
insignemque impudentiam.	et *son* insigne impudence.
Quod sciret,	*Un objet* qu'il savait
quodque audisset	et qu'il avait appris
ex rege ipso	du roi lui-même
esse ponendum	devoir être placé
in Capitolio,	dans le Capitole,
quod videret servari	qu'il voyait être réservé
Jovi optimo maximo,	pour Jupiter très-bon *et* très-grand,
quod populo romano,	qu'*il savait être* pour le peuple romain,
cœpit rogare	il se mit à prier
et petere vehementer,	et à demander avec-ardeur,
ut donaret id sibi.	qu'il donnât cet *objet* à lui.
Quum ille diceret	Comme celui-ci (Antiochus) disait
se impediri	qu'il était empêché *de le faire*
et religione	et par respect-religieux
Jovis capitolini,	pour Jupiter capitolin,
et existimatione hominum,	et par *respect pour* l'estime des hommes,
quod multæ nationes	parce que plusieurs nations
essent testes illius operis	étaient en-connaissance de cet ouvrage
ac muneris,	et de l'offrande *qu'il en devait faire*,
iste cœpit minari	ce *Verrès* se mit à menacer
homini acerrime.	l'homme (le prince) avec-violence.
Ubi videt eum permoveri	Quand il voit qu'il n'est ému
nihilo magis minis	pas plus par les menaces
quam precibus :	que par les prières :
jubet repente	il ordonne subitement
hominem decedere	que l'homme (le prince) sorte
de provincia ante noctem.	de la province avant la nuit.
Ait se comperisse	Il dit qu'il a découvert
piratas venturos esse	que des pirates doivent venir
ex regno ejus	du royaume de lui
in Siciliam.	dans la Sicile.
71. Rex	71. Le roi
conventu maximo,	dans une assemblée très-grande,
Syracusis, in foro,	à Syracuse, dans le forum,
ne quis arbitretur forte	pour que personne ne pense peut-être
me versari	que je m'occupe
in crimine obscuro,	d'un crime obscur,
atque affingere aliquid	et que je fais quelque *accusation*
suspicione hominum,	sur des soupçons d'hommes (particuliers).
in foro, inquam, Syracusis,	dans le forum, dis-je, à Syracuse,
flens ac contestans	pleurant et attestant
deos hominesque,	les dieux et les hommes,
cœpit clamare	se mit à crier
C. Verrem abstulisse sibi	que C. Verrès avait enlevé à lui

de ceteris operibus ex auro et gemmis, quæ sua penes illum essent, se non laborare : hoc sibi eripi, miserum esse et indignum. Id etsi antea jam mente et cogitatione sua fratrisque sui consecratum esset : tamen tum se, in illo conventu civium romanorum, dare, donare, dicare, consecrare[1], Jovi optimo maximo, testemque ipsum Jovem suæ voluntatis ac religionis adhibere.

XXX. 72. Quæ vox? quæ latera[2]? quæ vires hujus unius criminis querimoniam possint sustinere? Rex Antiochus, qui Romæ ante oculos omnium nostrum biennium fere comitatu regio atque ornatu fuisset : is quum amicus et socius populi romani esset, amicissimo patre, avo, majoribus, antiquissimis

qu'il destinait au Capitole, et qu'il voulait y placer comme un monument de son amitié et de son alliance avec le peuple romain ; qu'il fait le sacrifice des autres ouvrages en or et en pierreries que Verrès lui retient ; mais qu'il est cruel, qu'il est odieux que le candélabre aussi lui soit enlevé ; qu'il renouvelle la consécration que son frère et lui ont déjà prononcée dans leur cœur, et qu'en présence des Romains qui l'entendent, il le donne, il le dédie, il le consacre à Jupiter capitolin, et qu'il atteste, sur la sincérité de son hommage, le dieu même qui reçoit son serment.

XXX. 72. Quelle voix, quels poumons, quelles forces peuvent suffire à l'indignation qu'excite ce seul attentat? Un roi qui, pendant près de deux années entières, s'est montré dans Rome avec le cortége et l'appareil imposant de la royauté; un roi, l'ami, l'allié du peuple romain, dont le père, l'aïeul et les ancêtres, tous illustres et par l'ancienneté de leur origine, et par leur grandeur personnelle, ont été constamment attachés à notre république, le souverain d'un em-

id candelabrum	ce candélabre
factum e gemmis,	composé de pierres-précieuses,
quod esset missurus	qu'il devait envoyer
in Capitolium,	au Capitole,
quod voluisset esse	qu'il avait voulu être *placé*
in templo clarissimo	dans le temple le plus brillant
populo romano	pour le peuple romain
monumentum	*comme* monument
suæ societatis	de son alliance
amicitiæque;	et de *son* amitié;
se non laborare	qu'il ne s'inquiète pas
de ceteris operibus	des autres ouvrages
ex auro et gemmis,	en or et en pierreries,
quæ essent sua	qui étaient à-lui
penes illum :	*et qui sont* au pouvoir de ce *Verrès:*
esse miserum et indignum	qu'il est déplorable et indigne
hoc eripi sibi.	que celui-là soit arraché à lui.
Etsi id esset consecratum	Que malgré qu'il eût été consacré
jam antea	déjà auparavant
mente et cogitatione sua	par l'intention et le désir de-lui
suique fratris,	et de son frère,
tamen tum,	néanmoins à-ce-moment,
in illo conventu	devant cette assemblée
civium romanorum,	de citoyens romains,
se dare, donare, dicare,	il *le* donnait, *l'*offrait, *le* dédiait,
consecrare,	*le* consacrait,
Jovi optimo maximo,	à Jupiter très-bon *et* très-grand,
adhibereque Jovem ipsum	et prenait Jupiter lui-même
testem suæ voluntatis	*à* témoin de sa volonté
ac religionis.	et de *son* hommage-religieux.
XXX. 72. Quæ vox?	XXX. 72. Quelle voix!
quæ latera? quæ vires	quels poumons? quelles forces
possint sustinere	pourraient suffire
querimoniam	à la plainte (à se plaindre)
hujus unius criminis?	de ce seul attentat?
Rex Antiochus,	Le roi Antiochus,
qui fuisset Romæ	qui avait été à Rome
fere biennium	presque deux-ans
comitatu	avec le cortége
atque ornatu regio	et l'appareil de-la-royauté
ante oculos	sous les yeux
nostrum omnium :	de nous tous :
quum is esset amicus	puisque ce *prince* était l'ami
et socius populi romani,	et l'allié du peuple romain,
patre amicissimo,	*dont* le père *nous était* très-attaché,
avo, majoribus,	*ainsi que* l'aïeul, *et* les ancêtres,
regibus antiquissimis	souverains très-anciens

et clarissimis regibus, opulentissimo et maximo regno, præceps e provincia populi romani exturbatus est.

73. Quemadmodum hoc accepturas nationes exteras : quemadmodum hujus tui facti famam in regna aliorum atque in ultimas terras perventuram putasti, quum audierint, a prætore populi romani in provincia violatum regem, spoliatum hospitem, ejectum socium populi romani atque amicum? Nomen vestrum, populique romani, odio atque acerbitati scitote nationibus exteris, judices, futurum, si istius hæc tanta injuria impunita discesserit. Sic omnes arbitrabuntur, præsertim quum hæc omnino fama de nostrorum hominum avaritia et cupiditate percrebuerit, non istius solius hoc esse facinus, sed eorum etiam, qui approbarint. Multi reges, multæ liberæ civitates, multi privati opulenti ac potentes habent profecto in animo Capitolium sic ornare, ut templi dignitas, imperiique

pire aussi vaste que florissant, Antiochus est chassé honteusement d'une province romaine !

73. Répondez, Verrès, quelle sensation cette nouvelle devait-elle produire chez les nations étrangères? qu'auront pensé les autres rois et les peuples placés aux extrémités de la terre, lorsqu'ils auront appris qu'un préteur romain a outragé un roi, dépouillé un hôte, chassé de sa province un ami et un allié du peuple romain? Juges, n'en doutez pas, si un tel attentat demeure impuni, votre nom, le nom de Rome sera voué désormais à l'horreur et à l'exécration des nations; aujourd'hui surtout qu'elles ne s'entretiennent que de l'avarice et de la cupidité de nos magistrats, elles croiront que ce crime doit être imputé, non pas au seul Verrès, mais à tous ceux qui l'auront approuvé. Beaucoup de rois, beaucoup de républiques, beaucoup de particuliers riches et puissants se proposent sans doute d'envoyer au Capitole des offrandes dignes de la majesté et de la grandeur de

et clarissimis,	et très-illustres,
regno opulentissimo	*dont* le royaume *était* le plus opulent
et maximo,	et le plus vaste,
est exturbatus præceps	a été expulsé violemment
e provincia populi romani.	d'une province du peuple romain.
73. Quemadmodum	73. Comment
putasti	penses-tu
nationes exteras	que les nations étrangères
accepturas hoc;	accueilleront cette *nouvelle*:
quemadmodum	comment
famam hujus facti tui	le bruit de cet attentat *commis* par-toi
perventuram	sera-t-il reçu
in regna aliorum	dans les royaumes des autres *rois*
atque in terras ultimas,	et dans les pays les plus reculés,
quum audierint,	lorsqu'ils entendront *dire*,
regem violatum	qu'un roi *a été* outragé
in provincia	dans une province
a prætore populi romani,	par un preteur du peuple romain,
hospitem spoliatum,	qu'un hôte *a été* dépouillé,
socium atque amicum	qu'un allié et un ami
populi romani	du peuple romain
ejectum?	*a été* chassé?
Scitote, judices,	Sachez, juges,
vestrum nomen,	que votre nom,
populique romani	et *celui* du peuple romain
futurum odio	sera en haine
atque acerbitati	et en exécration
nationibus exteris,	aux nations étrangères,
si hæc injuria tanta istius	si cette injure si grande de ce *Verrès*
discesserit impunita.	est restée impunie.
Omnes arbitrabuntur sic,	Tous penseront ainsi,
præsertim quum hæc fama	surtout lorsque cette réputation
de avaritia et cupiditate	de l'avarice et de la cupidité
nostrorum hominum	de nos hommes (magistrats)
percrebuerit omnino,	sera répandue partout,
hoc esse facinus	que c'est *là* le crime
non istius solius,	non de cet *homme* seul,
sed etiam eorum,	mais encore de ceux
qui approbarint.	qui *l*'ont approuvé.
Multi reges,	Beaucoup de rois,
multæ civitates liberæ,	beaucoup de cités libres,
multi privati	beaucoup de particuliers
opulenti ac potentes	riches et puissants
habent profecto in animo	ont sans doute dans la pensée
ornare Capitolium	d'orner le Capitole
sic ut dignitas templi,	comme la majesté du temple,
nomenque nostri imperii	et la gloire de notre empire

nostri nomen desiderat : qui si intellexerint, interverso regali hoc dono, graviter vos tulisse : grata fore vobis populoque romano sua studia ac dona arbitrabuntur. Sin hoc vos in rege tam nobili, in re tam eximia, in injuria tam acerba, neglexisse audierint : non erunt tam amentes, ut operam, curam, pecuniam impendant in eas res, quas vobis gratas fore non arbitrentur.

XXXI. 74. Hoc loco, Q. Catule, te appello. Loquor enim de tuo clarissimo pulcherrimoque monumento : non judicis solum severitatem in hoc crimine, sed prope inimici atque accusatoris vim suscipere debes. Tuus est enim honos in illo templo, senatus populique romani beneficio : tui nominis æterna memoria simul cum templo illo consecratur : tibi hæc cura suscipienda, tibi hæc opera sumenda est, ut Capitolium, quomodo magnificentius est restitutum, sic copiosius ornatum sit, quam fuit : ut illa flamma divinitus exstitisse videatur, non,

notre empire. S'ils apprennent que vous avez puni sévèrement le sacrilége qui a détourné l'offrande d'un roi, ils aimeront à penser que leurs dons et leur zèle seront agréables au sénat et au peuple ; mais s'ils entendent dire que l'insulte faite à un roi si respectable, que le vol d'un objet aussi précieux, qu'un outrage aussi atroce, vous ont trouvés froids et indifférents, n'espérez pas qu'ils soient assez insensés pour employer leurs peines, leurs soins, leurs richesses, à vous offrir des dons qu'ils croiront de nul prix à vos yeux.

XXXI. 74. Je m'adresse à vous, Catulus, car je parle d'un temple dont la magnificence est votre ouvrage. J'attends ici de vous, non pas seulement la sévérité d'un juge, mais j'ose dire la passion d'un ennemi et l'animosité d'un accusateur. Par une faveur spéciale du sénat et du peuple romain, votre gloire est inséparable de celle de ce temple. Votre nom, consacré avec ce superbe édifice, arrivera comme lui à l'immortalité. C'est pour vous un devoir, une obligation sacrée de tout faire pour que le nouveau Capitole, déjà plus magnifique par la majesté de l'architecture, devienne aussi plus éclatant par la richesse des décorations : il faut qu'on dise que la flamme qui l'avait consumé était descendue du ciel, non pour dé-

desiderat :
qui si intellexerint,
hoc dono regali interverso,
vos tulisse graviter,
arbitrabuntur
sua studia ac dona
fore grata vobis
populoque romano.
Sin audierint
vos neglexisse hoc
in rege tam nobili,
in re tam eximia,
in injuria tam acerba,
non erunt tam amentes
ut impendant operam,
curam, pecuniam in eas res
quas non arbitrentur
fore gratas vobis.
XXXI. 74. Hoc loco,
appello te, Q. Catule.
Loquor enim
de tuo monumento
clarissimo
pulcherrimoque :
debes suscipere
in hoc crimine non solum
severitatem judicis,
sed prope vim inimici
atque accusatoris.
Tuus enim honos
est in illo templo,
beneficio senatus
populique romani ;
memoria æterna
tui nominis
consecratur simul
cum illo templo :
hæc cura suscipienda tibi,
hæc opera sumenda est tibi,
ut Capitolium,
quomodo est restitutum,
magnificentius,
sit sic ornatum
copiosius quam fuit :
ut illa flamma
videatur exstitisse
divinitus,

le demandent :
lesquels s'ils apprennent
que ce don royal ayant été détourné
vous *l'*avez supporté avec-peine,
ils penseront
que leur zèle et *leurs* offrandes
seront agréables a vous
et au peuple romain.
Si au contraire ils entendent *dire*
que vous avez été-indifférents-à cela
à l'égard d'un roi si noble,
pour un objet si précieux,
pour un outrage si cruel,
ils ne seront pas assez insensés
pour qu'ils emploient *leur* peine,
leur soin, *leur* argent à ces offrandes
qu'ils ne croiront pas
devoir être agréables à vous.
XXXI. 74. En cet endroit,
je m'adresse à toi, Q. Catulus.
Je parle en effet
de ton monument
si célèbre
et si beau :
tu dois montrer
dans ce procès non-seulement
la sévérité d'un juge,
mais presque la colère d'un ennemi
et d'un accusateur.
Ta gloire en effet
est dans ce temple,
par le bienfait du sénat
et du peuple romain ;
la mémoire éternelle
de ton nom
est consacrée en même temps
avec (que) *celle de* ce temple :
ce soin doit être pris par toi,
cette tâche doit être attribuée à toi,
que le Capitole,
de même qu'il a été rétabli
avec-plus-de-magnificence,
soit ainsi décoré
avec-plus-de-richesse qu'il ne *l'*était :
afin que cette flamme *qui l'a dévoré*
semble avoir été suscitée
par-les-dieux,

quæ deleret Jovis optimi maximi templum, sed quæ præclarius magnificentiusque deposceret.

75. Audisti, Q. Minucium Rufum dicere, domi suæ deversatum esse Antiochum regem Syracusis : se illud scire ad istum esse delatum : se scire non redditum. Audisti, et audies omni ex conventu syracusano, qui ita dicant, sese audientibus, illud Jovi optimo maximo dicatum esse ab rege Antiocho et consecratum. Si judex non esses, et hæc ad te delata res esset : te potissimum hoc persequi, te petere, te agere oporteret. Quare non dubito, quo animo judex hujus criminis esse debeas, qui apud alium judicem multo acrior, quam ego sum, actor accusatorque esse deberes.

XXXII. 76. Vobis autem, judices, quid hoc indignius, aut quid minus ferendum videri potest? Verresne habebit domi

truire le temple de Jupiter, mais pour nous avertir d'en élever un autre plus brillant encore et plus magnifique.

75. Minucius Rufus a déposé que le roi Antiochus a logé chez lui à Syracuse, qu'il sait que le candélabre fut porté chez Verrès, qu'il sait aussi qu'il n'a pas été rendu; il a déposé, et tous les Romains établis à Syracuse répèteront qu'ils ont entendu le roi Antiochus dédier et consacrer ce même candélabre au grand Jupiter. Si vous n'étiez pas juge dans cette cause, et que ce crime vous fût dénoncé, ce serait à vous de le déférer aux tribunaux, de le poursuivre et de vous porter accusateur. Je n'ai donc pas de doute sur l'arrêt que vous allez prononcer, puisque, devant d'autres juges, vous devriez accuser avec encore plus de chaleur que je ne le fais moi-même.

XXXII. 76. Et vous, juges, concevez-vous rien de plus indigne et de plus intolérable? Verrès aura dans sa maison le riche, le ma-

non quæ deleret
templum Jovis
optimi maximi,
sed quæ deposceret
præclarius
magnificentiusque.
75. Audisti
Q. Minucium Rufum
dicere regem Antiochum
esse deversatum
suæ domi Syracusis ;
se scire illud
esse delatum ad istum ;
se scire non redditum.
Audisti, et audies
ex omni conventu
syracusano,
qui dicant ita,
sese audientibus,
illud esse dicatum
et consecratum
ab rege Antiocho
Jovi optimo maximo.
Si non esses judex,
et hæc res
esset delata ad te,
oporteret te potissimum
persequi hoc,
te petere,
te agere.
Quare non dubito,
animo quo
debeas esse judex
hujus criminis,
qui apud alium judicem
deberes esse actor
accusatorque
multo acrior
quam ego sum.
XXXII. 76. Quid autem,
judices,
potest videri vobis
indignius hoc,
aut quid
minus ferendum?
Verrèsne habebit suæ domi
candelabrum

non pour qu'elle détruise
le temple de Jupiter
très-bon *et* très-grand,
mais pour qu'elle *en* demande *un autre*
plus brillant
et plus magnifique.
75. Tu as entendu
Q. Minucius Rufus
dire que le roi Antiochus
avait logé
dans sa maison à Syracuse;
qu'il savait que ce *candélabre*
avait été porté chez ce *Verrès;*
qu'il savait *qu'il* n'*avait* pas *été* rendu.
Tu as entendu, et tu entendras
de toute la colonie
syracusaine,
des citoyens qui disent ainsi,
que soi entendant (en leur présence),
ce *candélabre* a été dédié
et consacré
par le roi Antiochus
à Jupiter très-bon *et* très-grand.
Si tu n'étais pas juge,
et *si* ce crime
était dénoncé à toi,
il faudrait toi de-préférence
poursuivre ce *crime*,
toi *l'*actionner,
te porter-accusateur.
C'est pourquoi je n'ai-pas-de-doute
sur les dispositions avec lesquelles
tu dois être juge
de ce crime,
toi qui devant un autre juge
devrais être un adversaire
et un accusateur
beaucoup plus ardent
que je *ne le* suis.
XXXII. 76. Quel *excès* en effet,
juges,
peut paraître à vous
plus indigne que celui-là,
ou *quel* attentat
peut vous paraître moins supportable?
Verrès aura-t-il dans sa maison
le candélabre

suæ candelabrum Jovis optimi maximi, e gemmis auroque perfectum? cujus fulgore collucere atque illustrari Jovis optimi maximi templum oportebat, id apud istum in ejusmodi conviviis constituetur, quæ domesticis stupris flagitiisque flagrabunt? In istius lenonis turpissimi domo, simul cum ceteris Chelidonis hereditariis ornamentis, Capitolii ornamenta ponentur? Quid huic sacri unquam fore, aut quid fuisse religiosi putatis, qui nunc tanto scelere se obstrictum esse non sentiat? qui in judicium veniat, ubi ne precari quidem Jovem optimum maximum, atque ab eo auxilium petere more omnium possit? a quo etiam dii immortales sua repetunt in eo judicio, quod hominibus ad suas res repetundas est constitutum. Miramur, Athenis Minervam, Deli Apollinem, Junonem Sami, Pergæ Dianam, multos præterea ab isto deos tota Asia Græciaque violatos, qui a Capitolio manus abstinere non potuerit? quod

gnifique candélabre du grand Jupiter! cet inappréciable chef-d'œuvre, qui devait remplir de sa splendeur le temple du maître des dieux, prêtera sa lumière à ces festins honteux et souillés par les débauches les plus scandaleuses! les ornements du Capitole, placés dans la maison d'un infâme, seront confondus avec les meubles d'une Chélidon! Pensez-vous que rien puisse jamais être sacré pour Verrès, ou qu'il ait jamais rien respecté, lui qui ne sent pas encore toute l'énormité de son crime; lui qui ose se présenter dans une cause où il ne peut pas, comme les autres accusés, lever les mains vers Jupiter et implorer son appui; lui, enfin, qui voit les dieux recourir à un tribunal qui, jusqu'ici, n'avait entendu que les réclamations des hommes? S'il n'a pas épargné le Capitole même, faut-il s'étonner qu'il ait pillé dans Athènes le temple de Minerve, le temple d'Apollon à Délos, à Samos celui de Junon, celui de Diane à Perga, enfin, ceux de tant de dieux dans la Grèce et dans toute l'Asie? Ce temple que des particuliers s'empressent et s'empresseront toujours de dé-

Jovis optimi maximi,
perfectum e gemmis
auroque?
id fulgore cujus
oportebat templum
Jovis optimi maximi
collucere atque illustrari,
constituetur apud istum
in conviviis ejusmodi,
quæ flagrabunt
stupris domesticis
flagitiisque?
Ornamenta Capitolii
ponentur in domo
istius lenonis turpissimi,
simul
cum ceteris ornamentis
hereditariis Chelidonis?
Quid putatis
fore unquam sacri huic,
aut quid fuisse religiosi,
qui non sentiat nunc
se esse obstrictum
tanto scelere?
qui veniat in judicium
ubi ne possit quidem
precari Jovem
optimum maximum,
atque petere ab eo
auxilium more omnium?
a quo dii immortales
etiam repetunt sua
in eo judicio
quod est constitutum
hominibus
ad repetundas suas res?
Miramur
Minervam Athenis,
Apollinem Deli,
Junonem Sami,
Dianam Pergæ,
multos deos prætcrea
violatos tota Asia
Græciaque
ab isto qui non potuerit
abstinere manus
a Capitolio?

de Jupiter très-bon *et* très-grand,
composé de pierres-précieuses
et d'or?
ce *candélabre* de l'éclat duquel
il fallait que le temple
de Jupiter très-bon *et* très-grand
brillât et resplendît,
sera placé chez cet *homme*
dans des festins de ce genre,
qui seront souillés
de *ses* debauches domestiques
et de *ses* désordres?
Les ornements du Capitole
seront placés dans la maison
de ce corrupteur infâme,
en même temps (pêle-mêle)
avec les autres meubles
qu'il-a-hérités de Chélidon?
Que penses-tu
qu'il y ait jamais de sacré pour lui,
ou qu'il y ait eu *pour lui* de saint,
lui qui ne sent pas à présent
qu'il est responsable
d'un si grand crime?
qui vient dans un procès
où il ne peut pas même
prier Jupiter
très-bon *et* très-grand,
et réclamer de lui
du secours suivant l'usage de tous?
lui à qui les dieux immortels
même redemandent ce-qui-est-à-eux
dans ce procès
qui est institué
pour les hommes
pour réclamer leurs biens?
Nous nous étonnons
que Minerve à Athènes,
Apollon à Délos,
Junon à Samos,
Diane à Perga,
et beaucoup de divinités encore
aient été outragées dans toute l'Asie
et dans *toute* la Grèce
par celui qui n'a pas pu
*s'*abstenir *de porter* les mains
sur le Capitole?

privati homines de suis pecuniis ornant, ornaturique sunt, id C. Verres ab regibus ornari non est passus. Itaque hoc nefario scelere concepto, nihil postea tota in Sicilia neque sacri, neque religiosi esse duxit : ita sese in provincia per triennium gessit, ut ab isto non solum hominibus, verum etiam diis immortalibus bellum indictum putaretur.

SEPTIMA NARRATIO.

XXXIII. 77. Segesta[1] est oppidum pervetus in Sicilia, judices, quod ab Ænea fugiente a Troja, atque in hæc loca veniente, conditum esse demonstrant. Itaque Segestani non solum perpetua societate atque amicitia, verum etiam cognatione se cum populo romano conjunctos esse arbitrantur. Hoc quondam oppidum, quum illa civitas cum Pœnis suo nomine, ac sua sponte bellaret, a Carthaginiensibus vi captum atque deletum est : omniaque, quæ ornamento urbi esse possent, Car-

corer de leurs richesses, Verrès n'a pas souffert qu'il fût décoré par un roi ! Aussi, depuis cette époque funeste, rien n'a pu réprimer son audace sacrilége ; et sa conduite dans la province a été constamment celle d'un brigand qui a déclaré la guerre non-seulement aux hommes, mais encore aux dieux immortels.

SEPTIÈME NARRATION.

XXXIII. 77. Ségeste est une ville de la plus haute antiquité : on assure qu'elle fut bâtie par Énée, lorsque ce prince, échappé des ruines de Troie, aborda sur les côtes de la Sicile. Aussi les Ségestains se croient-ils unis avec le peuple romain, autant par les liens du sang que par ceux d'une alliance et d'une amitié qui ne souffrirent jamais d'interruption. Dans une guerre qu'ils soutinrent en leur nom contre les Carthaginois, leur ville fut prise et détruite. Tout ce qui pouvait servir à l'embellissement de Carthage fut emporté par les

C. Verres non passus est
id quod homines privati
ornant, suntque ornaturi
de suis pecuniis,
ornari ab regibus.
Itaque hoc scelere nefario
concepto,
duxit esse nihil postea
in tota Sicilia
neque sacri,
neque religiosi;
sese gessit ita
per triennium in provincia,
ut putaretur
bellum indictum ab isto
non solum hominibus,
verum etiam
diis immortalibus.

C. Verrès n'a pas souffert
que ce *temple* que des particuliers
ornent, et orneront
de leur argent (à leurs frais),
fût orné par des rois.
Aussi ce crime sacrilége
ayant été conçu,
il a pensé qu'il n'y avait rien ensuite
dans toute la Sicile
ni de sacré,
ni de saint;
il s'est conduit de telle sorte
pendant trois-ans dans *sa* province,
qu'on pouvait penser
que la guerre *était* déclarée par lui
non-seulement aux hommes,
mais encore
aux dieux immortels.

SEPTIMA NARRATIO.

XXXIII. 77. Segesta
est oppidum pervetus
in Sicilia, judices,
quod demonstrant
esse conditum ab Ænea
fugiente a Troja,
atque veniente in hæc loca.
Itaque Segestani
arbitrantur
se esse conjunctos
cum populo romano
non solum
societate perpetua
atque amicitia,
verum etiam cognatione.
Hoc oppidum quondam,
quum illa civitas
bellaret cum Pœnis
suo nomine,
ac sua sponte,
est captum vi
atque deletum
a Carthaginiensibus,
omniaque quæ possent
esse ornamento urbi,
sunt deportata

SEPTIÈME NARRATION.

XXXIII. 77. Ségeste
est une ville très-ancienne
dans la Sicile, juges,
que l'on prouve
avoir été bâtie par Énée
fuyant de Troie,
et venant dans ces lieux.
C'est pourquoi les Ségestains
pensent
qu'ils sont unis
avec le peuple romain
non-seulement
par une alliance perpétuelle
et par l'amitié,
mais encore par la parenté.
Cette ville autrefois,
lorsque ce peuple
était-en-guerre avec les Carthaginois
en son nom,
et de son plein-gré,
fut prise par la force
et détruite
par les Carthaginois,
et tous *les objets* qui pouvaient
être à ornement à la ville,
furent emportés

thaginem sunt ex illo loco deportata. Fuit apud Segestanos ex ære simulacrum Dianæ, quum summa atque antiquissima præditum religione, tum singulari opere artificioque perfectum. Hoc translatum Carthaginem, locum tantum hominesque mutarat : religionem quidem pristinam conservabat. Nam propter eximiam pulchritudinem [1], etiam hostibus digna, quam sanctissime colerent, videbatur.

78. Aliquot seculis post, P. Scipio [2] bello punico tertio Carthaginem cepit : qua in victoria (videte hominis virtutem et diligentiam, ut et domesticis præclarissimæ virtutis exemplis gaudeatis, et eo majore odio dignam istius incredibilem audaciam judicetis), convocatis Siculis omnibus, quod diutissime sæpissimeque Siciliam vexatam a Carthaginiensibus cognorat, jubet omnia conquiri : pollicetur, sibi magnæ curæ fore, ut omnia civitatibus, quæ cujusque fuissent, restituerentur. Tum illa, quæ quondam fuerant Himera sublata, de

vainqueurs. Parmi les dépouilles était une Diane de bronze, objet du culte le plus antique et vrai chef-d'œuvre de l'art. Transportée en Afrique, cette Diane n'avait fait que changer d'autels et d'adorateurs. Ses honneurs la suivirent dans ce nouveau séjour, et son incomparable beauté lui fit retrouver chez un peuple ennemi tous les hommages qu'elle recevait à Ségeste.

78. Quelques siècles après, dans la troisième guerre punique, P. Scipion se rendit maître de Carthage; le vainqueur (observez l'active probité de ce héros : ce grand exemple de vertu dans un de vos citoyens sera pour vos cœurs une jouissance délicieuse, et vous en concevrez encore plus de haine contre l'audace incroyable de Verrès), Scipion, dis-je, rassembla tous les Siciliens. Il savait que, pendant longtemps et à diverses reprises, leur pays avait été dévasté par les Carthaginois : il ordonna les perquisitions les plus exactes, et promit de donner tous ses soins pour faire restituer à chaque ville ce qui lui avait appartenu Alors les statues d'Himère, dont j'ai

ex illo loco Carthaginem.	de cette place à Carthage.
Fuit apud Segestanos	Il y avait chez les Ségestains
simulacrum Dianæ ex ære,	une statue de Diane en bronze,
quum præditum religione	d'un côté recommandée par un culte
summa atque antiquissima,	très-grand et très-antique,
tum perfectum opere	de l'autre faite avec un travail
artificioque singulari.	et un art singulier.
Hoc translatum	Cette *statue* transportée
Carthaginem,	à Carthage,
mutarat tantum	avait changé seulement
locum hominesque,	de lieu et d'hommes (d'adorateurs),
conservabat quidem	mais elle conservait
religionem pristinam.	*son* culte ancien.
Nam propter	Car à cause de
pulchritudinem eximiam,	*sa* beauté remarquable,
videbatur etiam hostibus	elle paraissait même à des ennemis
digna quam colerent	digne qu'on l'honorât (d'être honorée
sanctissime.	le plus religieusement.
78. Aliquot seculis post,	78. Quelques siècles après,
P. Scipio	P. Scipion,
tertio bello punico	dans la troisième guerre punique.
cepit Carthaginem :	prit Carthage:
in qua victoria	dans cette victoire
videte virtutem	(remarquez la vertu
et diligentiam hominis,	et l'empressement de l'homme (du héros),
ut et gaudeatis	afin que et vous vous réjouissiez
exemplis domesticis	des exemples domestiques
virtutis præclarissimæ,	de la vertu la plus éclatante,
et judicetis	et que vous jugiez
audaciam incredibilem	l'audace incroyable
istius	de ce *Verrès*
dignam odio eo majore),	digne d'une haine d'autant plus grande),
omnibus Siculis convocatis	tous les Siciliens ayant été convoqués
quod cognorat Siciliam	parce qu'il savait que la Sicile
vexatam diutissime	*avait été* dévastée depuis très-longtemps
sæpissimeque	et très-souvent
a Carthaginiensibus,	par les Carthaginois,
jubet omnia conquiri :	il ordonne que tout soit recherché:
pollicetur	il promet
fore sibi magnæ curæ	qu'il sera pour lui à grand soin
ut omnia	que tous *les objets*
quæ fuissent cujusque,	qui avaient appartenu à chacune,
restituerentur civitatibus.	fussent restitués aux villes.
Tum illa	Alors ces *statues*
de quibus dixi antea,	dont j'ai parlé auparavant,
quæ fuerant sublata	qui avaient été enlevées
quondam Himera,	autrefois à Himère,

quibus antea dixi, Thermitanis sunt reddita : tum alia Gelensibus, alia Agrigentinis : in quibus etiam ille nobilis taurus, quem crudelissimus omnium tyrannorum Phalaris habuisse dicitur, quo vivos, supplicii causa, demittere homines, et subjicere flammam solebat. Quem taurum Scipio quum redderet Agrigentinis, dixisse dicitur : æquum esse illos cogitare, utrum esset Siculis utilius, suisne servire, an populo romano obtemperare ; quum idem monumentum et domesticæ crudelitatis et nostræ mansuetudinis haberent.

XXXIV. 79. Illo tempore Segestanis maxima cum cura hæc ipsa Diana, de qua dicimus, redditur : reportatur Segestam : in suis antiquis sedibus summa cum gratulatione civium et lætitia reponitur. Hæc erat posita Segestæ, sane excelsa in basi : in qua grandibus litteris P. Africani nomen erat incisum, eumque Carthagine capta restituisse, perscriptum. Colebatur a civibus : ab omnibus advenis visebatur : quum

parlé ailleurs, furent reportées chez les Thermitains. Géla, Agrigente, recouvrèrent ce qu'elles avaient perdu, entre autres chefs-d'œuvre, ce taureau, instrument trop fameux des vengeances de Phalaris. On sait que le plus atroce de tous les tyrans allumait des feux sous les flancs de ce taureau, après y avoir enfermé les hommes que sa haine avait proscrits. En le rendant aux Agrigentins, Scipion leur dit qu'ils devaient sentir lequel était le plus avantageux pour les Siciliens, de vivre sous le joug de leurs compatriotes, ou d'obéir au peuple romain, puisque la présence de ce monument attestait à la fois et la cruauté de leurs tyrans et la douceur de notre république.

XXXIV. 79. A cette même époque, la Diane dont je parle fut rendue aux Ségestains. Elle fut reportée à Ségeste et rétablie dans son premier séjour, au milieu des transports et des acclamations. Elle était posée sur un piédestal fort exhaussé, sur lequel on lisait ces mots en gros caractères : Scipion l'Africain l'a rendue après la prise de Carthage. Les citoyens l'honoraient d'un culte religieux ; les étrangers la visitaient ; c'est la première chose qu'on m'ait sunt reddita Thermitanis, tum alia Gelensibus, alia Agrigentinis, in quibus etiam ille taurus nobilis quem crudelissimus omnium tyrannorum, Phalaris, dicitur habuisse, quo solebat demittere homines vivos, causa supplicii, et subjicere flammam. Quum Scipio redderet quem taurum Agrigentinis, dicitur dixisse : esse æquum illos cogitare, utrum esset utilius Siculis, servirene suis, an obtemperare populo romano; quum haberent idem monumentum et crudelitatis domesticæ et nostræ mansuetudinis.

XXXIV. 79. Illo tempore hæc Diana ipsa de qua dicimus redditur Segestanis cum maxima cura; reportatur Segestam : reponitur in suis sedibus antiquis cum summa gratulatione et lætitia civium. Hæc erat posita Segestæ, in basi sane excelsa, in qua nomen erat incisum P. AFRICANI grandibus litteris, perscriptumque eum RESTITUISSE CARTHAGINE CAPTA. Colebatur a civibus; visebatur ab omnibus advenis;

furent rendues aux Thermitains, ensuite d'autres aux *habitants* de-Géla, d'autres à *ceux* d'-Agrigente, parmi lesquelles même ce taureau célèbre que le plus cruel de tous les tyrans, Phalaris, est dit avoir possédé, dans lequel il avait-coutume de jeter des hommes vivants, par forme de supplice, et d'allumer-au-dessous du feu. Lorsque Scipion rendit ce taureau aux Agrigentins, il est dit avoir parlé *ainsi* qu'il était juste qu'ils examinassent. lequel des deux était plus utile aux Siciliens, ou de servir leurs *tyrans*, ou d'obéir au peuple romain; puisqu'ils possédaient à la fois un monument et de la cruauté domestique et de notre douceur.

XXXIV. 79. Dans ce temps cette Diane même dont je parle est rendue aux Ségestains avec le plus grand soin; elle est rapportée à Ségeste : elle est replacée dans sa demeure antique au milieu des plus vives félicitations et de l'allégresse des citoyens. Elle avait été placée à Ségeste sur une base très-élevée, sur laquelle le nom était gravé DE P. *Scipion* L'AFRICAIN en grandes lettres, et *où l'on avait* inscrit qu'il *l'*AVAIT RENDUE CARTHAGE AYANT ÉTÉ PRISE. Elle était honorée par les citoyens; elle était visitée par tous les étrangers;

quæstor essem, nihil mihi ab illis est demonstratum prius. Erat admodum amplum et excelsum signum cum stola[1] : verumtamen inerat in illa magnitudine ætas atque habitus virginalis ; sagittæ pendebant ab humero : sinistra manu retinebat arcum : dextra ardentem facem præferebat.

80. Hanc quum iste sacrorum omnium hostis, religionumque prædo vidisset : quasi ipse illa face perculsus esset[2], ita flagrare cupiditate atque amentia cœpit. Imperat magistratibus, ut eam demoliantur, et sibi dent : nihil sibi gratius ostendit futurum. Illi vero dicere, id sibi nefas esse : seque quum summa religione, tum summo metu legum et judiciorum[3] teneri. Iste tum petere ab illis, tum minari, tum spem, tum metum ostendere. Opponebant illi interdum nomen Africani : donum populi romani illud esse dicebant : nihil se in eo po-

montrée à Ségeste, pendant ma questure. Malgré sa grandeur presque colossale, on distinguait les traits et le maintien d'une vierge; vêtue d'une robe longue, un carquois sur l'épaule, elle tenait son arc de la main gauche, et de la droite elle présentait une torche allumée

80. Dès que cet ennemi de tous les dieux, ce spoliateur de tous les autels, l'eut aperçue, aussitôt, comme si la déesse l'eût frappé de son flambeau, il s'enflamma pour elle, et brûla du désir de la posséder. Il commande aux magistrats de l'enlever du piédestal, et de lui en faire don : rien au monde ne peut lui être plus agréable. Ceux-ci lui représentent qu'ils ne le peuvent sans crime ; que la religion et les lois le leur défendent. Verrès insiste ; il prie, menace, promet, s'emporte. On lui opposait le nom de Scipion ; on cherchait à lui faire entendre que ce qu'il demandait était un don du peuple romain ; que les Ségestains ne pouvaient rien sur une statue que le

quum essem quæstor,	lorsque j'étais questeur,
nihil est demonstratum	rien ne fut montré
mihi prius ab illis.	à moi avant *elle* par ces *Ségestains.*
Erat signum	*C'*était une statue
admodum amplum	*d'une dimension* très-grande
et excelsum cum stola;	et élevée avec une robe-longue;
verumtamen ætas	mais néanmoins l'âge
atque habitus virginalis	et le maintien d'une-vierge
inerat	paraissaient
in illa magnitudine;	dans cette grandeur;
sagittæ pendebant	des flèches étaient-suspendues
ab humero;	à *son* épaule;
retinebat arcum	elle tenait un arc
manu sinistra;	de la main gauche;
præferebat dextra	elle portait de la *main* droite
facem ardentem.	une torche allumée.
80. Quum iste hostis	80. Lorsque cet ennemi
omnium sacrorum,	de toutes les choses sacrées,
prædoque religionum	et *ce* spoliateur des cultes
vidisset hanc,	eut vu cette *statue,*
quasi ipse	comme si lui-même
esset perculsus illa face,	avait été frappé de cette torche,
ita cœpit flagrare	il commença à être-enflammé
cupiditate	de désir
atque amentia.	et *transporté* de folie.
Imperat magistratibus,	Il ordonne aux magistrats,
ut demoliantur eam,	qu'ils abattent elle,
et dent sibi;	et *la* donnent à lui;
ostendit nihil	il témoigne que rien
futurum gratius sibi.	ne sera plus agréable pour lui.
Illi vero dicere	Mais ceux-ci disent
id esse nefas sibi,	que cela *n'*est pas-permis à eux,
seque teneri	et qu'ils sont retenus
quum summa religione,	autant par un profond respect
tum summo metu	que par une très-grande crainte
legum et judiciorum.	des lois et des jugements.
Iste tum petere ab illis,	Ce *Verrès* tantôt implore ces *magistrats,*
tum minari, ostendere	tantôt *les* menace, *leur* montre
tum spem, tum metum.	et l'espoir, et la crainte.
Illi opponebant interdum	Ceux-ci opposaient parfois
nomen Africani;	le nom de l'Africain;
dicebant illud esse donum	ils disaient que c'était un don
populi romani;	du peuple romain;
se habere	qu'ils n'avaient
nihil potestatis	aucun pouvoir
in eo quod	sur ce que
imperator clarissimus,	*ce* général très-illustre,

testatis habere, quod imperator clarissimus, urbe hostium capta, monumentum victoriæ populi romani esse voluisset.

81. Quum iste nihilo remissius, atque etiam multo vehementius instaret quotidie : res agitur in senatu. Vehementer ab omnibus reclamatur. Itaque illo tempore, ac primo istius adventu, pernegatur. Postea, quidquid erat oneris in nautis remigibusque exigendis, in frumento imperando, Segestanis, præter ceteros, imponebat, aliquanto amplius, quam ferre possent ; præterea magistratus eorum evocabat ; optimum quemque et nobilissimum ad se arcessebat ; circum omnia provinciæ fora rapiebat ; singillatim unicuique calamitati se fore denuntiabat ; universis se funditus illam eversurum esse civitatem minabatur Itaque aliquando, multis malis, magnoque metu victi Segestani, prætoris imperio parendum esse decreverunt [1]. Magno cum luctu et gemitu totius civitatis, multis

célèbre général qui l'avait conquise avait placée chez eux comme un monument de la victoire du peuple romain.

81. Le préteur n'en était que plus pressant et plus opiniâtre. Sa demande est portée au sénat ; elle est unanimement rejetée. Ainsi, pour cette fois et à son premier voyage, il éprouva un refus positif. De ce moment, lorsqu'il imposait quelque contribution en matelots, en rameurs ou en grains, Ségeste, à chaque fois, était, plus que toute autre ville, taxée au delà de ses moyens. Ce n'est pas tout : il mandait leurs magistrats à sa suite ; il appelait auprès de lui les citoyens les plus considérés. Il affectait de les traîner dans toutes les villes où il tenait ses assises, déclarant à chacun en particulier qu'il le perdrait, et que leur cité serait renversée de fond en comble. Vaincus par tant de persécutions et de menaces, les Ségestains enfin décidèrent qu'il fallait obéir à l'exprès commandement du préteur. Au regret de tous les habitants, au milieu des larmes, des gémissements,

urbe hostium capta,
voluisset esse
monumentum victoriæ
populi romani.
81. Quum iste
instaret quotidie
nihilo remissius,
atque etiam
multo vehementius,
res agitur in senatu.
Reclamatur ab omnibus
vehementer.
Itaque illo tempore,
ac primo adventu istius,
pernega .
Postea,
quidquid erat oneris
in nautis remigibusque
exigendis,
in frumento imperando,
imponebat Segestanis,
præter ceteros,
aliquanto amplius
quam possent ferre;
præterea evocabat
magistratus eorum;
arcessebat ad se
quemque optimum
et nobilissimum;
rapiebat circum omnia fora
provinciæ;
denuntiabat singillatim
unicuique
se fore calamitati;
minabatur universis
se esse eversurum funditus
illam civitatem.
Itaque Segestani,
victi aliquando
multis malis,
magnoque metu,
decreverunt parendum esse
imperio prætoris.
Simulacrum Dianæ
locatur tollendum,
cum magno luctu
et gemitu totius civitatis,

une ville des ennemis ayant été prise,
avait voulu être
un monument de la victoire
du peuple romain.
81. Comme ce *Verrès*
insistait chaque-jour
et non avec-moins-d'ardeur,
et même encore
beaucoup plus vivement,
la question est débattue au sénat.
Il est fait-réclamation par tous
avec-chaleur.
C'est pourquoi à ce moment,
et à la première visite de ce *Verrès*,
il est refusé.
Dans la suite,
tout ce qu'il y avait d'onéreux
en matelots et en rameurs
à-mettre-en-réquisition,
en grains à-exiger,
il *l'*imposait sur les Ségestains,
de préférence aux autres,
un peu plus
qu'ils ne pouvaient supporter;
en outre il mandait
les magistrats de ceux-ci;
il appelait auprès de lui
chaque *citoyen* le plus honnête
et le plus considéré;
il *les* traînait dans tous les tribunaux
de la province;
déclarait en particulier
à chacun-en-particulier
qu'il *lui* serait à malheur (funeste);
menaçait tous-en-général
de renverser de-fond-en-comble
cette (leur) cité.
C'est pourquoi les Ségestains,
vaincus enfin
par une multitude de maux,
et par une grande terreur,
décidèrent qu'il fallait obéir
à l'ordre du préteur.
La statue de Diane [levée,
est mise-en-adjudication pour-être-en-
au milieu d'un grand deuil
et des gémissements de toute la ville,

cum lacrimis et lamentatione virorum mulierumque omnium, simulacrum Dianæ tollendum locatur.

XXXV. 82. Videte, quanta religione fuerit. Apud Segestānos repertum esse, judices, scitote, neminem, neque liberum, neque servum, neque civem, neque peregrinum, qui illud signum auderet attingere. Barbaros quosdam Lilybæo scitote adductos esse operarios ; hi denique illud, ignari totius negotii ac religionis, mercede accepta, sustulerunt. Quod quum ex oppido exportaretur, quem conventum mulierum factum esse arbitramini ? quem fletum majorum natu ? quorum nonnulli etiam illum diem memoria tenebant[1], quum illa eadem Diana Segestam Carthagine revecta victoriam populi romani reditu suo nuntiasset. Quam dissimilis hic dies illi tempori videbatur ! Tum imperator populi romani, vir clarissimus, deos patrios reportabat Segestanis, ex urbe hostium recuperatos : nunc ex

des lamentations des hommes et des femmes, on convient d'un prix pour le transport.

XXXV. 82. Voyez quelle était leur vénération pour la déesse. Apprenez que, dans toute la ville, on ne trouva pas un seul homme, libre, esclave, citoyen, étranger, qui osât porter la main sur la statue. Apprenez qu'on fit venir de Lilybée quelques ouvriers barbares qui, n'étant informés ni des faits, ni des sentiments religieux des Ségestains, firent leur marché, et se chargèrent de l'opération. Vous auriez peine à concevoir quel fut, au moment du départ, le concours des femmes, et quels furent les gémissements des vieillards ; plusieurs se rappelaient encore le jour où cette même Diane, ramenée de Carthage à Ségeste, avait annoncé, par son retour, la victoire du peuple romain. Que les temps étaient changés ! Alors, un général romain, modèle de toutes les vertus, rapportait aux Ségestains leurs dieux paternels, arrachés des mains de leurs ennemis ; et maintenant

cum lacrimis multis
et lamentatione
omnium virorum
mulierumque.
XXXV. 82. Videte
quanta religione fuerit.
Scitote, judices,
neminem,
neque liberum,
neque servum,
neque civem,
neque peregrinum,
esse repertum
apud Segestanos,
qui auderet attingere
illud signum.
Scitote quosdam operarios
barbaros
esse adductos Lilybæo;
hi denique,
ignari totius negotii
ac religionis,
mercede accepta,
sustulerunt illud.
Quod quum exportaretur
ex oppido,
quem conventum mulierum
arbitramini esse factum?
quem fletum
majorum natu?
quorum nonnulli
tenebant etiam memoria
illum diem,
quum illa eadem Diana
revecta Carthagine
Segestam,
nuntiasset suo reditu
victoriam populi romani.
Quam hic dies
videbatur dissimilis
illi tempori!
Tum imperator
populi romani,
vir clarissimus,
reportabat Segestanis
deos patrios recuperatos
ex urbe hostium;

au milieu des larmes abondantes
et des lamentations
de tous les hommes
et de *toutes* les femmes.
XXXV. 82. Voyez
de quel culte elle a été *l'objet*.
Sachez, juges,
que personne,
ni *homme* libre,
ni esclave,
ni citoyen,
ni étranger,
ne fut trouvé
parmi les Ségestains,
qui osât toucher
cette statue.
Sachez que des ouvriers
barbares
furent appelés de Lilybée;
ceux-ci enfin,
ignorant toute l'affaire
ainsi que le scrupule-religieux,
un marché ayant été accepté,
enlevèrent cette *statue*.
Lorsqu'elle était emportée
de la ville,
quel concours de femmes
pensez-vous qu'il se forma?
que de larmes (furent versées)
par les plus avancés en âge?
dont quelques-uns
conservaient encore dans *leur* mémoire
ce jour,
lorsque (où) cette même Diane
ramenée de Carthage
à Ségeste,
avait annoncé par son retour
la victoire du peuple romain.
Combien ce jour
paraissait différent
de ce temps!
Alors un général
du peuple romain,
homme très-illustre,
rapportait aux Ségestains
les dieux de-la-patrie recouvrés
sur une ville des ennemis;

urbe sociorum prætor ejusdem populi romani turpissimus atque impurissimus, eosdem illos deos nefario scelere auferebat. Quid hoc tota Sicilia est clarius, quam omnes segestanas matronas et virgines convenisse, quum Diana exportaretur ex oppido? unxisse unguentis? complesse coronis et floribus? ture odoribusque incensis usque ad agri fines prosecutas esse?

83. Hanc tu tantam religionem si tum in imperio propter cupiditatem atque audaciam non pertimescebas : ne nunc quidem, in tanto tuo liberorumque tuorum periculo perhorrescis? Quem tibi aut hominem, invitis diis immortalibus, aut vero deum, tantis eorum religionibus violatis, auxilio futurum putas? Tibi illa Diana in pace atque in otio religionem nullam attulit? quæ quum duas urbes, in quibus locata fuerat, captas incensasque vidisset, bis ex duorum bellorum flamma ferroque servata est : quæ Carthaginiensium victoria, loco mutato,

ces mêmes dieux étaient indignement enlevés du sein d'une ville alliée par un préteur romain, le plus vil et le plus infâme des mortels. La Sicile entière attestera que toutes les femmes de Ségeste accompagnèrent la déesse jusqu'aux bornes de leur territoire, et que, pendant toute la marche, elles ne cessèrent de répandre des essences sur son image sacrée, de brûler de l'encens et des parfums autour d'elle, et de la couvrir de fleurs et de guirlandes.

83. Ah, Verrès! si l'ivresse du pouvoir, si l'excès de l'audace et la cupidité fermèrent alors votre âme à tous les sentiments religieux, aujourd'hui qu'un si grand danger menace votre tête et celle de vos enfants, ne frissonnez-vous pas à ce terrible souvenir? Quel homme pourra vous défendre de la colère des dieux? et quel dieu voudra sauver le spoliateur de tous les autels? Dans un temps de paix, chez une nation amie, vous n'avez pas respecté cette Diane qui, deux fois témoin de la ruine et de l'embrasement des villes où elle était placée, a deux fois échappé aux flammes et au fer de l'ennemi; qui, transférée loin de son temple par la victoire des Carthaginois,

nunc prætor
ejusdem populi romani,
turpissimus
atque impurissimus,
auferebat scelere nefario
illos eosdem deos
ex urbe sociorum.
Quid est clarius hoc
tota Sicilia,
quam omnes matronas
et virgines segestanas
convenisse,
quum Diana
exportaretur ex oppido?
unxisse unguentis?
complesse coronis
et floribus?
prosecutas esse
ture
odoribusque incensis
usque ad fines agri?
83. Si tum in imperio,
propter cupiditatem
atque audaciam,
tu non pertimescebas
hanc religionem tantam,
ne perhorrescis quidem
nunc, in periculo tanto
tuo tuorumque liberorum?
Quem aut hominem
putas futurum auxilio tibi,
invitis diis immortalibus,
aut vero deum,
religionibus tantis eorum
violatis?
Illa Diana attulit tibi
nullam religionem
in pace atque in otio?
quæ quum vidisset
duas urbes,
in quibus fuerat locata,
captas incensasque,
est servata bis
ex flamma ferroque
duorum bellorum;
quæ, loco mutato,
victoria Carthaginiensium,

maintenant un préteur
de ce même peuple romain,
le plus vil
et le plus corrompu,
enlevait par un crime infâme
ces mêmes dieux
d'une ville des alliés.
Qu'y a-t-il de plus connu que ces *faits*
dans toute la Sicile,
que toutes les femmes
et les jeunes-filles de-Ségeste
se réunirent,
lorsque Diane
était emportée de la ville?
qu'elles *l'*ont parfumée d'essences?
qu'elles *l'*ont chargée de couronnes
et de fleurs?
qu'elles *l'*ont accompagnée
la parfumant d'encens
et de parfums brûlés (en son honneur)
jusqu'aux confins de *leur* territoire?
83. Si alors dans *ta* puissance,
à cause de *ta* cupidité
et de *ton* audace,
tu ne redoutais pas *d'anéantir*
ce culte-religieux si grand,
ne frémis-tu pas du moins
à présent, dans un danger si grand
de-toi et de tes enfants?
Quel *est*, ou bien l'homme,
que tu penses devoir venir au secours à toi,
malgré les dieux immortels,
ou bien le dieu,
les cultes si grands de ces *dieux*
ayant été violés *par toi?*
Cette Diane n'a inspiré à toi
aucun respect-religieux
dans la paix et le loisir?
laquelle lorsqu'elle eut vu
deux villes,
dans lesquelles elle avait été placée
prises et incendiées,
a été sauvée deux-fois
de la flamme et du feu
de deux guerres;
qui, *sa* demeure étant changée,
par la victoire des Carthaginois,

religionem tamen non amisit : P. Africani virtute religionem simul cum loco recuperavit. Quo quidem scelere suscepto, quum inanis esset basis, et in ea P. Africani nomen incisum : res indigna atque intoleranda videbatur omnibus, non solum religiones esse violatas, verum etiam P. Africani, viri fortissimi, rerum gestarum gloriam, memoriam virtutis, monumenta victoriæ, C. Verrem sustulisse. Quod quum isti renuntiaretur de basi ac litteris, existimavit homines in oblivionem totius negotii esse venturos, si etiam basim, tanquam indicem sui sceleris, sustulisset. Itaque tollendam istius imperio locaverunt : quæ vobis locatio ex publicis Segestanorum litteris priore actione recitata est.

XXXVI. 84. Te nunc, P. Scipio[1], te, inquam, lectissimum ornatissimumque adolescentem appello : abs te officium tuum, debitum generi et nomini requiro et flagito. Cur pro isto, qui

devint l'objet d'un culte chez une nation étrangère, et, ramenée à Ségeste par la valeur de Scipion, y retrouva ses premiers adorateurs ! Cependant le piédestal subsistait encore : on y lisait le nom de Scipion. A cette vue, chacun s'indignait que Verrès, en profanant la religion dans ce qu'elle a de plus saint, eût encore outragé la gloire d'un héros tel que Scipion ; qu'il eût détruit les titres de sa valeur, et anéanti les monuments de sa victoire. Instruit des réflexions que faisaient naître le piédestal et l'inscription, il imagina que tout serait bientôt oublié s'il faisait disparaître aussi ce piédestal accusateur. Il envoie l'ordre de le démolir. On vous a lu les registres de Ségeste, et vous avez vu ce qu'on a payé pour cette seconde opération.

XXXVI. 84. C'est à vous, P. Scipion, oui, c'est à vous même que j'adresse la parole ; et je somme aujourd'hui le jeune héritier d'un héros, d'acquitter ce qu'il doit à son nom et à sa naissance.

non tamen amisit	cependant n'a pas perdu
religionem :	*son* culte :
recuperavit religionem	elle a retrouvé *ce* culte
simul cum loco	en même temps qu'un séjour
virtute P. Africani.	par la valeur de P. l'Africain.
Quo quidem scelere	Or ce crime *de Verrès*
suscepto,	accompli,
quum basis esset inanis,	comme le piédestal était vide,
et nomen P. Africani	et le nom de P. l'Africain
incisum in ea,	gravé sur lui (dessus),
videbatur omnibus	*cela* paraissait à tous
res indigna	une chose indigne
atque intoleranda,	et intolérable,
non solum	non-seulement
religiones esse violatas,	que la religion eût été outragée,
verum etiam C. Verrem	mais encore que C. Verrès
sustulisse gloriam	eût anéanti la gloire
rerum gestarum	des exploits
P. Africani,	de P. l'Africain,
viri fortissimi,	*cet* homme si courageux,
memoriam virtutis,	le souvenir de *sa* valeur,
monumenta victoriæ.	les monuments de *sa* victoire.
Quum quod de basi	Lorsque ce qu'*on disait* du piédestal
ac litteris	et de l'inscription
renuntiaretur isti,	fut signalé à ce *Verrès*,
existimavit homines	il pensa que les hommes
venturos esse in oblivionem	*en* viendraient à l'oubli
totius negotii,	de toute l'affaire,
si sustulisset etiam basim,	s'il faisait-disparaître aussi le piéd
tanquam indicem	comme le témoignage
sui sceleris.	de son crime.
Itaque imperio istius	C'est pourquoi par l'ordre de lui
locaverunt tollendam :	on traita pour qu'elle fût enlevée :
quæ locatio	ce marché
est recitata vobis	a été lu à vous
ex litteris publicis	dans les registres publics
Segestanorum	des Ségestains
priore actione.	dans la première action.
XXXVI. 84. P. Scipio,	XXXVI. 84. P. Scipion,
appello nunc te,	je m'adresse à présent à toi,
te, inquam, adolescentem	à toi, dis-je, jeune-homme
lectissimum	de-la-plus-grande-distinction
ornatissimumque :	et du-plus-grand-mérite :
requiro et flagito abs te	je requiers et je sollicite de toi
officium tuum,	*l'accomplissement de* ton devoir
debitum generi et nomini.	dû à *ta* naissance et à *ton* nom.
Cur pugnas pro isto,	Pourquoi combats-tu pour cet *homme*,

laudem honoremque familiæ vestræ depeculatus est, pugnas? cur eum defensum esse vis? cur ego tuas partes suscipio? cur tuum onus sustineo? M. Tullius P. Africani monumenta requirit: P. Scipio eum, qui illa sustulit, defendit. Quum mos a majoribus traditus sit, ut monumenta majorum ita suorum quisque defendat, ut ea ne ornari quidem nomine alieno sinat: tu isti aderis, qui non obstruxit aliqua ex parte monumenta P. Scipionis, sed funditus delevit ac sustulit?

85. Quisnam igitur, per deos immortales! tuebitur P. Scipionis memoriam mortui? quis monumenta atque indicia virtutis, si tu ea relinques ac deseres? neque solum spoliata illa patiere, sed etiam eorum spoliatorem vexatoremque defendes? Adsunt Segestani, clientes tui, socii populi romani atque amici: certiorem te faciunt, P. Africanum, Carthagine deleta,

Pourquoi combattre pour cet homme qui a porté la plus cruelle atteinte à la gloire de votre famille? pourquoi vouloir qu'il soit défendu? pourquoi faut-il que, moi, je remplisse votre fonction, et que j'exerce un ministère qui vous appartient? Cicéron réclame les monuments de Scipion l'Africain, et Scipion défend celui qui les a enlevés! Un usage antique prescrit à chacun de nous de maintenir les monuments de ses ancêtres, de ne pas souffrir même qu'ils soient décorés d'un nom étranger: et, quand un pervers a osé, je ne dis pas dénaturer, mais ravir et détruire les monuments de Scipion, vous serez son appui!

85. Et qui donc, grands dieux! vengera la mémoire de Scipion? qui donc maintiendra les trophées de sa valeur, si vous-même les abandonnez, si vous les laissez à la merci de l'audace, que dis-je? si vous couvrez de votre protection l'exécrable auteur d'un tel forfait? Vous voyez ici les Ségestains, vos clients, les alliés, les amis du peuple romain. Ils certifient qu'après la ruine de Carthage, Scipion

qui depeculatus est
laudem honoremque
vestræ familiæ ?
cur vis
eum esse defensum ?
cur suscipio ego
tuas partes ?
cur sustineo tuum onus?
M. Tullius requirit
monumenta
P. Africani :
P. Scipio defendit
eum qui sustulit illa
Quum mos sit traditus
a majoribus,
ut quisque defendat
monumenta
suorum majorum
ita ut ne sinat quidem
ea ornari
nomine alieno :
tu aderis isti,
qui non obstruxit
ex aliqua parte
monumenta P. Scipionis,
sed delevit
ac sustulit funditus?
85. Quisnam igitur.
per deos immortales!
tuebitur memoriam
P Scipionis mortui ?
quis monumenta
atque indicia virtutis,
si tu relinques
ac deseres ea?
neque solum patiere
illa spoliata,
sed etiam defendes
spoliatorem
vexatoremque eorum ?
Segestani, tui clientes,
socii atque amici
populi romani
adsunt :
faciunt te certiorem
P. Africanum,
Carthagine deleta,

qui a ravi
la gloire et l'honneur
de votre famille ?
pourquoi veux-tu
qu'il soit défendu ?
pourquoi remplis-je
ton rôle ?
pourquoi exercé-je tes fonctions?
M. Tullius réclame
les monuments
de P. l'Africain :
P. Scipion défend
celui qui a détruit eux.
Tandis que l'usage *nous* est légué
par *nos* ancêtres,
que chacun défende
les monuments
de ses ancêtres
au point de ne pas permettre même
qu'ils soient décorés
d'un nom étranger :
tu viens-au-secours à (de) cet *homme*.
qui a non pas altéré
en quelque partie
le monument de P. Scipion,
mais *l'*a détruit
et *l'*a fait-disparaître entièrement?
85. Qui donc,
au nom des dieux immortels !
défendra la mémoire
de P. Scipion mort ?
qui *défendra* les monuments
et les témoignages de *sa* valeur,
si toi, tu délaisses
et abandonnes eux ?
si non-seulement tu souffres
qu'ils soient dépouillés,
mais encore *si* tu défends
le spoliateur
et le profanateur d'eux ?
Les Ségestains, tes clients,
les alliés et les amis
du peuple romain
sont-ici :
ils font toi plus certain (ils t'assurent)
que P. *Scipion* l'Africain,
Carthage ayant été détruite,

simulacrum Dianæ majoribus suis restituisse : idque apud Segestanos, ejus imperatoris nomine positum ac dedicatum fuisse : hoc Verrem demoliendum et asportandum, nomenque omnino P. Scipionis delendum tollendumque curasse : orant te, atque obsecrant, ut sibi religionem, generi tuo laudem gloriamque restituas, ut, quod ex urbe hostium per P. Africanum recuperarint, id per te ex prædonis domo conservare possint.

XXXVII. 86. Quid aut tu his respondere honeste potes, aut illi facere, nisi ut te ac fidem tuam implorent? Adsunt et implorant. Potes domesticæ laudis amplitudinem, Scipio, tueri, potes : omnia in te sunt, quæ aut fortuna hominibus aut natura largitur. Non præcerpo fructum officii tui : non alienam mihi laudem appeto : non est pudoris mei, P. Scipione, florentissimo adolescente, vivo et incolumi, me propugnatorem monumentorum P. Scipionis, defensoremque profiteri.

l'Africain rendit la statue de Diane à leurs ancêtres ; que cette statue fut posée et consacrée chez eux, sous les auspices de ce grand homme ; que Verrès l'a fait déplacer et enlever ; qu'il a fait disparaître le nom de Scipion. Ils vous prient, ils vous conjurent de rendre à leur piété l'objet d'un culte sacré, à votre famille les plus beaux titres de sa gloire, et de leur faire connaître, en arrachant leur déesse de la maison d'un brigand, la vertu du héros qui, pour eux autrefois, l'enleva des murs d'une ville ennemie.

XXXVII. 86. Que pouvez-vous décemment leur répondre? eux-mêmes, que peuvent-ils faire que d'invoquer votre nom et d'implorer votre appui ? Les voici ; ils l'implorent. Vous pouvez, Scipion, soutenir le lustre et l'honneur de votre maison. Oui, vous le pouvez : la fortune et la nature vous ont comblé de tous leurs dons. Je ne viens point disputer vos droits, usurper une gloire qui vous appartient ; je n'ai pas la folle prétention de m'établir le vengeur des monuments de Scipion l'Africain, quand j'aperçois ici l'héritier de sa gloire.

restituisse suis majoribus
simulacrum Dianæ;
idque fuisse positum
ac dedicatum
apud Segestanos,
nomine ejus imperatoris ;
Verrem curasse
hoc demoliendum
et asportandum,
nomenque P. Scipionis
delendum
tollendumque omnino ;
orant atque obsecrant te
ut restituas sibi religionem,
tuo generi
laudem gloriamque,
ut possint conservare per te
ex domo prædonis,
id quod recuperarint
per P. Africanum
ex urbe hostium.

XXXVII. 86. Quid
aut tu potes respondere
honeste his, aut illi facere,
nisi ut implorent
te ac tuam fidem ?
Adsunt et implorant.
Scipio, potes tueri
amplitudinem
laudis domesticæ, potes :
omnia
quæ aut fortuna aut natura
largitur hominibus
sunt in te.
Non præcerpo
fructum tui officii ;
non appeto mihi
laudem alienam :
non est mei pudoris,
P. Scipione,
adolescente florentissimo,
vivo et incolumi,
profiteri me
propugnatorem
defensoremque
monumentorum
P. Scipionis.

a rendu à leurs ancêtres
la statue de Diane;
et qu'elle fut dressée
et dédiée
chez les Ségestains,
au nom de ce général;
que Verrès a pris-soin
qu'elle fût renversée
et emportée,
et que le nom de P. Scipion
fût effacé
et détruit entièrement;
ils prient et conjurent toi
de restituer à eux l'objet-de-*leur*-culte
à ta famille
son honneur et *sa* gloire,
afin qu'ils puissent sauver par toi
de la maison d'un brigand,
ce qu'ils ont recouvré
par P. *Scipion* l'Africain
d'une ville des ennemis.

XXXVII. 86. Quelle chose
ou toi peux-tu répondre
décemment à ceux-ci, ou eux *peuvent-ils* faire,
si ce n'est d'implorer
toi et ton appui?
Ils sont-présents et ils *t'*implorent.
Scipion, tu peux soutenir
la splendeur
de *ta* gloire domestique, tu *le* peux :
tous *les avantages*
que soit la fortune soit la nature
accorde aux hommes
sont *réunis* en toi.
Je n'usurpe pas
le mérite de tes efforts;
je n'ambitionne pas pour moi
la gloire d'un-autre :
il n'est pas de ma discrétion,
P. Scipion,
jeune-homme du-plus-grand-espoir,
étant plein-de-vie et plein-de-santé,
de proclamer moi
le protecteur
et le défenseur
des monuments
de P. Scipion.

87. Quam ob rem si suscipis domesticæ laudis patrocinium, me non solum silere de vestris monumentis oportebit, sed etiam lætari, P. Africani ejusmodi esse fortunas mortui, ut ejus honos ab iis, qui ex eadem familia sint, defendatur, neque ullum adventicium requiratur auxilium. Sin istius amicitia te impediet : si hoc, quod abs te postulo, minus ad officium tuum pertinere arbitrabere ; succedam ego vicarius tuo muneri : suscipiam partes, quas alienas esse arbitrabar. Næ ista præclara nobilitas desinat queri, populum romanum hominibus novis [atque] industriis libenter honores mandare, semperque mandasse. Non est querendum, in ea civitate, quæ propter virtutem omnibus nationibus imperat, virtutem plurimum posse. Sit apud alios imago P. Africani : ornentur alii mortui virtute ac nomine. Talis ille vir fuit : ita de populo romano

87. Défendez l'honneur de votre famille : mon devoir sera de me taire et d'applaudir même à l'heureuse destinée de Scipion, en voyant que sa gloire trouve un appui dans sa propre maison, et n'a pas besoin d'un secours étranger. Mais, si votre amitié pour Verrès se fait seule entendre : si ce que je réclame de vous ne vous semble pas un devoir indispensable, alors je prendrai votre place, alors je me chargerai d'une fonction que je croyais la vôtre : je veux que notre brillante noblesse ne cesse pas de se plaindre que depuis longtemps le peuple romain prend plaisir à conférer les honneurs aux généreux efforts des hommes nouveaux. Au surplus, elle a tort de trouver mauvais que la vertu ait des droits dans une cité que la vertu a faite la reine des nations. Que d'autres gardent chez eux l'image de Scipion ; qu'ils se parent du nom et des titres d'un homme qui n'est plus : mais Scipion fut un héros ; il fut le bienfaiteur du peuple ro-

87. Quam ob rem
si suscipis patrocinium
laudis domesticæ,
oportebit non solum
me silere
de vestris monumentis,
sed etiam lætari,
fortunas
P. Africani mortui
esse ejusmodi
ut honos ejus defendatur
ab iis qui sint
ex eadem familia,
neque ullum auxilium
adventicium
requiratur.
Sin amicitia istius
impediet te.
si arbitrabere
hoc quod postulo abs te,
pertinere minus
ad tuum officium,
ego vicarius
succedam tuo muneri,
suscipiam partes
quas arbitrabar
esse alienas.
Næ, ista nobilitas præclara
desinat queri
populum romanum
mandare libenter honores
hominibus novis
atque industriis,
mandasseque semper.
Non est querendum,
virtutem posse plurimum
in ea civitate,
quæ imperat
omnibus nationibus
propter virtutem.
Imago P. Africani
sit apud alios;
alii ornentur virtute
ac nomine mortui.
Ille fuit vir talis,
meritus est ita
de populo romano,

87. C'est pourquoi
si tu prends le patronage
de *ta* gloire domestique,
il faudra non-seulement
que je garde-le-silence
sur vos monuments,
mais encore que je me réjouisse,
que la fortune
de P. *Scipion* l'Africain mort
soit telle
que l'honneur de lui soit défendu
par ceux qui sont
de la même famille,
et qu'aucun secours
etranger
ne soit réclamé.
Si au contraire *ton* amitié pour lui
arrête toi,
si tu penses
que ce que je demande de toi,
appartient moins (ne rentre pas)
à (dans) ton devoir,
moi, *à titre de* remplaçant
je succèderai à ta tâche,
je prendrai un rôle
que je croyais
m'être étranger.
Oui, que cette noblesse illustre
cesse de se plaindre
que le peuple romain
confie volontiers les honneurs
à des hommes nouveaux
et de-talent.
et *les* ait confiés toujours.
Il ne faut pas se plaindre,
que la vertu puisse beaucoup
dans cette cité,
qui commande
à toutes les nations
à cause de *sa* vertu.
Que l'image de P. *Scipion* l'Africain
soit chez d'autres;
que d'autres se parent de la vertu
et du nom d'un mort.
Celui-ci fut un homme si grand,
il mérita tellement
du peuple romain,

meritus est, ut non uni familiæ, sed universæ civitati commendatus esse debeat. Est aliqua mea pars virilis, quod ejus civitatis sum, quam ille amplam, illustrem, claramque reddidit; præcipue quod in his artibus pro mea parte versor, quarum ille princeps fuit, æquitate, industria, temperantia, defensione miserorum, odio improborum : quæ cognatio studiorum et artium, propemodum non minus est conjuncta, quam ista, qua vos delectamini, generis et nominis.

XXXVIII. 88. Repeto abs te, Verres, monumentum P. Africani; causam Siculorum, quam suscepi, relinquo : judicium de pecuniis repetundis ne sit hoc tempore : Segestanorum injuriæ negligantur : basis P. Africani restituatur : nomen invicti imperatoris incidatur : signum pulcherrimum Carthagine capta receptum reponatur. Hæc abs te non Siculorum defensor, non tuus accusator, non Segestani postulant : sed is, qui

main; sa gloire n'est pas la propriété d'une seule famille, elle est le patrimoine de la république entière. Je prétends pour ma part à ce noble héritage, parce que je suis citoyen d'une patrie qu'il a honorée, agrandie, illustrée, et plus encore parce que je pratique, autant qu'il est en mon pouvoir, les hautes vertus dont sa vie nous offre le plus parfait modèle : l'équité, l'amour du travail, la tempérance, la défense des malheureux, la haine des méchants. Cette conformité de goûts et de principes établit aussi des rapports non moins sacrés peut-être, ni moins intimes que ces liens du sang dont vous faites vanité.

XXXVIII. 88. Verrès, je réclame de vous le monument de Scipion l'Africain. J'abandonne pour un moment la cause des Siciliens; je ne parle plus de vos concussions; j'oublie les maux dont se plaignent les Ségestains. Que le piédestal soit rétabli; que le nom d'un invincible général y soit gravé; que cette admirable statue, reconquise à Carthage, reprenne sa place : ce n'est pas le défenseur des Siciliens, ce n'est pas votre accusateur, ce ne sont pas les Ségestains qui le demandent, mais un citoyen qui s'est chargé de venger et de

ut debeat esse	qu'il doit être
commendatus	recommandable
non uni familiæ,	non pour une-seule famille,
sed civitati universæ.	mais pour la cité tout-entière.
Aliqua pars virilis est mea,	Une part personnelle est à-moi,
quod sum ejus civitatis	parce que je suis de cette cité
quam ille reddidit amplam,	qu'il a rendue grande,
illustrem, claramque;	illustre, et célèbre;
præcipue quod versor	surtout parce que je m'exerce
pro mea parte	selon mon pouvoir
in his artibus	dans ces vertus
quarum ille fuit princeps,	dont il a été le premier *modèle*,
æquitate, industria,	l'équité, l'amour-du-travail,
temperantia,	la tempérance,
defensione miserorum,	la défense des malheureux,
odio improborum:	la haine des pervers:
quæ cognatio	cette parenté
studiorum et artium,	de goûts et de vertus,
non est propemodum	n'est pas pour-ainsi-dire
minus conjuncta	moins rapprochée
quam ista generis	que celle de la naissance
et nominis	et du nom
qua vos delectamini.	dont vous vous réjouissez.
XXXVIII. 88. Verres,	XXXVIII. 88. Verrès,
repeto abs te	je réclame de toi
monumentum P. Africani;	le monument de P. *Scipion* l'Africain;
relinquo causam	j'abandonne la cause
Siculorum	des Siciliens
quam suscepi;	que je défends;
ne judicium	que le procès
de pecuniis repetundis	sur l'argent à-redemander (de concussion)
sit hoc tempore;	ne soit pas *mentionné* pour ce moment;
injuriæ Segestanorum	que les plaintes des Ségestains
negligantur;	soient laissées-de-côté:
basis P. Africani	que le piédestal de P. *Scipion* l'Africain
restituatur;	soit rétabli;
nomen imperatoris invicti	que le nom du général invincible
incidatur;	*y* soit gravé;
signum pulcherrimum	que la statue magnifique
receptum	reconquise
Carthagine capta	Carthage étant prise
reponatur.	soit replacée.
Non defensor Siculorum,	*Ce* n'*est* pas le défenseur des Siciliens,
non tuus accusator,	*ce* n'*est* pas ton accusateur,
non Segestani	*ce* ne *sont* pas les Ségestains
postulant hæc abs te,	*qui* demandent cela de toi,
sed is qui suscepit	mais celui qui a pris

laudem gloriamque P. Africani tuendam conservandamque suscepit. Non vereor, ne hoc officium meum P. Servilio judici non probem; qui quum res maximas gesserit, monumentaque suarum rerum quum maxime constituat, atque in his elaboret : profecto volet hæc non solum suis posteris, verum etiam omnibus viris fortibus et bonis civibus defendenda, non spolianda improbis tradere. Non vereor, ne tibi, Q. Catule, displiceat, cujus amplissimum in orbe terrarum, clarissimumque monumentum est, quam plurimos esse custodes monumentorum, et putare omnes bonos alienæ gloriæ defensionem ad officium suum pertinere.

89. Et quidem ceteris istius furtis atque flagitiis ita moveor, ut ea reprehendenda tantum putem : hic vero tanto dolore afficior, ut nihil mihi indignius, nihil minus ferendum videatur. Verres Africani monumentis domum suam, plenam stupri,

maintenir l'honneur et la gloire de Scipion. P. Servilius, qui siége parmi nos juges, ne peut improuver mon zèle. Célebre par tant de hauts faits, occupé dans ce moment même du soin de ses monuments, il ne veut pas sans doute les laisser à la merci des pervers : il désire les placer sous la garde, non-seulement de sa famille, mais de tous les bons citoyens. Et vous, Q. Catulus, dont le monument est le plus beau et le plus magnifique qui existe dans tout l'univers, les élans de cette généreuse émulation ne peuvent vous déplaire, et vous verrez avec intérêt tous les honnêtes gens se faire un devoir de maintenir les trophées des grands hommes.

89. Pour moi, quelque criminels que soient à mes yeux les autres vols et les autres bassesses de Verrès, je n'y vois que la matière d'une juste accusation. Mais ce dernier forfait me révolte, il m'indigne, il me remplit d'horreur. Les trophées de Scipion dans la

laudem gloriamque	l'honneur et la gloire
P. Africani tuendam	de P. *Scipion* l'Africain à-défendre
conservandamque.	et à-conserver.
Non vereor,	Je ne crains pas,
ne non probem	de ne pas faire-approuver
hoc officium meum	ce zèle de-ma-part
P. Servilio judici;	par P. Servilius *notre* juge;
qui quum gesserit	*lui* qui lorsqu'il aura fait
res maximas,	des choses très-grandes,
quumque constituat	et lorsqu'il aura constitué
maxime monumenta	surtout des monuments
suarum rerum,	de ses exploits,
atque elaboret in his,	et *lorsqu'*il s occupe d'eux,
volet profecto	voudra sans-doute
non tradere improbis	ne pas livrer aux méchants
spolianda,	pour-*les*-dépouiller,
hæc defendenda	ces *œuvres* qui doivent être défendues
non solum suis posteris,	non-seulement par ses descendants,
verum etiam	mais encore
omnibus viris fortibus	par tous les hommes courageux
et bonis civibus.	et les bons citoyens.
Non vereor	Je ne crains pas
ne displiceat tibi,	qu'il soit-désagréable à toi,
Q. Catule,	Q. Catulus,
cujus monumentum	*toi* dont le monument
est amplissimum	est le plus somptueux
clarissimumque	et le plus célèbre
in orbe terrarum,	dans le globe des terres (l'univers),
custodes monumentorum	que les gardiens des monuments
esse quam plurimos,	soient dans le plus grand nombre,
et omnes bonos putare	et que tous les gens-de-bien pensent
defensionem gloriæ alienæ	que la défense de la gloire des-autres
pertinere ad suum officium.	fait-partie de leur devoir.
89. Et quidem moveor	89. Pour moi, je suis ému
ceteris furtis	des autres vols
atque flagitiis istius	et excès de ce *Verrès*
ita ut putem	à tel point que je pense
ea tantum reprehendenda;	qu'ils sont seulement à-punir;
ic vero afficior	mais ici je suis affecté
olore tanto	d'une douleur si grande
t nihil videatur mihi	que rien ne paraît à moi
ndignius,	plus indigne,
ihil minus ferendum.	rien ne *me paraît* moins supportable.
erres ornabit	Verrès ornera
onumentis Africani	des monuments de *Scipion* l'Africain
uam domum,	sa maison,
lenam stupri,	pleine de déshonneur,

plenam flagitii, plenam dedecoris, ornabit? Verres temperantissimi sanctissimique viri monumentum, Dianæ simulacrum virginis, in ea domo collocabit, in qua semper meretricum lenonumque flagitia versantur?

OCTAVA NARRATIO.

XXXIX. 90. At hoc solum Africani monumentum violasti? quid? a Tyndaritanis non ejusdem Scipionis beneficio positum simulacrum Mercurii, pulcherrime factum, sustulisti? At quemadmodum, dii immortales! quam audacter! quam libidinose! quam impudenter! Audistis nuper dicere legatos tyndaritanos, homines honestissimos ac principes civitatis : Mercurium, qui sacris anniversariis apud eos, ac summa religione coleretur, quem P. Africanus, Carthagine capta, Tyndaritanis non solum suæ victoriæ, sed etiam illorum fidei societatisque monumentum atque indicium dedisset; hujus vi, scelere, im-

maison de Verrès! dans une maison vouée au vice, au crime, à l'opprobre! le monument du plus sage et du plus vertueux des mortels, la statue de la chaste Diane, au milieu d'un ramas de femmes corrompues et d'hommes corrupteurs!

HUITIÈME NARRATION.

XXXIX. 90. Ce monument de Scipion est-il le seul que vous ayez violé? n'avez-vous pas enlevé aussi aux habitants de Tyndare un superbe Mercure qu'ils tenaient du même Scipion? Et de quelle manière s'en est-il emparé? Grands dieux! quelle audace! quelle tyrannie! et quelle impudence! Les députés de Tyndare, citoyens respectables et les premiers de leur ville, vous ont dit que ce Mercure était l'objet de leur vénération; qu'ils l'honoraient chaque année par des fêtes solennelles; que Scipion, après la prise de Carthage, l'avait placé chez eux, pour être à la fois le monument de sa victoire et le prix de leur fidélité; qu'il leur a été ravi par la violence,

plenam flagitii,	pleine de désordre,
plenam dedecoris?	pleine d'opprobre?
Verres collocabit	Verrès placera
monumentum	le monument
viri temperantissimi	de l'homme le plus tempérant
sanctissimique,	et le plus vertueux,
simulacrum	la statue
Dianæ virginis,	de Diane la vierge,
in ea domo,	dans cette maison,
in qua versantur semper	dans laquelle s'accomplissent sans cesse
flagitia meretricum	les débauches de courtisanes
lenonumque.	et d'hommes-perdus.

OCTAVA NARRATIO.	HUITIÈME NARRATION.
XXXIX. 90. At violasti	XXXIX. 90. Mais as-tu violé
hoc solum monumentum	ce seul monument
Africani?	de *Scipion* l'Africain?
quid? non sustulisti	eh quoi! n'as-tu pas enlevé
a Tyndaritanis	aux Tyndaritains
simulacrum Mercurii,	une statue de Mercure
pulcherrime factum,	très-bien faite,
positum beneficio	élevée par le bienfait
ejusdem Scipionis?	de ce même Scipion?
At quemadmodum,	Et de quelle manière,
dii immortales!	dieux immortels!
quam audacter!	avec-quelle-audace!
quam libidinose!	avec-quelle-tyrannie!
quam impudenter!	avec-quelle-impudence!
Audistis nuper	Vous avez entendu naguère
legatos tyndaritanos,	les députés tyndaritains,
homines honestissimos	hommes les plus honorables
ac principes civitatis	et les premiers de la ville,
dicere Mercurium,	dire qu'un Mercure,
qui coleretur apud eos	qui était honoré chez eux
sacris anniversariis,	par des fêtes anniversaires,
ac summa religione,	et par le plus grand culte,
quem P. Africanus	que P. *Scipion* l'Africain
dedisset Tyndaritanis,	avait donné aux Tyndaritains,
Carthagine capta,	Carthage ayant été prise,
monumentum	*comme* monument
atque indicium	et témoignage
non solum suæ victoriæ,	non-seulement de sa victoire,
sed etiam fidei	mais encore de la fidélité
societatisque illorum,	et de l'alliance de ceux-ci,
esse sublatum vi,	avait été enlevé par la violence,

perioque esse sublatum : qui, ut primum in illud oppidum venit, statim, tanquam ita fieri non solum oporteret, sed etiam necesse esset, tanquam hoc senatus mandasset, populusque romanus jussisset ; ita continuo, signum ut demolirentur, et Messanam deportarent, imperavit.

91. Quod quum illis, qui aderant, indignum; qui audiebant, incredibile videretur : non est ab isto, primo illo adventu, perseveratum. Discedens mandat proagoro Sopatro, cujus verba audistis, ut demoliatur. Quum recusaret, vehementer minatur. Ita tum ex illo oppido proficiscitur. Proagorus refert rem ad senatum : vehementer undique reclamatur. Ne multa : iterum iste aliquanto post ad illos venit, quærit continuo de signo. Respondetur ei, senatum non permittere : pœnam capitis constitutam, si injussu senatus quisquam attigisset : simul religio commemoratur. Tum iste : « Quam mihi religionem narras? quam pœnam? quem senatum? vivum te non relin-

par la scélératesse et le despotisme de Verrès. Au moment de sa première entrée dans la ville, comme si c'eût été pour lui un devoir, que dis-je? une nécessité pressante, indispensable ; comme s'il n'eût fait qu'exécuter un décret du sénat, une loi du peuple romain, il ordonne sur-le-champ qu'on descende la statue et qu'on la transporte a Messine.

91. Comme cet ordre révolte ceux qui l'entendent, et que ceux a qui on le répète refusent d'y croire, il n'insiste pas pour ce premier moment; mais, en quittant la ville, il charge de l'exécution Sopater, proagore, dont vous avez entendu la déposition. Celui-ci résiste. Verrès menace, et part. Le proagore fait son rapport au sénat. La proposition est rejetée à l'unanimité. Bref, à quelques jours de là, le préteur revient, et aussitôt il s'informe de la statue. On lui répond que le sénat refuse, et qu'il est défendu, sous peine de mort, de toucher à la statue sans un ordre du sénat. On joint à cela des motifs de religion. « La religion! s'écrie Verrès, le sénat! des peines!

scelere imperioque hujus,
qui, ut primum venit
in illud oppidum, statim,
tanquam non solum
oporteret fieri ita,
sed etiam esset necesse,
tanquam senatus
mandasset hoc,
populusque romanus
jussisset;
ita imperavit continuo,
ut demolirentur signum
et deportarent Messanam.
91. Quod quum videretur
indignum illis qui aderant,
incredibile qui audiebant,
non est perseveratum
ab isto, illo primo adventu.
Discedens mandat
proagoro Sopatro,
cujus audistis verba,
ut demoliatur.
Quum recusaret,
minatur vehementer.
Proficiscitur tum ita
ex illo oppido.
Proagorus refert rem
ad senatum:
reclamatur undique
vehementer.
Ne multa,
iste aliquanto post
venit iterum ad illos,
quærit continuo de signo.
Respondetur ei
senatum non permittere:
pœnam capitis constitutam,
si quisquam attigisset
injussu senatus;
simul religio
commemoratur.
Tum iste:
« Quam religionem
narras mihi?
quam pœnam?
quem senatum?
non relinquam te vivum;

la scélératesse et le despotisme de lui,
qui, dès qu'il fut arrivé
dans cette ville, aussitôt,
comme si non-seulement
il fallait qu'il fût fait ainsi,
mais encore *comme si cela* était nécessaire,
comme si le sénat
lui avait confié ce *soin*,
et le peuple romain
eût donné-*cet*-ordre;
ainsi il ordonna sans-retard,
qu'on abattît la statue
et qu'on *la* transportât à Messine.
91. Comme cela paraissait
indigne à ceux qui étaient-présents,
incroyable *à ceux* qui l'entendaient-*dire*,
il n'*y* fut pas donné-suite
par ce *Verrès*, à ce premier voyage.
En se retirant il ordonne
au proagore Sopater,
dont vous avez entendu les paroles,
de faire-descendre *la statue*.
Comme *celui-ci* refusait,
il *le* menace violemment.
Il part alors ainsi
de cette ville.
Le proagore rapporte l'affaire
au sénat:
on se récrie de toutes parts
vivement.
Pour n'*en* pas *dire* davantage,
ce *Verrès* quelque temps après
vient de nouveau vers eux,
il s'informe aussitôt de la statue.
Il est répondu à lui
que le sénat ne *l*'accorde pas:
que la peine capitale *a été* prononcée,
si quelqu'un *y* portait-la-main
sans-l'ordre du sénat;
en même temps le respect-religieux
lui est rappelé.
Alors ce *Verrès*:
« De quelle religion
parles-tu à moi?
de quel châtiment?
de quel sénat?
je ne laisserai pas toi vivant;

quam : moriere virgis, nisi signum traditur. » Sopater iterum flens ad senatum defert, istius cupiditatem minasque demonstrat. Senatus Sopatro responsum nullum dat, sed commotus perturbatusque discedit. Ille prætoris arcessitus nuntio, rem demonstrat ; negat ullo modo fieri posse.

XL. 92. Atque hæc (nihil enim prætermittendum de istius impudentia videtur) agebantur in conventu palam, de sella, ac de loco superiore. Erat hiems summa : tempestas, ut ipsum Sopatrum dicere audistis, perfrigida : imber maximus : quum iste imperat lictoribus, ut Sopatrum de porticu, in qua ipse sedebat, præcipitem in forum dejiciant, nudumque constituant. Vix erat hoc plane etiam imperatum, quum illum spoliatum, stipatumque lictoribus videres. Omnes ideo putabant, ut miser atque innocens virgis cæderetur. Fefellit hæc homines opinio. Virgis iste cæderet sine causa socium populi romani

que m'importe à moi ? Sopater, il y va de la vie. La statue, ou la mort. » L'infortuné retourne au sénat, les larmes aux yeux ; il expose les menaces de Verrès et la violence de ses désirs. Les sénateurs, sans donner aucune réponse, se retirent pâles et tremblants. Sopater, mandé par le préteur, lui rend compte de tout, et déclare que la chose est impossible.

XL. 92. Observez, car il ne faut rien perdre de l'impudence du personnage, observez que cette scène se passait en public devant une foule de Romains, le préteur siégeant sur son tribunal. On était au fort de l'hiver, et, comme vous l'a dit Sopater, le froid était très-vif ; la pluie tombait avec violence. Il ordonne aux licteurs de le saisir, de le jeter à bas du portique où était le tribunal, et de le dépouiller. A peine l'ordre est prononcé, et déjà il est nu, au milieu des licteurs. Tout le monde s'attendait à le voir battre de verges. Tout le monde se trompait. Verrès battre de verges, sans aucune

moriere virgis,
nisi signum traditur. »
Sopater flens
defert iterum ad senatum,
demonstrat cupiditatem
minasque istius.
Senatus dat Sopatro
nullum responsum,
sed discedit
commotus perturbatusque.
Ille arcessitus
nuntio prætoris,
demonstrat rem;
negat posse fieri
ullo modo.

XL. 92. Atque hæc
(nihil enim
de impudentia istius
videtur prætermittendum)
agebantur palam
in conventu,
de sella,
ac de loco superiore.
Hiems erat summa :
tempestas perfrigida,
ut audistis
Sopatrum ipsum dicere :
imber maximus :
quum iste
imperat lictoribus,
ut dejiciant præcipitem
Sopatrum
in forum de porticu,
in qua ipse sedebat,
constituantque nudum.
Hoc erat vix
etiam plane imperatum,
quum videres
illum spoliatum,
stipatumque lictoribus.
Omnes ideo putabant
ut miser atque innocens
cæderetur virgis.
Hæc opinio
fefellit homines.
Iste cæderet virgis
sine causa

tu mourras sous les verges,
si la statue n'est pas livrée. »
Sopater pleurant
en réfère de nouveau au sénat,
il dévoile la cupidité
et les menaces de ce *préteur*.
Le sénat ne donne à Sopater
aucune réponse,
mais il se retire
ému et troublé.
Celui-ci mandé
par un expres du préteur,
lui annonce le fait;
dit que *ce qu'il veut* ne peut se faire
en aucune manière.

XL. 92. Or ces choses
(car aucun *détail*
sur l'impudence de cet *homme*
ne semble devoir être omis)
se passaient publiquement
au milieu de la colonie-romaine,
le préteur sur *son* siége,
et d'une place (estrade) élevée.
L'hiver était très-rigoureux:
le temps *était* très-froid,
comme vous avez entendu
Sopater lui-même *le* dire:
la pluie *était* très-abondante:
lorsque ce *Verrès*
ordonne aux licteurs
de précipiter
Sopater
dans le forum du portique,
où lui-même siégeait.
et de *le* mettre nu.
Cela était à peine
encore complétement ordonné,
que tu aurais vu
ce *Sopater* dépouillé
et entouré de licteurs.
Tous donc pensaient
que ce *citoyen* malheureux et innocent
serait frappé de verges.
Cette opinion
trompa les hommes (les assistants).
Ce *Verrès* frapperait-il de verges
sans motif

atque amicum? Non usque eo est improbus : non omnia sunt in eo uno vitia : nunquam fuit crudelis. Leniter hominem clementerque accepit. Equestres sunt medio in foro Marcellorum statuæ, sicuti fere ceteris in oppidis Siciliæ : ex quibus iste C. Marcelli statuam delegit : cujus officia in illam civitatem totamque provinciam recentissima erant et maxima. In ea Sopatrum, hominem tum domi nobilem, tum summo magistratu præditum, divaricari ac deligari jubet.

93. Quo cruciatu sit affectus, venire in mentem necesse est omnibus, quum esset vinctus nudus in ære, in imbri, in frigore. Neque tamen finis huic injuriæ crudelitatique fiebat, donec populus atque universa multitudo, atrocitate rei misericordiaque commota, senatum clamore coegit, ut isti simulacrum illud Mercurii polliceretur. Clamabant fore, ut ipsi sese

raison, un allié, un ami du peuple romain! Sa perversité ne va pas jusque-là; il ne réunit pas en lui seul tous les vices à la fois; jamais il ne fut cruel. Il traita Sopater avec douceur et clémence. Il y a dans le forum de Tyndare, ainsi que dans presque toutes les villes de la province, des statues équestres de Marcellus. Il choisit celle de Caius Marcellus, dont les bienfaits envers Tyndare et la Sicile entière sont les plus récents et les plus signalés. Il ordonne que Sopater, un des principaux citoyens, et alors le premier magistrat de Tyndare, soit lié derrière la statue, les jambes pendantes de l'un et de l'autre côté.

93. Tâchez de concevoir ce qu'il dut éprouver de douleurs, lié nu sur ce bronze, par une pluie aussi violente, par un froid aussi rigoureux. Ce supplice injurieux et barbare ne cessa pourtant que lorsque la multitude, transportée à la fois d'indignation et de pitié, eut, par ses clameurs, contraint le sénat de promettre la statue à Verrès. « Les dieux sauront se venger eux-mêmes, criait-on de toutes

socium atque amicum
populi romani ?
Non est
improbus usque eo :
omnia vitia non sunt
in eo uno :
nunquam fuit crudelis.
Accepit hominem
leniter clementerque.
Statuæ equestres
Marcellorum
sunt in medio foro,
fere sicuti
in ceteris oppidis Siciliæ :
ex quibus
iste delegit
statuam C. Marcelli :
cujus officia
in illam civitatem
totamque provinciam
erant recentissima
et maxima.
Jubet Sopatrum,
hominem
tum nobilem domi,
tum præditum
magistratu summo,
divaricari
ac deligari in ea.
93. Est necesse
venire in mentem omnibus
quo cruciatu sit affectus,
quum esset vinctus nudus
in ære, in imbri,
in frigore.
Neque tamen finis fiebat
huic injuriæ
crudelitatique,
donec populus
atque multitudo universa,
commota atrocitate rei
misericordiaque,
coegit senatum clamore,
ut polliceretur isti
illud simulacrum Mercurii.
Clamabant fore,
ut dii immortales ipsi

un allié et un ami
du peuple romain ?
Il n'est pas
pervers jusque-là :
tous les vices ne sont pas *reunis*
en lui seul :
jamais il ne fut cruel.
Il traita *cet* homme (Sopater)
avec-douceur et avec-clémence.
Des statues équestres
des Marcellus
sont au milieu du forum,
à peu près comme
dans les autres villes de la Sicile :
entre lesquelles
ce *Verrès* choisit
la statue de C. Marcellus :
dont les bienfaits
envers cette cité
et toute la province
étaient les plus récents
et les plus grands.
Il ordonne que Sopater,
homme
et distingué dans *sa* patrie,
et revêtu
de la magistrature suprême,
soit placé-à-cheval
et soit lié sur cette *statue*.
93. Il est nécessaire
qu'il vienne à l'esprit de tous
à quel tourment il fut en-proie,
lorsqu'il fut attaché nu
sur *ce* bronze, à la pluie,
au froid.
Et cependant terme n'était pas mis
à cette ignominie
et à *cette* cruauté,
jusqu'à ce que le peuple
et la multitude tout-entière,
soulevée par l'atrocité du traitement
et par la pitié,
força le sénat par *ses* cris,
de promettre à ce *Verrès*
cette statue de Mercure.
Ils criaient qu'il arriverait
que les dieux immortels eux-mêmes

dii immortales ulciscerentur : hominem interea perire innocentem non oportere. Tum frequens senatus ad istum venit : pollicetur signum. Ita Sopater de statua C. Marcelli, quum jam pæne obriguisset, vix vivus aufertur.

XLI. 94. Non possum disposite istum accusare, si cupiam : opus est non solum ingenio, verum etiam artificio quodam singulari. Unum hoc crimen videtur esse, et a me pro uno ponitur, de Mercurio tyndaritano : plura sunt; sed ea quo pacto distinguere ac separare possim, nescio. Est pecuniarum captarum, quod signum a sociis pecuniæ magnæ sustulit : est peculatus, quod publicum populi romani signum, de præda hostium captum, positum imperatoris nostri nomine, non dubitavit auferre : est majestatis, quod imperii nostri gloriæ rerumque gestarum monumenta evertere atque asportare ausus est : est sceleris, quod religiones maximas violavit :

parts; mais cependant il ne faut pas qu'un innocent périsse. » Le sénat en corps va donc trouver le préteur, et lui promet la statue. Alors Sopater est délié. On l'emporte chez lui roide de froid, et presque mort.

XLI. 94. J'essayerais en vain de disposer par ordre les divers chefs d'accusation; l'esprit seul ne suffirait pas : il faudrait y joindre un art et une adresse infinis. Ce vol du Mercure de Tyndare semble n'offrir qu'un seul délit, et je le présente comme un seul crime. Il en renferme plusieurs, mais je ne sais comment les diviser et les distinguer. Il y a tout à la fois concussion : une statue d'un grand prix a été enlevée à nos alliés; péculat : cette statue, enlevée par autorité, était une propriété publique, c'était le prix de notre victoire, elle avait éte consacrée par notre gënéral; lèse-majesté : Verrès a osé renverser et s'approprier les monuments de la gloire de notre empire; sacrilége : la religion a été violée dans

sese ulciscerentur ;	se vengeraient ;
non oportere	qu'il ne fallait pas
hominem innocentem	qu'un homme innocent
perire interea.	pérît en-attendant.
Tum senatus frequens	Alors le sénat en-grand-nombre
venit ad istum :	vient chez ce *préteur :*
pollicetur signum.	il promet la statue.
Ita Sopater aufertur	*C'est* ainsi *que* Sopater est retiré
vix vivus	à peine vivant
de statua C. Marcelli,	de la statue de C. Marcellus,
quum jam	lorsque déjà
pæne obriguisset.	presque il était-roide.
XLI. 94. Non possum	XLI. 94. Je ne peux pas
accusare istum disposito,	accuser ce *Verrès* avec-ordre,
si cupiam ;	quand je *le* voudrais ;
est opus non solum ingenio,	il est besoin non-seulement de talent,
verum etiam	mais encore
quodam artificio	d'une habileté
singulari.	extraordinaire.
Hoc crimen	Ce crime
de Mercurio tyndaritano	au sujet du Mercure de-Tyndare
videtur esse unum,	paraît être un seul *crime,*
et ponitur a me	et est présenté par moi
pro uno :	pour un-seul :
plura sunt ;	plusieurs *crimes* sont *contenus en celui-là,*
sed nescio quo pacto	mais je ne-sais de quelle manière
possim distinguere	je pourrai distinguer
ac separare ea.	et séparer eux.
Est pecuniarum captarum,	Il y a *crime* de concussion,
quod sustulit a sociis	parce qu'il a enlevé à des alliés
signum magnæ pecuniæ ;	une statue d'un grand prix ;
est peculatus,	il y a *crime* de péculat,
quod non dubitavit	parce qu'il n'a pas craint
auferre signum	de ravir une statue
publicum populi romani,	propriété-publique du peuple romain,
captum de præda hostium,	prise dans les dépouilles des ennemis,
positum nomine	érigée au nom
nostri imperatoris ;	de notre général ;
est majestatis,	il y a *crime* de *lèse*-majesté,
quod ausus est evertere	parce qu'il a osé renverser
atque asportare	et emporter
monumenta gloriæ	un monument de la gloire
nostri imperii	de notre empire
rerumque gestarum ;	et de *nos* exploits ;
est sceleris,	il y a *crime* de sacrilége,
quod violavit	parce qu'il a violé
religiones maximas ;	le culte le plus auguste ;

est crudelitatis, quod in hominem innocentem, in socium nostrum atque amicum, novum ac singulare supplicii genus excogitavit.

95. Illud vero quid sit, jam non queo dicere; quo nomine appellem, nescio, quod in C. Marcelli statua. Quid est hoc? patronusne quod erat? Quid tum? quo id spectat? utrum ea res ad opem, an ad calamitatem clientium atque hospitum valere debebat? An ut hoc ostenderes, contra vim tuam in patronis præsidii nihil esse? quis hoc non intelligeret, in improbi præsentis imperio majorem esse vim, quam in bonorum absentium patrocinio? an vero ex hoc illa tua singularis significatur insolentia, superbia, contumacia? Detrahere videlicet aliquid te de amplitudine Marcellorum putasti. Itaque nunc Siculorum Marcelli non sunt patroni : Verres in eorum locum substitutus est.

96. Quam in te tantam virtutem esse, aut dignitatem arbi-

ce qu'elle a de plus saint; barbarie : un supplice nouveau, inconnu, a été inventé contre un homme innocent, l'ami, l'allié de notre république.

95. Mais comment caractériser l'emploi qu'il a fait de la statue de Marcellus? je n'ai pas d'expressions pour définir ce dernier attentat. Quel en était l'objet? pourquoi cette insulte inconcevable? Était-ce parce que Marcellus est le patron des Siciliens? Mais ce titre devait-il opérer le malheur de ses clients et de ses hôtes? Vouliez-vous montrer que les patrons ne peuvent rien contre votre violence? Eh! ne savait-on pas qu'un magistrat pervers peut faire plus de mal où il est, que tous les protecteurs honnêtes n'en peuvent empêcher où ils ne sont pas? Ou bien était-ce un dernier effort de votre insolence, de votre tyrannie, de votre incurable perversité? Oui, vous pensiez avilir et dégrader les Marcellus. Aussi ne sont-ils plus les patrons des Siciliens : Verrès leur a été substitué.

96. Quelle vertu, quel mérite si grand vous donnait le droit

est crudelitatis, | il y a *crime* de cruauté,
quod excogitavit | parce qu'il a inventé
genus supplicii | un genre de supplice
novum ac singulare | nouveau et inconnu
in hominem innocentem, | contre un homme innocent,
in nostrum socium | contre notre allié
atque amicum. | et *notre* ami.

95. Jam vero | 95. Et même
non queo dicere | je ne peux pas dire
quid sit illud; | ce qu'est ce *crime;*
nescio quo nomine | je ne-sais de quel nom
appellem quod | j'appellerais ce qu'*il a fait*
in statua C. Marcelli. | à l'égard de la statue de C. Marcellus.
Quid est hoc? | Qu'est-ce (quel est son motif)?
quodne erat patronus? | est-ce parce qu'il était patron?
Quid tum? | Quoi donc?
quo id spectat? | à quoi cela a-t-il-trait?
Utrum ea res | Est-ce que ce titre
debebat valere ad opem, | devait servir pour le secours,
an ad calamitatem | ou pour le malheur
clientium atque hospitum? | de *ses* clients et de *ses* hôtes?
An ut ostenderes hoc, | Ou bien *était-ce* pour montrer ceci,
esse nihil præsidii | qu'il n'y avait aucun secours
in patronis | dans les patrons *de la Sicile*
contra tuam vim? | contre ta violence?
quis non intelligeret hoc, | qui ne comprendrait pas cela,
esse vim majorem | qu'il y a une force plus grande
in imperio | dans le pouvoir
improbi præsentis, | d'un méchant présent,
quam in patrocinio | que dans le patronage
bonorum absentium? | de gens-de-bien absents?
an vero tua insolentia | ou bien ton insolence
illa singularis, | cette *insolence* singulière
superbia, contumacia | *ton* orgueil, *ton* obstination
significatur ex hoc? | se manifestent-ils par là?
Putasti videlicet | Tu as pensé peut-être
te detrahere aliquid | que tu ôtais quelque chose
de amplitudine | à la grandeur
Marcellorum. | des Marcellus.
Itaque nunc Marcelli | Aussi maintenant les Marcellus
non sunt patroni | ne sont pas les patrons
Siculorum: | des Siciliens:
Verres est substitutus | Verrès a été substitué
in locum eorum. | à la place de ceux-ci.

96. Quam virtutem | 96. Quel mérite
tantam, | si grand,
aut dignitatem | ou *quelle* considération

tratus es, ut conarere clientelam tam illustrem, tam splendidæ provinciæ, transducere ad te, auferre a certissimis antiquissimisque patronis? Tu ista stultitia, nequitia, inertia, non modo totius Siciliæ, sed unius tenuissimi Siculi clientelam tueri potes? Tibi Marcelli statua pro patibulo in clientes Marcellorum fuit? tu ex illius honore in eos ipsos, qui honorem illi habuerant, supplicia quærebas? Quid postea? quid tandem tuis statuis fore arbitrabare? an vero id, quod accidit? Nam Tyndaritani statuam istius, quam sibi propter Marcellos, altiore etiam basi poni jusserat, deturbarunt, simul ac successum isti audierunt.

XLII. 97. Dedit igitur tibi nunc fortuna Siculorum C. Marcellum judicem, ut, cujus ad statuam Siculi, te prætore, alligabantur, ejus religioni te eumdem vinctum adstrictumque dedamus. Ac primo, judices, hoc signum Mercurii dicebat

d'usurper cette honorable fonction, aux dépens d'une famille qui l'a remplie depuis si longtemps avec tant de fidélité? Homme dépourvu de sens, de talents, de moyens, vous, le protecteur, je ne dis pas de la Sicile entière, mais du plus chétif des Siciliens? Vous avez fait de la statue de Marcellus un instrument de supplice pour les clients de cette illustre famille! Vous cherchiez dans le monument de sa gloire un moyen de torture contre ceux qui l'avaient érigé! Et vos statues, qu'espériez-vous pour elles? avez-vous prévu ce qui leur est arrivé? En effet, citoyens, à la première nouvelle qu'un successeur lui avait été donné, les habitants de Tyndare s'empressèrent d'abattre la statue de Verrès, placée près de celle des Marcellus, et même sur un piédestal plus élevé.

XLII. 97. Ainsi donc, Verrès, la fortune des Siciliens vous a donné C. Marcellus pour juge, afin que ceux que vous attachiez à sa statue vous traînent à leur tour pieds et mains liés à son tribunal. Il disait d'abord que les Tyndaritains avaient vendu cette statue à

arbitratus es esse in te,
ut conarere
transducere ad te,
auferre a patronis
certissimis
antiquissimisque
clientelam tam illustrem
provinciæ tam splendidæ?
Ista stultitia,
nequitia, inertia,
potes tu tueri clientelam
non modo totius Siciliæ,
sed unius Siculi
tenuissimi?
Statua Marcelli
fuit tibi pro patibulo
in clientes Marcellorum?
tu quærebas
ex honore illius
supplicia in eos ipsos,
qui habuerant illi
honorem?
Quid postea?
quid arbitrabare tandem
fore tuis statuis?
An vero id quod accidit?
Nam Tyndaritani
deturbaruntstatuamistius,
quam jusserat poni sibi
propter Marcellos,
basi etiam altiore,
simul ac audierunt
successum isti.

XLII. 97. Igitur
fortuna Siculorum
dedit nunc tibi judicem
C. Marcellum,
ut dedamus te eumdem
vinctum adstrictumque
religioni ejus
ad statuam cujus
Siculi alligabantur,
te prætore.
Ac primo, judices,
iste dicebat Tyndaritanos
vendidisse
hoc signum Mercurii

as-tu pensé être en toi,
pour que tu t'efforçasses
de faire-passer à toi,
d'enlever aux patrons
les plus fidèles
et les plus anciens
la clientèle si honorable
d'une province si glorieuse?
Avec cette ignorance,
cette perversité, *cette* indolence,
peux-tu exercer la clientèle
non pas seulement de toute la Sicile,
mais d'un-seul Sicilien
le plus obscur?
La statue de Marcellus
a été pour toi un instrument-de-supplice
pour les clients des Marcellus?
tu cherchais
dans les titres-d'honneur de ce *héros*
des châtiments contre ceux-*là* mêmes,
qui avaient *décerné* à lui
ces titres?
Quoi ensuite?
que pensais-tu enfin
qu'il arriverait à tes statues?
Est-ce ce qui *leur* est arrivé?
Car les Tyndaritains
renversèrent la statue de ce *préteur*,
qu'il avait fait élever à lui
auprès *de celles* des Marcellus,
sur un piédestal encore plus haut,
aussitôt qu'ils apprirent [placé.
qu'on avait succédé à lui (qu'il était rem-

XLII. 97. *C'est* donc
la fortune des Siciliens
qui a donné à présent à toi *pour* juge
C. Marcellus,
afin que nous livrions toi le même
lié et enchaîné
à la discrétion de celui
à la statue duquel
les Siciliens étaient attachés,
toi *étant* préteur.
Et d'abord, juges,
il disait que les Tyndaritains
avaient vendu
cette statue de Mercure

iste Tyndaritanos C. Marcello huic Æsernino[1] vendidisse : atque hoc sua causa etiam Marcellum ipsum sperabat esse dicturum : quod mihi nunquam veri simile visum est, adolescentem illo loco natum, patronum Siciliæ, nomen suum isti ad translationem criminis commodaturum. Verumtamen ita res mihi tota provisa atque præcauta est, uti, si maxime esset inventus, qui in se suscipere istius culpam crimenque cuperet : tamen is proficere nihil posset. Eos enim testes deduxi, et eas litteras deportavi, ut de istius facto dubium nemini esse posset.

98. Publicæ litteræ sunt, deportatum esse Mercurium Messanam sumptu publico. Dicunt, quanti : præfuisse huic negotio publice legatum Poleam. Quid? is ubi est? Præsto est : testis est. Proagori Sopatri jussu. Quis est hic? qui ad statuam adstrictus est. Quid? is ubi est? Testis est. Vidistis hominem, et verba ejus audistis. Demoliendum curavit Demetrius gy-

Marcellus Éserninus : il pensait que Marcellus aurait la complaisance de ne pas le démentir. Pour moi, je n'ai jamais pu concevoir qu'un jeune homme, protecteur-né des Siciliens, voulût prêter son nom pour une telle infamie. Toutefois j'ai tout prévu ; j'ai si bien pris mes mesures, que si un homme se rencontrait, capable de se charger du crime de Verrès, il ne pourrait lui être d'aucune utilité. J'ai amené des témoins, j'ai apporté des pièces écrites qui ne laisseront aucun doute sur ce vol sacrilége.

98. Les registres publics font foi que ce Mercure a été transporté à Messine aux frais de Tyndare : la somme est spécifiée ; que Poléa fut délégué pour surveiller cette opération ; où est-il ce Poléa? le voici : c'est un de mes témoins ; que l'ordre fut donné par le proagore Sopater : ce Sopater est le même qui fut lié sur la statue ; il est aussi un de mes témoins ; vous l'avez vu et entendu. Démocrite, intendant du gymnase où la statue était placée, fut chargé de la descendre, et

huic C. Marcello Æsernino,	à C. Marcellus Eserninus,
atque sperabat	et il espérait
Marcellum ipsum	que Marcellus lui-même
dicturum esse etiam hoc	dirait aussi cette chose
sua causa :	dans son intérêt :
quod nunquam	ce qui jamais
visum est mihi veri simile,	n'a paru à moi vraisemblable,
adolescentem	qu'un jeune-homme
natum illo loco,	issu de cette famille,
patronum Siciliæ,	un patron de la Sicile,
commodaturum	prêterait
suum nomen isti	son nom à ce *Verrès*
ad translationem criminis.	pour le détournement d'une accusation.
Verumtamen tota res	Mais cependant toute chose
est provisa mihi	a été prévue par moi
atque præcauta ita,	et précautionnée de telle sorte,
uti, si maxime	que, quand bien même
qui cuperet suscipere in se	*un homme* qui voudrait prendre sur lui
culpam crimenque istius,	la faute et l'accusation de ce *Verrès*,
esset inventus,	aurait été trouvé,
tamen is	cependant cet *homme*
posset proficere nihil.	ne pourrait servir en rien.
Deduxi enim testes eos,	J'ai fait-venir en effet des témoins tels,
et deportavi litteras eas,	et j'ai apporté des pièces-écrites telles,
ut dubium de facto istius	que le doute sur l'attentat de ce *Verrès*
posset esse nemini.	ne pût être à personne.
98. Litteræ publicæ	98. Les registres publics
sunt	sont (portent)
Mercurium	que Mercure
esse deportatum Messanam	a été transporté à Messine
sumptu publico.	aux frais du-public.
Dicunt, quanti :	Ils indiquent à quel *prix* :
Poleam legatum publice	*on y voit* que Polea délégué par-la-ville
præfuisse huic negotio.	présida à cette opération.
Quid ? is ubi est ?	Eh bien ? cet *homme* où est-il ?
Est præsto : est testis.	Il est ici : c'est un témoin.
Jussu	*Que ce fut* par l'ordre
proagori Sopatri.	du proagore Sopater.
Quis est hic ?	Quel est ce *Sopater* ?
qui est adstrictus	*celui* qui a été attaché
ad statuam.	sur la statue.
Quid ? ubi est is ?	Eh bien ? où est-il ?
Est testis.	C'est un témoin.
Vidistis hominem,	Vous avez vu *cet* homme,
et audistis verba ejus.	et vous avez entendu les paroles de lui.
Demetrius gymnasiarchus	Démétrius le gymnasiarque
curavit demoliendum,	se chargea de ce qu'il fallait démolir,

mnasiarchus [1], quod is ei loco [2] præerat. Quid? hoc nos dicimus? immo vero ipse præsens : Romæ nuper istum ipsum esse pollicitum, sese id signum legatis esse redditurum, si ejus rei testificatio tolleretur, cautumque esset, eos testimonium non esse dicturos. Dixit hoc apud vos Zosippus, et Hismenias, homines nobilissimi, et principes tyndaritanæ civitatis.

NONA NARRATIO.

XLIII. 99. Quid? Agrigenti [3] nonne ejusdem P. Scipionis monumentum, signum Apollinis pulcherrimum, cujus in femine litterulis minutis argenteis nomen Myronis erat inscriptum, ex Æsculapii religiosissimo fano sustulisti? quod quidem, judices, quum iste clam fecisset, quum ad suum scelus illud furtumque nefarium quosdam homines improbos duces atque adjutores adhibuisset, vehementer commota civitas est. Uno enim tempore Agrigentini beneficium Africani, religionem

ce n'est pas moi, c'est lui-même, ici présent, qui déclare que tout récemment, à Rome, Verrès a offert de la rendre aux députés, s'ils voulaient se taire, et s'engager à ne pas déposer. Ce fait est attesté par Zosippe et Hisménias, qui tiennent le premier rang parmi leurs concitoyens.

NEUVIÈME NARRATION.

XLIII. 99. Navez-vous pas enlevé aussi du temple d'Esculape, dans Agrigente, un autre monument du vainqueur de Carthage, un très-bel Apollon, sur la cuisse duquel le nom de Myron avait été gravé en petits caractères d'argent? Ce vol, commis en secret par quelques scélérats auxquels le préteur avait confié l'exécution de cette entreprise sacrilége, souleva toute la ville. Les Agrigentins perdaient à la fois le bienfait de Scipion, l'objet de leur culte, l'ornement de

quod is præerat ei loco.
Quid? nos dicimus hoc?
immo vero ipse præsens:
istum ipsum nuper
esse pollicitum Romæ,
sese esse redditurum
id signum legatis,
si testificatio ejus rei
tolleretur,
essetque cautum
eos non dicturos esse
testimonium.
Zosippus, et Hismenias,
dixit hoc apud vos,
homines nobilissimi,
et principes
civitatis tyndaritanæ.

parce qu'il présidait dans ce lieu.
Quoi? *est-ce* moi *qui* dis cela?
mais non, *c'est* lui-même, *ici* présent:
il dit que ce *Verrès* lui-même dernièrement
a promis à Rome,
qu'il rendrait
cette statue aux députés,
si *toute* preuve sur ce fait
était supprimée,
et *s'*il était garanti
qu'ils ne diraient pas (ne déposeraient pas)
leur témoignage.
Zosippe, ainsi qu'Hisménias,
a déclaré ce *fait* devant vous,
hommes les plus nobles,
et les premiers
de la ville de-Tyndare.

NONA NARRATIO.

XLIII. 99. Quid?
nonne sustulisti
ex fano religiosissimo
Æsculapii,
Agrigenti,
monumentum
ejusdem P. Scipionis,
signum Apollinis
pulcherrimum,
in femine cujus
nomen Myronis
erat inscriptum
litterulis argenteis
minutis?
Quum quidem iste, judices,
fecisset quod clam,
quum adhibuisset
quosdam homines improbos
duces atque adjutores
ad illud scelus suum
furtumque nefarium,
civitas est commota
vehementer.
Agrigentini enim
requirebant
uno tempore
beneficium Africani,

NEUVIÈME NARRATION.

XLIII. 99. Eh quoi?
n'as-tu pas enlevé
du temple si révéré
d'Esculape,
à Agrigente,
un monument
du même P. Scipion,
une statue d'Apollon
très-belle,
sur la cuisse de laquelle
le nom de Myron
était inscrit
en petites-lettres d'-argent
très-fines?
Mais comme ce *Verrès*, juges,
avait commis ce *vol* en secret,
et comme il avait employé
quelques hommes pervers
comme guides et aides (acteurs)
pour ce crime *qui était* le sien
et pour *ce* larcin sacrilége,
la ville fut soulevée
violemment.
Les Agrigentins, en effet,
redemandaient (perdaient)
en même temps (à la fois)
le bienfait de *Scipion* l'Africain,

domesticam, ornamentum urbis, indicium victoriæ, testimonium societatis, requirebant. Itaque ab illis, qui principes in ea civitate erant, præcipitur, et negotium datur quæstoribus et ædilibus, ut noctu vigilias agerent ad ædes sacras. Etenim iste Agrigenti (credo propter multitudinem illorum hominum atque virtutem, et quod cives romani, viri fortes ac strenui et honesti permulti in illo oppido, conjunctissimo animo, cum ipsis Agrigentinis vivunt ac negotiantur) non audebat palam tollere, aut poscere, quæ placebant.

100. Herculis templum est apud Agrigentinos, non longe a foro, sane sanctum apud illos et religiosum. Ibi est ex ære simulacrum ipsius Herculis, quo non facile quidquam dixerim me vidisse pulchrius (tametsi non tam multum in istis rebus intelligo, quam multa vidi), usque eo, judices, ut rictum ejus ac mentum paulo sit attritius, quod in precibus et gratulationibus non solum id venerari, verum etiam osculari solent.

leur ville, le monument d'une victoire, et le gage de leur alliance. Aussitôt les premiers magistrats enjoignirent aux questeurs et aux édiles de veiller la nuit autour des temples. Comme Agrigente est remplie d'hommes fermes et intrépides, et qu'une foule de nos citoyens, tous braves et pleins d'honneur, que le commerce a fixés dans ses murs, y vivent dans la meilleure intelligence avec les habitants, Verrès n'osait ni demander ni prendre ouvertement ce qui avait excité ses désirs.

100. Non loin du forum, s'élève un temple d'Hercule très-révéré dans ce pays ; la statue du dieu est en airain. Quoique j'aie vu beaucoup de chefs-d'œuvre en ce genre, je ne suis pas un grand connaisseur ; cependant j'ose dire que jamais rien de plus beau ne s'offrit à mes yeux. Les habitants ne se contentent pas de lui adresser leurs hommages, mais, dans leurs prières et leurs actions de grâces, ils lui donnent un si grand nombre de baisers, que la bouche et le

religionem domesticam,
ornamentum urbis,
indicium victoriæ,
testimonium societatis.
Itaque præcipitur
ab illis qui erant
principes in ea civitate,
et negotium datur
quæstoribus et ædilibus,
ut agerent vigilias noctu
ad ædes sacras.
Etenim iste non audebat
tollere palam Agrigenti,
aut poscere quæ placebant
(credo
propter multitudinem
atque virtutem
illorum hominum, et quod
permulti cives romani,
viri fortes
ac strenui et honesti
vivunt ac negotiantur
in illo oppido,
animo conjunctissimo
cum Agrigentinis ipsis).
100. Templum Herculis
est apud Agrigentinos,
non longe a foro,
sane sanctum
et religiosum apud illos.
Ibi est simulacrum ex ære
Herculis ipsius,
non dixerim facile
me vidisse quidquam
pulchrius quo
(tametsi non intelligo
in istis rebus
tam multum,
quam multa vidi),
usque eo, judices,
ut rictum ac mentum ejus
sit paulo attritius,
quod in precibus
et gratulationibus,
solent non solum
venerari id,
verum etiam osculari.

*l'objet d'*un culte domestique,
l'ornement de la ville,
le monument d'une victoire,
le témoignage de *leur* alliance.
C'est pourquoi il est enjoint
par ceux qui étaient
les premiers dans cette ville,
et commission est donnée
aux questeurs et aux édiles,
qu'ils fassent la garde (veillent) la nuit
auprès des lieux saints.
Car ce *Verrès* n'osait pas
prendre ouvertement à Agrigente,
ou demander ce qui *lui* plaisait
(je crois,
à cause du grand-nombre
et du courage
de ces hommes (habitants), et parce que
beaucoup de citoyens romains,
hommes braves
et résolus et honnêtes,
vivent et font-le-commerce
dans cette ville,
dans l'intelligence la plus intime
avec les Agrigentins eux-mêmes).
100. Un temple d'Hercule
se trouve chez les Agrigentins,
non loin du forum,
temple très-saint
et vénéré chez eux.
Là est la statue en airain
d'Hercule lui-même,
je ne dirais pas aisément
que j'aie vu quelque chose
de plus beau que cette *statue*,
(quoique je ne me connaisse pas
dans ces objets
en proportion du grand nombre
que *j'en* ai vu),
c'est au point, juges,
que la bouche et le menton de lui
sont un peu usés,
parce que dans les prières
et les actions-de-grâces,
on a-coutume non-seulement
de se prosterner-devant elle,
mais encore de *l'*embrasser.

Ad hoc templum, quum esset iste Agrigenti, duce Timarchide, repente, nocte intempesta, servorum armatorum fit concursus atque impetus. Clamor a vigilibus fanique custodibus tollitur. Qui primo quum obsistere ac defendere conarentur, male mulcati clavis ac fustibus repelluntur. Postea convulsis repagulis, effractisque valvis, demoliri signum, ac vectibus labefactare conantur. Interea ex clamore fama tota urbe percrebuit, expugnari deos patrios, non hostium adventu nec inopinato, neque repentino prædonum impetu, sed ex domo atque cohorte prætoria manum fugitivorum instructam armatamque venisse.

101. Nemo Agrigenti neque ætate tam affecta, neque viribus tam infirmis fuit, qui non illa nocte, eo nuntio, excitatus surrexerit, telumque, quod cuique fors offerebat, arripuerit. Itaque brevi tempore ad fanum ex urbe tota concurritur. Horam amplius jam in demoliendo signo permulti homines

menton sont usés. Pendant le séjour de Verrès dans Agrigente, Timarchide, à la tête d'une troupe d'esclaves armés, vient attaquer le temple au milieu de la nuit. Les gardiens poussent un cri. Ils veulent résister; ils sont maltraités et chassés à coups de massues et de bâtons. Les esclaves arrachent les barrières; ils brisent les portes; ils essayent de soulever la statue et de l'ébranler avec des leviers. Cependant le cri des gardiens a jeté l'effroi dans la ville. Partout on répète que les dieux de la patrie sont attaqués, non par des ennemis ou des pirates descendus à l'improviste, mais par une horde de brigands de la suite du préteur, sortis armés du palais du magistrat romain.

101. Tous les habitants, sans excepter même les vieillards, même les infirmes, se réveillent, se lèvent, s'arment de ce qu'ils rencontrent. En un instant, on accourt au temple de tous les quartiers de la ville. Déjà, depuis plus d'une heure, un grand nombre d'hommes

Quum iste esset Agrigenti,	Lorsque ce *Verrès* était à Agrigente,
concursus atque impetus	un concours et une attaque
servorum armatorum	d'esclaves armés
fit repente ad hoc templum,	a-lieu tout à coup contre ce temple,
nocte intempesta,	la nuit *étant* profonde,
Timarchide duce.	Timarchide *étant* chef.
Clamor tollitur	Un cri est poussé
a vigilibus	par les sentinelles
custodibusque fani.	et les gardiens du temple.
Qui quum conarentur	Lesquels comme ils s'efforçaient
primo	d'abord
obsistere ac defendere,	de résister et de *se* défendre,
repelluntur male mulcati	sont repoussés maltraités
clavis ac fustibus.	*à coups* de massues et de bâtons.
Postea repagulis convulsis,	Ensuite les barrières étant arrachées,
valvisque effractis,	et les portes brisées,
conantur demoliri signum,	*les esclaves* s'efforcent de détacher la statue,
ac labefactare vectibus.	et de *l'*ébranler avec des leviers.
Interea ex clamore	Cependant aux cris *des gardiens*
fama percrebuit	le bruit se répandit
tota urbe,	dans toute la ville,
deos patrios expugnari,	que les dieux de-la-patrie sont attaqués,
non adventu hostium	non par l'arrivée des ennemis
impetu nec inopinato,	par une attaque ni imprévue,
neque repentino	ni *par une attaque* subite
prædonum,	des pirates,
sed manum fugitivorum	mais qu'une troupe d'*esclaves* fugitifs
venisse instructam	est venue en-ordre
armatamque	et en-armes
ex domo	de la maison
atque cohorte prætoria.	et de la cohorte du-préteur.
101. Fuit nemo	101. Il n'y eut personne
Agrigenti	à Agrigente
neque ætate tam affecta,	ni d'un âge si avancé,
neque viribus tam infirmis,	ni de forces si chancelantes,
qui non surrexerit	qui ne se levât
illa nocte, eo nuntio,	dans cette nuit, à cette nouvelle,
excitatus,	chassé-de *son lit*,
arripueritque telum,	et *qui* ne saisît l'arme
quod fors offerebat cuique.	que le hasard offrait à chacun.
Itaque concurritur	Aussi on accourt
brevi tempore	en peu de temps
ex tota urbe ad fanum.	de toute la ville vers le temple.
Permulti homines	Un grand-nombre d'hommes
moliebantur	s'efforçaient
jam amplius horam	déjà depuis plus d'une heure
in signo demoliendo;	à la statue devant être détachée;

moliebantur : illud interea nulla lababat ex parte : quum alii vectibus subjectis conarentur commovere, alii deligatum omnibus membris rapere ad se funibus. Repente Agrigentini concurrunt : fit magna lapidatio : dant sese in fugam istius præclari imperatoris nocturni milites. Duo tamen sigilla perparvula tollunt, ne omnino inanes ad istum prædonem religionum reverterentur. Nunquam tam male est Siculis, quin aliquid facete et commode dicant : velut in hac re. Aiebant, in labores Herculis non minus hunc immanissimum verrem[1], quam illum aprum erymanthium referri oportere.

XLIV. 102. Hanc virtutem Agrigentinorum imitati sunt Assorini postea, viri fortes et fideles, sed nequaquam ex tam ampla, neque tam ex nobili civitate. Chrysas est amnis, qui per Assorinorum agros fluit. Is apud illos habetur deus, et

travaillaient à détacher la statue ; mais, quelques efforts qu'ils fissent, les uns pour la soulever avec des leviers, les autres pour l'entraîner avec des câbles attachés à chacun des membres, elle demeurait constamment immobile. Tout à coup surviennent les Agrigentins : les pierres pleuvent de toutes parts ; l'armée nocturne de cet illustre général fuit et se disperse. Cependant, pour ne pas retourner les mains vides vers ce déprédateur des lieux sacrés, ils emportent deux petites statues. Dans les plus grands malheurs, les Siciliens trouvent toujours l'occasion de placer un bon mot : ils dirent alors que ce terrible pourceau méritait d'être compté parmi les travaux d'Hercule, aussi bien que le sanglier d'Érymanthe.

XLIV. 102. Les habitants d'Assore, braves et fidèles, mais dont la ville est bien moins riche et moins peuplée, imitèrent cet acte de vigueur. Le fleuve Chrysas, qui traverse leur territoire, est le dieu du pays ; ils lui rendent le culte le plus solennel. Son temple est dans une

illud interea
lababat ex nulla parte,
quum alii conarentur
commovere
vectibus subjectis,
alii rapere ad se
deligatum funibus
omnibus membris.
Agrigentini
concurrunt repente;
magna lapidatio fit:
milites nocturni istius
præclari imperatoris
sese dant in fugam.
Tollunt tamen
duo sigilla
perparvula,
ne revertreentur
omnino inanes
ad istum prædonem
religionum.
Nunquam est tam male
Siculis,
qui dicannt aliquid
facete et commode:
velut ni hac re.
Aiebant oportere
hunc verrem
immanissimum
referri
in labores Herculis
non minus
quam illum aprum
erymanthium.
XLIV. 102. Assorini
imitati sunt postea
hanc virtutem
Agrigentinorum,
viri fortes et fideles,
sed nequaquam
ex civitate tam ampla,
neque ex tam nobili.
Est amnis Chrysas,
qui fluit per agros
Assorinorum.
Is habetur deus,
et colitur apud illos

celle-ci cependant
ne s'ébranlait d'aucun côté,
quoique les uns essayassent
de *la* soulever
avec des leviers placés-dessous,
les autres de *l'*entraîner à eux
après l'avoir attachée par des cordes
passees à tous *ses* membres.
Les Agrigentins
accourent subitement;
un grand jet-de-pierres a-lieu:
les soldats nocturnes de ce *Verrès*
de *cet* illustre général
se donnent en (prennent la) fuite.
Cependant ils emportent
deux statuettes
très-petites,
pour ne pas retourner
tout à fait *les mains* vides
vers ce déprédateur
de temples.
Jamais il n'arrive *rien* de si fâcheux
aux Siciliens,
qu'ils ne disent quelque chose
en-plaisanterie et à-propos:
comme dans cette occasion.
Ils disaient qu'il fallait
que ce pourceau
si terrible
fût placé
parmi les travaux d'Hercule
non moins
que ce *fameux* sanglier
d'-Érymanthe.
XLIV. 102. Les *habitants* d'-Assore
imitèrent ensuite
ce courage
des Agrigentins,
c'étaient des hommes braves et fidèles,
mais non pas
d'une ville aussi riche,
ni d'*une ville* aussi importante.
Il y a le fleuve Chrysas,
qui coule au travers du territoire
des *habitants* d'-Assore.
Il est regardé *comme un* dieu,
et honoré par eux

religione maxima colitur. Fanum ejus [1] est in agro propter ipsam viam, qua Assoro itur Ennam. In eo Chrysæ est simulacrum, præclare factum e marmore. Id iste poscere Assorinos propter singularem ejus fani religionem non ausus est. Tlepolemo dat Hieronique negotium. Illi noctu, facta manu armataque veniunt : fores ædis effringunt : æditui custodesque mature sentiunt : signum, quod erat notum vicinitati, buccina datur : homines ex agris concurrunt : ejicitur fugaturque Tlepolemus : neque quidquam ex fano Chrysæ, præter unum perparvulum signum ex ære, desideratum est.

103. Matris Magnæ fanum apud Enguinos est; jam enim mihi non modo breviter de unoquoque dicendum est, sed etiam prætereunda videntur esse permulta, ut ad majora istius et illustriora in hoc genere furta et scelera veniamus. In hoc fano

campagne qui borde le chemin d'Assore à Enna : sa statue est de marbre et d'un travail achevé. Verrès n'osa pas leur demander l'objet d'une si grande vénération. Il chargea Tlépolème et Hiéron de l'enlever. Ceux-ci, à la tête d'une troupe armée, viennent de nuit fondre sur le temple; ils brisent les portes : les gardiens et les officiers du temple s'en aperçoivent à temps; ils sonnent de la trompette, signal connu de tout le voisinage : on accourt des campagnes. Tlépolème est chassé, mis en fuite; il n'en coûta qu'une très-petite statue d'airain.

103. Je ne puis dire qu'un mot de chaque délit. Je suis même obligé d'en omettre un grand nombre, afin d'arriver aux vols et aux crimes de ce genre qui ont plus d'éclat et d'importance. Chez les Enguiniens, est un temple de la mère des dieux. Ce même Scipion,

religione maxima.
Fanum ejus est in agro
propter viam ipsam,
qua itur Assoro Ennam.
In eo
est simulacrum Chrysæ,
factum præclare
e marmore.
Iste non ausus est
poscere id Assorinos
propter religionem
singularem
ejus fani.
Dat negotium
Tlepolemo Hieronique.
Illi veniunt noctu,
manu facta armataque :
effringunt fores ædis ;
æditui custodesque
sentiunt mature ;
signum, quod erat notum
vicinitati,
datur buccina :
homines concurrunt
ex agris ;
Tlepolemus
ejicitur fugaturque,
neque quidquam
est desideratum
ex fano Chrysæ,
præter unum signum
ex ære
perparvulum.
103. Fanum
Magnæ Matris
est apud Enguinos ;
jam enim non modo
est dicendum mihi breviter
de unoquoque,
sed etiam
permulta videntur
esse prætereunda,
ut veniamus ad furta
et scelera istius
majora et illustriora
in hoc genere.
Ille idem P. Scipio,

par le culte le plus solennel.
Le temple de lui est dans une plaine
au bord de la route même,
par où l'on va d'Assore à Enna.
Dans ce *temple*
est une statue de Chrysa,
faite à-merveille
en marbre.
Ce *Verrès* n'osa pas
demander elle aux *habitants* d'-Assore
à cause de la sainteté
extraordinaire
de ce temple.
Il donne *ses* instructions
à Tlépolème et à Hiéron.
Ceux-ci viennent la nuit,
une troupe étant réunie et armée :
ils brisent les portes de l'édifice :
les intendants et les gardiens
s'*en* aperçoivent promptement ;
le signal, qui etait connu
du voisinage,
est donné par la trompette :
les hommes (habitants) accourent
des campagnes ;
Tlépolème
est chassé et est mis-en-fuite,
et rien absolument
ne fut à-regretter
du temple de Chrysa,
excepté une statue
en airain
très-petite.
103. Un temple
de la Grande Mère
se trouve chez les Enguiniens ;
déjà en effet non-seulement
il est à-parler à moi brièvement
de chaque *attentat*,
mais encore
un grand nombre *d'autres me* semblent
devoir être passés-sous-silence,
pour que j'*en* vienne aux vols
et aux forfaits de cet *homme*
plus grands et plus célèbres
en ce genre.
Ce même P. Scipion,

loricas galeasque æneas, cælatas opere corinthio, hydriasque grandes, simili in genere, atque eadem arte perfectas, idem ille P. Scipio, vir omnibus rebus præcellentissimus, posuerat, et suum nomen inscripserat. Quid jam de isto plura dicam, aut querar? Omnia illa, judices, abstulit : nihil in religiosissimo fano, præter vestigia violatæ religionis nomenque P. Scipionis, reliquit. Hostium spolia, monumenta imperatorum, decora atque ornamenta fanorum posthac, his præclaris nominibus amissis, in instrumento ac supellectili C. Verris numerabuntur.

104. Tu videlicet solus vasis corinthiis delectaris? tu illius æris temperationem, tu operum lineamenta solertissime perspicis? hæc Scipio ille non intelligebat, homo doctissimus atque humanissimus? tu sine ulla bona arte, sine humanitate, sine ingenio, sine litteris, intelligis et judicas? Vide, ne ille non solum temperantia, sed etiam intelligentia te, atque istos,

cet homme supérieur dans tous les genres de mérite, y avait placé des cuirasses, des casques, dont les ornements étaient en airain de Corinthe, de grandes urnes du même métal, et d'un travail aussi parfait. Le nom du héros était inscrit au bas de ces chefs-d'œuvre. Qu'est-il besoin de plus de paroles? Verrès a tout enlevé. Il n'a laissé dans ce temple auguste que les traces du sacrilége et le nom de Scipion. Les dépouilles des ennemis, les trophées de nos généraux, les décorations et les ornements des temples, dépouillés de leurs titres honorables, feront désormais partie du mobilier de Verrès.

104. Vous seul apparemment êtes sensible à la beauté des vases corinthiens, et vous seul savez apprécier la composition de ce métal et la délicatesse du dessin! Scipion n'en connaissait pas le mérite, Scipion, l'homme le plus instruit, le plus éclairé de son siècle! et vous, homme grossier, sans instruction, sans talent, sans étude, vous possédez ce sentiment exquis! Ah! ce n'est pas seulement par son désintéressement, mais par son goût et son intelligence qu'il

vir præcellentissimus
omnibus rebus,
posuerat in hoc fano
loricas galeasque æneas,
cælatas
opere corinthio,
grandesque hydrias
in genere simili,
atque perfectas eadem arte,
et inscripserat
suum nomen.
Quid dicam jam plura,
aut querar de isto?
Judices abstulit
omnia illa.
reliquit nihil
in fano religiosissimo,
præter vestigia
religionis violatæ
nomenque P. Scipionis.
Spolia hostium,
monumenta imperatorum,
decora atque ornamenta
fanorum,
his nominibus præclaris
amissis,
numerabuntur posthac
in instrumento
ac supellectili C. Verris.
104. Videlicet
tu solus delectaris
vasis corinthiis?
tu perspicis solertissime
temperationem illius æris,
tu lineamenta operum?
Ille Scipio,
homo doctissimus
atque humanissimus,
non intelligebat hæc?
tu sine ulla arte bona,
sine humanitate,
sine ingenio, sine litteris,
intelligis et judicas?
Vide ne ille vicerit
non solum temperantia,
sed etiam intelligentia
te, atque istos,

l'homme le plus éminent
en toutes choses,
avait placé dans ce temple
des cuirasses et des casques d'-airain,
ciselés
par l'œuvre (par des artistes) de-Corinthe,
et de grandes urnes
dans un genre semblable,
et travaillées avec le même art,
et il avait écrit-dessus
son nom.
Que dirai-je à présent de plus,
ou *de quoi* me plaindrai-je sur ce *Verrès?*
Juges, il a enlevé
tous ces *objets:*
il n'a laissé rien
dans le temple le plus vénéré,
excepté les traces
d'un culte profané
et le nom de P. Scipion.
Les dépouilles des ennemis,
les monuments des généraux,
les décorations et ornements
des temples,
ces titres honorables
leur étant ôtés,
seront comptés dorénavant
dans le mobilier
et les objets-de-luxe de C. Verrès.
104. Sans doute
toi seul tu es-amateur
de vases de-Corinthe?
toi *seul* tu apprécies avec-la-plus-grande-sagacité
l'alliage de cet airain,
tu *apprécies* les contours des ouvrages?
Ce Scipion,
homme si savant
et si éclairé,
ne comprenait pas cela?
toi sans aucune instruction,
sans lumières,
sans talent, sans étude,
tu apprécies et tu juges?
Prends-garde qu'il ne l'emporte
non-seulement en désintéressement,
mais encore en intelligence
sur toi, et sur ces *gens,*

qui se elegantes dici volunt, vicerit. Nam quia, quam pulchra essent, intelligebat, idcirco existimabat, ea, non ad hominum luxuriem, sed ad ornatum fanorum atque oppidorum esse facta, ut posteris nostris monumenta religiosa esse videantur.

XLV. 105. Audite etiam singularem ejus, judices, cupiditatem, audaciam, amentiam, in iis præsertim sacris polluendis, quæ non modo manibus attingi, sed ne cogitatione quidem violari fas fuit. Sacrarium Cereris est apud Catinenses, eadem religione, qua Romæ [1], qua in ceteris locis, qua prope in toto orbe terrarum. In eo sacrario intimo fuit signum Cereris perantiquum : quod viri, non modo cujusmodi esset, sed ne esse quidem sciebant. Aditus enim in id sacrarium non est viris [2] : sacra per mulieres ac virgines confici solent. Hoc signum noctu clam istius servi ex illo religiosissimo atque antiquis-

l'emportait sur vous et sur tant de prétendus connaisseurs. C'est parce qu'il savait apprécier ces ouvrages, qu'il les jugeait dignes de servir non au luxe des particuliers, mais à la décoration des temples et des villes, afin que la postérité les reçût comme des monuments consacrés par la religion.

XLV. 105. Juges, voulez-vous un trait unique de la cupidité de Verrès, de son audace, de son extravagance, et surtout de son mépris pour les objets sur lesquels nous ne pouvons ni porter les mains, ni même arrêter nos pensées, sans commettre un sacrilége ? Cérès est adorée à Catane avec le même respect qu'elle l'est à Rome et dans beaucoup d'autres lieux, pour ne pas dire dans tout l'univers. Au fond du sanctuaire était une statue très-antique. Les hommes ne savaient pas quelle en était la forme : ils n'en connaissaient pas même l'existence. L'entrée est interdite à tous les hommes : les femmes sont les ministres de ce culte. Eh bien ! de ce temple saint et antique la statue fut enlevée secrètement, pendant la nuit, par les esclaves

qui volunt se dici	qui veulent eux être appelés
elegantes.	hommes-de-goût.
Nam quia intelligebat	Car parce qu'il comprenait
quam essent pulchra,	combien *ces choses* étaient belles,
idcirco existimabat	*c'est* pour cela *qu*'il pensait
ea esse facta,	qu'elles étaient faites,
non ad luxuriem hominum,	non pour le luxe des particuliers,
sed ad ornatum	mais pour l'ornement
fanorum	des temples
atque oppidorum,	et des villes,
ut videantur	afin qu'elles parussent
nostris posteris	à nos descendants
esse monumenta religiosa.	être des monuments religieux.
XLV. 105. Judices,	XLV. 105. Juges,
audite etiam	apprenez encore
cupiditatem singularem,	*un trait de* la cupidité singulière,
audaciam, amentiam ejus,	*de* l'audace, *de* la folie de ce *Verrès*,
præsertim	surtout
in polluendis iis sacris,	à profaner ces *objets* sacrés,
quæ fuit fas	qu'il *n*'est *pas* permis
non modo attingi	non-seulement de toucher
manibus,	avec les mains,
sed ne quidem	mais pas même
violari cogitatione.	de profaner par la pensée.
Est apud Catinenses	Il y a chez les *habitants* de-Catane
sacrarium Cereris,	un sanctuaire de Cérès,
eadem religione qua Romæ,	*objet* du même culte qu'à Rome,
qua in ceteris locis,	que dans d'autres lieux,
qua prope	que presque
in toto orbe terrarum.	dans tout l'univers.
In intimo eo sacrario	Dans le fond de ce sanctuaire
fuit signum Cereris	était une statue de Cérès
perantiquum :	très-ancienne :
viri sciebant	les hommes *ne* savaient *pas*
non modo cujusmodi	non-seulement de quelle forme
quod esset,	cette *statue* était,
sed ne quidem esse.	mais pas même qu'elle existât.
Aditus enim	Car l'entrée
in id sacrarium	dans ce sanctuaire
non est viris :	n'est pas *permise* aux hommes :
sacra solent confici	les cérémonies ont-coutume d'être faites
per mulieres ac virgines.	par des femmes et des jeunes-filles.
Servi istius sustulerunt	Les esclaves de ce *Verrès* enlevèrent
clam noctu	secrètement la nuit
hoc signum ex illo fano	cette statue de ce temple
religiosissimo	le plus saint
atque antiquissimo ;	et le plus antique ;

simo fano sustulerunt : postridie sacerdotes Cereris, atque illius fani antistitæ, majores natu, probatæ ac nobiles mulieres, rem ad magistratus suos deferunt. Omnibus acerbum, indignum, luctuosum denique videbatur.

106. Tum iste permotus illa atrocitate negotii, ut ab se sceleris istius suspicio demoveretur, dat hospiti suo cuidam negotium, ut aliquem reperiret, quem ea fecisse insimularet: daretque operam, ut is eo crimine damnaretur, ne ipse esset in crimine. Res non procrastinatur. Nam quum iste Catina profectus esset, servi cujusdam nomen defertur. Is accusatur : ficti testes in eum dantur : rem cunctus senatus Catinensium legibus judicat. Sacerdotes vocantur : ex his quæritur secreto in curia, quid esset factum, quemadmodum arbitrarentur signum esse ablatum. Respondent illæ, prætoris in eo loco servos esse visos. Res, quæ esset [jam] antea non obscura, sa-

de Verrès. Le lendemain, les prêtresses et les intendantes du temple, femmes respectables par leur âge, par leurs vertus et par leur naissance, portent leurs plaintes aux magistrats. Cet indigne attentat révolte tous les habitants.

106. Effrayé des conséquences, et voulant détourner les soupçons, Verrès charge son hôte de chercher un homme qu'il puisse accuser et faire condamner, pour se mettre lui-même à l'abri des poursuites. L'hôte ne perd pas un moment. A peine Verrès est-il sorti de Catane, un esclave est dénoncé. L'accusation est admise; de faux témoins sont produits. Le sénat en corps instruit le procès, suivant les lois du pays. On appelle les prêtresses; on les interroge secrètement sur le fait, sur les circonstances du vol. Elles répondent que des esclaves du préteur ont été vus dans le temple : cette déposition éclaircit une

postridie
sacerdotes Cereris,
atque antistitæ
illius fani,
majores natu,
mulieres probatæ
ac nobiles,
deferunt rem
ad suos magistratus.
Videbatur omnibus
acerbum, indignum,
denique luctuosum.

106. Tum iste permotus
illa atrocitate negotii,
ut suspicio istius sceleris
demoveretur ab se,
dat negotium cuidam
suo hospiti,
ut reperiret aliquem,
quem insimularet
fecisse ea,
daretque operam,
ut is damnaretur
eo crimine,
ne ipse esset in crimine.
Res non procrastinatur.
Nam quum iste
profectus esset Catina,
nomen cujusdam servi
defertur.
Is accusatur;
ficti testes dantur in eum;
senatus cunctus
Catinensium
judicat rem legibus.
Sacerdotes vocantur :
quæritur ex his secreto
in curia,
quid esset factum,
quemadmodum
arbitrarentur
signum esse ablatum.
Illæ respondent
servos prætoris
esse visos in eo loco.
Res, quæ esset jam antea
non obscura,

le lendemain
les prêtresses de Cérès
ainsi que les intendantes
de ce temple,
femmes très-avancées en âge,
femmes vertueuses
et nobles,
rapportent le fait
à leurs magistrats.
Il paraissait à tous
cruel, indigne,
enfin lamentable.

106. Alors ce *Verrès* effrayé
de cette violence de conduite,
pour que le soupçon de cet attentat
se détournât de lui,
donne commission à un certain *habitant*
son hôte,
de trouver quelqu'un
qu'il accuserait
d'avoir fait ce *coup*,
et de donner *ses* soins,
pour qu'il fût condamné
sur cette accusation,
et que lui ne fût pas en accusation.
L'affaire n'est pas remise-au lendemain.
Car comme ce *Verrès*
était parti de Catane,
le nom d'un certain esclave
est dénoncé.
Celui-ci est mis-en-cause;
de faux témoins sont fournis contre lui;
le sénat tout-entier
des *habitants* de-Catane
juge l'affaire d'après les lois.
Les prêtresses sont appelées :
on demande à elles en secret
dans le sénat,
ce qui s'était passé,
de quelle manière
elles pensaient
que la statue avait été enlevée.
Elles répondent
que les esclaves du préteur
ont été vus dans ce lieu.
La chose, qui était déjà auparavant
non obscure,

cerdotum testimonio perspicua esse cœpit. Itur in consilium : servus ille innocens omnibus sententiis absolvitur, quo facilius vos hunc omnibus sententiis condemnare possetis.

107. Quid enim postulas, Verres? quid speras? quid exspectas? quem tibi aut deorum aut hominum auxilio putas futurum? Eone tu servos ad spoliandum fanum immittere ausus es, quo liberos adire, ne orandi quidem causa, fas erat? hisne rebus manus afferre non dubitasti, a quibus etiam oculos cohibere te religionum jura cogebant? Tametsi ne oculis quidem captus in hanc fraudem tam sceleratam ac tam nefariam decidisti : nam id concupisti, quod nunquam videras : id, inquam, adamasti, quod antea non adspexeras. Auribus tu tantam cupiditatem concepisti : ut eam non metus, non religio, non deorum vis, non hominum existimatio contineret.

108. At ex viro bono audieras, credo, et bono auctore.

affaire qui d'ailleurs n'était pas très-obscure. On va aux opinions. L'esclave innocent est absous d'une voix unanime : et, d'une voix unanime, vous condamnerez sans doute le coupable que je poursuis.

107. Car enfin, que demandez-vous, Verrès? quel est votre espoir? quelle est votre attente? qui, des dieux ou des hommes, voudra vous secourir? Vous envoyez des esclaves pour dépouiller un temple où les hommes libres n'ont pas le droit d'entrer, même pour prier? Vous portez les mains sur des objets que vos regards ne peuvent atteindre sans crime? Et vous n'avez pas même été entraîné à cet horrible sacrilége par la séduction de vos yeux : vous avez convoité ce que vous n'aviez jamais vu; vous vous êtes passionné pour une chose que vous n'aviez pas encore aperçue. C'est par les oreilles qu'est entrée dans votre âme cette cupidité que ni la crainte, ni la religion, ni la colère des dieux, ni l'indignation des hommes, n'ont pu réprimer.

108. Sans doute, un homme bien instruit vous en avait parlé?

cœpit esse perspicua
testimonio sacerdotum.
Itur in consilium :
ille servus innocens
absolvitur
omnibus sententiis,
quo vos possetis facilius
condemnare hunc
omnibus sententiis.

107. Quid enim postulas,
Verres? quid speras?
quid exspectas?
quem aut deorum
aut hominum
putas futurum auxilio tibi?
Tune ausus es
immittere servos
ad spoliandum fanum,
quo erat fas adire
liberos,
ne quidem causa orandi?
nonne dubitasti
afferre manus his rebus,
a quibus jura religionum
cogebant te
cohibere etiam oculos?
Tametsi decidisti
in hanc fraudem
tam sceleratam
ac tam nefariam
ne quidem captus oculis :
nam concupisti
id quod nunquam videras:
adamasti, inquam,
id quod non adspexeras
antea.
Tu concepisti
auribus
cupiditatem tantam,
ut non metus, non religio,
non vis deorum,
non existimatio hominum
contineret eam.

108. At audieras,
credo,
ex viro bono,
et auctore bono.

commence à être (devenir) évidente
par le témoignage des prêtresses
On va aux opinions :
cet esclave innocent
est absous
par tous les suffrages,
afin que vous puissiez plus aisément
condamner ce *Verrès*
par tous les suffrages.

107. Car *enfin* que demandes-tu,
Verrès? qu'espères-tu?
qu'attends-tu?
lequel ou des dieux
ou des hommes
penses-tu devoir venir à secours à toi?
As-tu *bien* osé
envoyer des esclaves
pour dépouiller un temple,
où il *n*'était *pas* permis d'entrer
aux *hommes* libres,
pas même pour prier?
n'as-tu pas craint
de porter les mains sur ces objets,
desquels les lois de la religion
ordonnaient à toi
d'écarter même les yeux?
Et cependant tu es tombé
dans cette faute
si impie
et si criminelle
n'étant pas même séduit par les yeux :
car tu as convoité
ce que tu n'avais jamais vu :
tu t'es épris, dis-je,
de ce que tu n'avais pas aperçu
auparavant.
Tu as conçu
par les oreilles (sur un ouï-dire)
un désir si grand,
que ni la crainte, ni le respect,
ni la colère des dieux,
ni le jugement des hommes
n'ont pu dominer ce *désir*.

108. Mais tu *l*'avais appris,
je pense,
d'un homme sûr,
par une autorité compétente.

Qui id potes, qui ne ex viro quidem audire potueris? Audisti igitur ex muliere : quoniam id viri neque vidisse, neque nosse poterant. Qualem porro illam feminam fuisse putatis, judices? quam pudicam, quæ cum Verre loqueretur? quam religiosam, quæ sacrarii spoliandi ostenderet rationem? At minime mirum, quæ sacra per summam castimoniam virginum ac mulierum fiant, eadem per istius stuprum ac flagitium esse violata.

XLVI. 109. Quid ergo? hoc solum auditione expetere cœpit, quum id ipse non vidisset? Immo vero alia complura : ex quibus eligam spoliationem nobilissimi atque antiquissimi fani : de qua priore actione testes dicere audistis. Nunc eadem illa, quæso, audite, et diligenter, sicut adhuc fecistis, attendite.

110. Insula est Melita, judices, satis lato ab Sicilia mari periculosoque disjuncta : in qua est eodem nomine oppidum, quo iste nunquam accessit : quod tamen isti textrinum per

Cela n'est pas possible : les hommes ne pouvaient ni l'avoir vue, ni la connaître. C'était donc une femme? Or, que penser de cette femme, citoyens? quelle idée vous former de ses mœurs, puisqu'elle avait des entretiens avec Verrès? de sa religion? puisqu'elle lui indiquait les moyens de dépouiller un temple? Au reste, faut-il s'étonner qu'il se soit servi de l'adultère et de la débauche pour profaner un culte qui exige, dans les mères de famille et dans les vierges, une innocence et une pureté de mœurs irréprochables?

XLVI. 109. Est-ce donc la seule fois que, sur un simple ouï-dire, il se soit enflammé pour ce qu'il n'avait pas vu? Non certes; mais, parmi une foule de traits, je choisirai la spoliation d'un temple non moins révéré que celui de Catane. Les témoins vous en ont déjà parlé dans la première action. Je vais vous rappeler ce fait.

110. L'île de Malte est séparée de la Sicile par un détroit assez large et d'un trajet périlleux. Dans cette île est une ville du même nom, où Verrès n'alla jamais, quoique pendant trois ans il en ait

Qui id potes,
qui ne quidem potueris
audire ex viro?
Audisti igitur ex muliere :
quoniam viri poterant
neque vidisse id,
neque nosse.
Porro qualem putatis
fuisse illam feminam,
judices?
quam pudicam,
quæ loqueretur cum Verre?
quam religiosam,
quæ ostenderet rationem
spoliandi sacrarii?
At minime mirum,
eadem sacra quæ fiant
per castimoniam summam
virginum ac mulierum,
esse violata per stuprum
ac flagitium istius.

XLVI. 109. Quid ergo?
cœpit expetere hoc
solum auditione,
quum ipse
non vidisset id?
Immo vero
alia complura,
ex quibus eligam
spoliationem fani
nobilissimi
atque antiquissimi :
de qua audistis testes
dicere priore actione.
Nunc audite, quæso,
illa eadem;
et attendite diligenter,
sicut fecistis adhuc.

110. Judices,
insula Melita
est disjuncta ab Sicilia
mari satis lato
periculosoque,
in qua est oppidum
eodem nomine,
quo iste nunquam accessit,
quod tamen fuit isti

Comment le peux-tu,
lorsque tu n'as pas même pu
rien apprendre d'un homme?
Tu as donc appris par une femme :
puisque les hommes ne pouvaient
ni avoir vu cette *statue*,
ni *la* connaître.
Or quelle pensez-vous
que fût cette femme,
juges?
combien pudique *était-elle*,
elle qui parlait avec Verrès?
combien religieuse,
elle qui indiquait le moyen
de dépouiller le sanctuaire?
Mais *il* n'*est* pas étonnant,
que ce même culte qui est pratiqué
par la chasteté très-grande
des jeunes-filles et des femmes,
ait été profané par l'adultère
et la débauche de cet *homme*.

XLVI. 109. Mais quoi?
s'est-il mis à désirer cet *objet*
seulement sur un récit,
lorsque lui-même
n'avait pas vu lui?
Mais bien plus
il y en a d'autres en-grand-nombre,
entre lesquels je choisirai
la spoliation d'un temple
très-célèbre
et très-ancien :
crime dont vous avez entendu les témoins
déposer dans la première action.
Maintenant écoutez, je *vous* prie,
ce même *récit*,
et prêtez-l'oreille attentivement,
comme vous avez fait jusqu'à-présent.

110. Juges,
l'île *de* Malte
est séparée de la Sicile
par une mer assez large
et dangereuse,
dans laquelle *île* est une ville
du même nom,
où ce *Verrès* n'est jamais allé,
et qui cependant a été pour lui

triennium ad muliebrem vestem conficiendam fuit. Ab eo oppido non longe, in promontorio, fanum est Junonis antiquum : quod tanta religione semper fuit, ut non modo illis punicis bellis, quæ in his fere locis navali copia gesta atque versata sunt, sed etiam in hac prædonum multitudine semper inviolatum sanctumque fuerit. Quin etiam hoc memoriæ proditum est, classe quondam Masinissæ regis ad eum locum appulsa, præfectum regium dentes eburneos, incredibili magnitudine, e fano sustulisse, et eos in Africam portasse, Masinissæque donasse. Regem quidem primo delectatum esse munere : post, ubi audisset, unde essent, statim certos homines in quinqueremi misisse, qui eos dentes reportarent. Itaque in his inscriptum litteris punicis fuit : REGEM MASINISSAM IMPRUDENTEM ACCEPISSE : RE COGNITA, REPONENDOS RESTITUENDOSQUE

fait une fabrique d'étoffes à l'usage des femmes. Non loin de la ville, sur un promontoire, s'élève un ancien temple de Junon tellement révéré, que dans les guerres puniques, durant lesquelles tant de flottes occupèrent ces parages, que de nos jours, où ces côtes sont infestées par un si grand nombre de pirates, il est resté toujours inviolable. On rapporte même que la flotte de Masinissa ayant abordé dans ces lieux, l'amiral emporta du temple des dents d'ivoire d'une grandeur extraordinaire, et qu'à son retour en Afrique il les offrit au roi. Celui-ci les reçut avec plaisir ; mais, dès qu'il sut d'où elles venaient, il fit partir une galère à cinq rangs de rames, pour les reporter à Malte. On y grava cette inscription en caractères carthaginois : LE ROI MASINISSA LES AVAIT REÇUES IMPRUDEMMENT ; MIEUX INFORMÉ, IL LES RENVOYA, ET LES FIT REPLACER DANS LE TEMPLE.

per triennium	pendant trois-ans
textrinum ad conficiendam	un atelier pour confectionner
vestem muliebrem.	des vêtements de-femmes.
Fanum antiquum Junonis	Un temple antique de Junon
est in promontorio,	est *situé* sur un promontoire,
non longe ab eo oppido :	non loin de cette ville:
quod fuit semper	qui a été toujours
tanta religione,	*l'objet* d'un si grand culte,
ut fuerit semper	qu'il est resté constamment
inviolatum sanctumque,	inviolable et sacré,
non modo	non-seulement
illis bellis punicis,	pendant ces guerres puniques
quæ sunt gesta	qui ont été faites
atque versata	et *se sont* passées
copia navali	en batailles navales
fere in his locis,	presque dans ces parages,
sed etiam	mais encore
in hac multitudine	au milieu de cette multitude
prædonum.	de pirates.
Quin etiam	Bien plus,
hoc est proditum memoriæ,	ce *fait* est confié à la mémoire (rapporté),
classe regis Masinissæ	que la flotte du roi Masinissa
appulsa quondam	ayant abordé autrefois
ad eum locum,	dans ces lieux,
præfectum regium	le lieutenant du-roi
sustulisse e fano	enleva du temple
dentes eburneos,	des dents d'-ivoire,
magnitudine incredibili,	d'une grandeur incroyable,
et portasse eos in Africam,	et porta elles en Afrique,
donasseque Masinissæ.	et *les* donna à Masinissa.
Regem quidem primo	Et que le roi d'abord
esse delectatum munere;	fut charmé du présent;
post, ubi audisset	qu'ensuite, lorsqu'il eut appris
unde essent,	d'où elles étaient *venues*,
statim misisse	aussitôt il envoya
in quinqueremi	dans une galère-à-cinq-rangs-de-rames
omines certos,	des hommes sûrs,
ui reportarent eos dentes.	qui rapportèrent ces dents.
taque fuit inscriptum	C'est pourquoi il fut écrit-dessus
n his litteris punicis :	en lettres carthaginoises :
EGEM MASINISSAM	LE ROI MASINISSA
CCEPISSE	*les* A ACCEPTÉES
MPRUDENTEM :	SANS-*les*-CONNAITRE :
E COGNITA,	LA CHOSE (leur origine) *étant* CONNUE,
URASSE	IL A PRIS-SOIN
EPONENDOS	QU'ELLES FUSSENT RAPPORTÉES
STITUENDOSQUE.	ET REMISES-EN-PLACE.

curasse. Erat præterea magna vis eboris, multa ornamenta, in quibus eburneæ Victoriæ, antiquo opere ac summa arte perfectæ. Hæc iste omnia, ne multis morer, uno impetu, atque uno nuntio, per servos venerios, quos ejus rei causa miserat, tollenda atque asportanda curavit.

XLVII. 111. Proh dii immortales! quem ego hominem accuso? quem legibus ac [judiciali] jure persequor? de quo vos sententiam per tabellam feretis? Dicunt legati melitenses publice, spoliatum templum esse Junonis : nihil istum in religiosissimo fano reliquisse : quem in locum classes hostium sæpe accesserint, ubi piratæ fere quotannis hiemare soleant, quod neque prædo violarit antea, neque unquam hostis attigerit; id ab uno isto sic spoliatum esse, ut nihil omnino sit relictum. Hic nunc aut iste reus, aut ego accusator, aut hoc judicium appellabitur? criminibus enim coarguitur, aut suspi-

On y voyait encore une grande quantité d'ivoire, beaucoup d'ornements, entre autres deux Victoires, d'un goût antique et d'un travail précieux. Abrégeons ce récit. Verrès envoya des esclaves publics, et d'un seul coup de main, et par un seul ordre, tout fut enlevé à la fois.

XLVII. 111. Quel est donc l'homme que j'accuse, que je poursuis devant ce tribunal, et sur qui vous allez prononcer? Les délégués de Malte déclarent, au nom de leur ville, que le temple de Junon a été pillé, que Verrès n'a rien laissé dans cette demeure sacrée; que ce lieu, où les flottes ennemies ont abordé tant de fois, où les pirates hivernent presque tous les ans, que nul brigand, avant lui, n' violé, que nul ennemi ne profana jamais, le seul Verrès l'a tellemen dépouillé qu'il n'y reste absolument rien. Que faisons-nous ici? ac cusé, accusateur, juges, quel rôle avons-nous à remplir? Tous le

Erat præterea
magna vis eboris,
multa ornamenta,
in quibus
Victoriæ eburneæ,
opere antiquo
ac perfectæ arte summa.
Ne morer multis,
iste curavit hæc omnia
tollenda atque asportanda
uno impetu,
atque uno nuntio,
per servos venerios,
quos miserat
causa ejus rei.

XLVII. 111. Proh dii
immortales!
quem hominem ego accuso?
quem persequor legibus
ac jure judiciali?
de quo vos feretis
sententiam per tabellam?
Legati melitenses
dicunt publice
templum Junonis
esse spoliatum;
istum reliquisse nihil
in fano religiosissimo;
id esse spoliatum
ab isto uno, in locum
quem classes hostium
accesserint sæpe,
ubi piratæ
soleant hiemare
fere quotannis,
quod neque prædo
violarit antea,
neque hostis
attigerit unquam
sic ut nihil omnino
sit relictum.
Hic nunc aut iste
appellabitur reus,
aut ego accusator,
aut hoc judicium?
coarguitur enim
criminibus,

Il y avait en outre
une grande quantité d'ivoire,
beaucoup d'ornements,
parmi lesquels
des Victoires en-ivoire,
ouvrage antique,
et faites avec un art achevé.
Pour ne pas tarder par de nombreux *dé-[tails,*
il prit-soin que tout cela
fût pris et emporté
d'un seul coup *de main*,
et sur un seul messager (ordre),
par les esclaves *du temple* de-Vénus,
qu'il avait envoyés
pour cette expédition.

XLVII. 111. O dieux
immortels!
quel *est* l'homme *que* j'accuse?
que je poursuis *au nom* des lois
et du droit des-juges?
sur lequel vous porterez
une sentence sur tablette (par écrit)?
Les députés de-Malte
disent au-nom-de-*leur*-ville
que le temple de Junon
a été dépouillé;
que ce *Verrès* n'a laissé rien
dans le temple le plus saint;
que ce *temple* a été pillé
par lui seul, dans un lieu
auquel les flottes des ennemis
avaient abordé souvent,
où les pirates
ont-coutume de passer-l'hiver
presque tous-les-ans,
un temple que ni brigand
n'a violé auparavant,
que ni ennemi
n'a attaqué jamais;
pillé de façon que rien absolument
n'*y* est resté.
Ici maintenant ou ce *Verrès*
sera-t-il appelé un accusé,
ou moi un accusateur,
ou ceci (vous) un tribunal?
Est-il condamné en effet
par *ses* crimes,

cionibus in judicium vocatur? Dii ablati, fana vexata, nudatæ urbes reperiuntur. Earum autem rerum nullam sibi iste neque inficiandi rationem, neque defendendi facultatem reliquit : omnibus in rebus coarguitur a me, convincitur a testibus, urgetur confessione sua, manifestis in maleficiis tenetur, et manet etiam, ac tacitus facta mecum sua recognoscit.

112. Nimium mihi diu videor in uno genere versari criminum. Sentio, judices, occurrendum esse satietati aurium animorumque vestrorum. Quamobrem multa prætermittam : ad ea autem, quæ dicturus sum, reficite vos, quæso, judices, per deos immortales! per eos ipsos, de quorum religione jam diu dicimus! dum id ejus facinus commemoro et profero, quo provincia tota commota est : de quo si paulo altius ordiri, ac repetere memoriam religionis videbor, ignoscite. Rei magnitudo me breviter perstringere atrocitatem criminis non sinit.

faits portent avec eux leur évidence : on ne me laisse rien à prouver. On voit les dieux enlevés, les temples dévastés, les villes dépouillées; et sur aucun de ces griefs, cet homme ne s'est laissé à lui-même ni le moyen de nier, ni la faculté de rien excuser; je le démontre coupable sur tout; il est convaincu par les témoins, condamné par ses propres aveux; ses crimes sont publics et notoires : et cependant il reste ici, et cependant il écoute sans répondre la longue énumération de ses forfaits.

112. C'est m'arrêter trop longtemps sur un seul genre de délit; je sens qu'il faut prévenir le dégoût et l'ennui. J'omettrai donc une infinité de faits. Mais renouvelez votre attention pour ce qui me reste à dire : je le demande, au nom des dieux immortels, de ces dieux dont je venge la majesté outragée. Je vais vous dénoncer un crime qui a soulevé la province entière. Si je reprends les choses d'un peu haut, si je remonte à l'origine d'un culte, excusez-moi : l'importance du fait ne me permet pas de passer légèrement sur un sacrilége aussi atroce.

aut vocatur in judicium
suspicionibus?
Dii reperiuntur ablati,
fana vexata,
urbes nudatæ.
Iste autem reliquit sibi
neque rationem inficiandi
nullam earum rerum,
neque facultatem
defendendi :
coarguitur a me
in omnibus rebus,
convincitur a testibus,
urgetur sua confessione,
tenetur
in maleficiis manifestis,
et manet etiam,
ac recognoscit mecum
tacitus sua facta.
112. Videor mihi
versari nimium diu
in uno genere criminum.
Sentio, judices,
occurrendum esse satietati
aurium
vestrorumque animorum.
Quamobrem
prætermittam multa,
reficite autem vos,
judices, quæso,
per deos immortales!
per eos ipsos
de religione quorum
dicimus jam diu!
ad ea quæ sum dicturus,
dum commemoro et profero
id facinus ejus,
quo tota provincia
est commota;
de quo si videbor ordiri
paulo altius,
ac repetere memoriam
religionis,
ignoscite.
Magnitudo rei non sinit
me perstringere breviter
atrocitatem criminis.

ou est-il appelé en justice
sur des soupçons?
Des dieux sont trouvés enlevés,
des temples profanés,
des villes dépouillées.
Et lui n'a laissé à soi
ni le moyen de nier
aucun de ces forfaits,
ni la faculté
de *se* défendre :
il est démontré-coupable par moi
dans tous les points,
il est convaincu par les témoins,
il est condamné par ses aveux,
il est convaincu
de forfaits manifestes,
et il reste encore *ici*,
et il reconnaît avec-moi
tacitement ses excès.
112. Je parais à moi (il me semble)
que je m'arrête trop longtemps
à un-seul genre de crimes.
Je sens, juges,
qu'il faut prévenir la lassitude
de *vos* oreilles
et de vos esprits
C'est pourquoi
je passerai-sur beaucoup de choses,
mais recueillez-vous,
juges, je *vous en* prie,
par les dieux immortels!
par ceux-mêmes
du culte desquels
je parle depuis longtemps!
pour ces choses que je vais dire,
puisque je cite et dévoile
ce crime de lui (Verrès),
crime dont toute la province
a été émue;
sur lequel *crime* si je parais commencer
un peu trop haut,
et remonter au *premier* souvenir
d'un culte;
pardonnez-*moi*.
L'importance du sujet ne permet pas
que je passe légèrement
sur l'énormité du crime.

DECIMA NARRATIO

XLVIII. 113. Vetus est hæc opinio[1], judices, quæ constat ex antiquissimis Græcorum litteris atque monumentis, insulam Siciliam totam esse Cereri et Liberæ consecratam. Hoc quum ceteræ gentes sic arbitrantur, tum ipsis Siculis tam persuasum est, ut animis eorum insitum atque innatum esse videatur. Nam et natas esse has in his locis deas, et fruges in ea terra primum repertas arbitrantur . et raptam esse Liberam, quam eamdem Proserpinam vocant, ex Ennensium nemore : qui locus, quod in media est insula situs, umbilicus Siciliæ nominatur. Quam quum investigare et conquirere Ceres vellet, dicitur inflammasse tædas iis ignibus, qui ex Ætnæ vertice erumpunt : quas sibi quum ipsa præferret, orbem omnem peragrasse terrarum.

114. Enna autem, ubi ea, quæ dico, gesta esse memorantur, est loco præcelso atque edito : quo in summo est

DIXIÈME NARRATION.

XLVIII. 113. Une vieille tradition, appuyée sur les livres et les monuments les plus antiques de la Grèce, nous apprend que la Sicile entière est consacrée à Cérès et à Proserpine. Cette opinion des autres nations est pour les Siciliens un sentiment intime, une persuasion innée. Ils croient que ces déesses prirent naissance chez eux, que l'usage du blé fut inventé dans leur pays, et que Libéra, qu'ils appellent aussi Proserpine, fut enlevée dans le bois d'Enna. Ce lieu est le point central de la Sicile. Ils disent que Cérès, voulant chercher sa fille, alluma des flambeaux aux feux de l'Etna, et que les portant elle-même à ses mains, elle parcourut tous les pays de l'univers.

114. Enna, qu'on prétend avoir été le théâtre de ces événements, est sur une hauteur qui domine tous les environs. Au sommet se

DECIMA NARRATIO.

XLVIII. 113. Judices,
hæc opinio est vetus,
quæ constat ex litteris
atque monumentis
antiquissimis Græcorum,
insulam Siciliam totam
esse consecratam
Cereri et Liberæ.
Quum ceteræ gentes
arbitrantur hoc sic,
tum est tam persuasum
Siculis ipsis,
ut videatur esse insitum
atque innatum
animis eorum.
Nam arbitrantur
et has deas
esse natas in his locis,
et fruges repertas primum
in ea terra :
et eamdem Liberam,
quam vocant Proserpinam,
esse raptam
ex nemore Ennensium :
locus qui nominatur
umbilicus Siciliæ,
quod est situs
in media insula.
Quum Ceres vellet
investigare
et conquirere quam,
dicitur inflammasse
tædas iis ignibus,
qui erumpunt
ex vertice Ætnæ :
quas quum præferret
ipsa sibi, peragrasse
omnem orbem terrarum.
114. Enna autem,
ubi ea, quæ dico,
memorantur esse gesta,
est loco præcelso
atque edito :
in quo summo est

DIXIÈME NARRATION.

XLVIII. 113. Juges,
c'*est* une opinion *qui* est ancienne,
qui s'appuie sur les écrits
et les monuments
les plus anciens des Grecs,
que l'île *de* Sicile tout-entière
a été consacrée
à Cérès et à Proserpine.
D'un côté les autres nations
pensent que cela *est* ainsi,
de l'autre on *en* est si persuadé
chez les Siciliens mêmes,
que *cela* semble être naturel
et inné
dans l'âme d'eux.
Car ils croient
et que ces déesses
sont nées dans ces lieux,
et que les grains *ont été* trouvés d'abord
sur cette terre :
et que la même Libera,
qu'ils appellent Proserpine,
a été enlevée
de la forêt des *habitants* d'-Enna :
lieu qui est nommé
le nombril de la Sicile,
parce qu'il est situé
dans le milieu de l'île.
Lorsque Cérès voulut
suivre-*sa*-trace
et rechercher elle,
on dit qu'elle alluma
des torches à ces feux,
qui s'élancent
du sommet de l'Etna :
comme elle portait ces *torches*
elle-même devant elle, elle parcourut
tout le globe des terres (l'univers).
114. Or Enna,
où ces *faits*, dont je parle,
sont rapportés s'être passés,
est *située* sur un lieu élevé
et dominant *les environs* :
au sommet duquel est (s'étend)

æquata agri planities, et aquæ perennes. Tota vero ab omni aditu circumcisa atque dirempta est. Quam circa lacus lucique sunt plurimi et lætissimi flores omni tempore anni : locus ut ipse raptum illum virginis, quem jam a pueris accepimus, declarare videatur. Etenim propter est spelunca quædam, conversa ad aquilonem, infinita altitudine, qua Ditem patrem ferunt repente cum curru exstitisse, abreptamque ex eo loco virginem secum asportasse, et subito non longe a Syracusis penetrasse sub terras, lacumque in eo loco repente exstitisse : ubi usque ad hoc tempus Syracusani festos dies anniversarios agunt, celeberrimo virorum mulierumque conventu.

XLIX. 115. Propter hujus opinionis vetustatem, quod eorum in his locis vestigia, ac prope incunabula reperiuntur deorum, mira quædam tota Sicilia privatim ac publice religio est Ce-

trouve une plaine arrosée par des eaux qui ne tarissent jamais. La ville s'élève comme une pointe détachée : elle est partout environnée de lacs, de bois sacrés, où les fleurs les plus agréables se renouvellent dans toutes les saisons de l'année. Le seul aspect des lieux semble attester ce que nous avons appris dès notre enfance sur l'enlèvement de la jeune déesse. En effet, on aperçoit à peu de distance une caverne, ouverte au nord, et d'une profondeur incroyable. C'est de là, dit-on, que le dieu des enfers sortit tout à coup sur un char et vint enlever Proserpine. On ajoute que bientôt il s'enfonça dans la terre aux environs de Syracuse, et qu'à l'instant un lac se forma dans ce lieu. Chaque année les Syracusains y célèbrent des fêtes qui attirent un concours immense d'hommes et de femmes.

XLIX. 115. L'ancienneté de cette opinion, ces lieux où l'on retrouve les traces et comme le berceau de ces déesses, inspirent à tous les habitants, à toutes les villes de la Sicile, une vénération singulière pour la Cérès d'Enna. Des prodiges sans nombre attestent son

planities æquata agri,
et aquæ perennes.
Tota vero est circumcisa
atque dirempta
ab omni aditu.
Lacus lucique plurimi
sunt circa quam
et flores lætissimi
omni tempore anni :
ut locus ipse
videatur declarare
illum raptum virginis,
quem accepimus
jam a pueris.
Etenim propter
est quædam spelunca,
conversa ad aquilonem,
altitudine infinita,
qua ferunt Ditem patrem
exstitisse repente
cum curru,
asportasseque secum
virginem abreptam
ex eo loco,
et penetrasse subito
sub terras
non longe a Syracusis,
lacumque exstitisse
repente in eo loco :
ubi Syracusani
agunt dies festos
anniversarios
usque ad hoc tempus,
conventu celeberrimo
virorum mulierumque.
XLIX. 115. Propter
vetustatem
hujus opinionis,
quod vestigia,
ac prope incunabula
eorum deorum
eperiuntur in his locis,
est quædam religio
ira
reris ennensis
rivatim ac publice
ta Sicilia.

une plaine uniforme de terrain,
et *coulent* des eaux intarissables.
Et toute *cette ville* est escarpée
et coupée (isolée)
de tout accès (côté).
Des lacs et des bois nombreux
sont autour d'elle
ainsi que les fleurs les plus agréables
dans toutes les saisons de l'année :
de sorte que le lieu lui-même
semble attester
cet enlèvement de la jeune *déesse*,
que nous avons appris
déjà dès *que nous étions* enfants.
En effet près de *là*
est une certaine caverne,
ouverte du côté du nord,
d'une profondeur infinie,
par où l'on dit que Pluton
parut tout à coup
sur un char,
et entraîna avec-lui
la jeune-fille arrachée
de ce lieu,
et s'enfonça subitement
sous la terre
non loin de Syracuse,
et *l'on ajoute* qu'un lac se forma
subitement à cette place :
là où les Syracusains
célèbrent des jours de-fêtes
anniversaires
perpétués jusqu'à ce temps (aujourd'hui),
au milieu d'un concours immense
d'hommes et de femmes.
XLIX. 115. A cause de
l'ancienneté
de cette opinion,
parce que les traces,
et pour-ainsi-dire le berceau
de ces divinités
se trouvent dans ces lieux,
il *y* règne un culte
extraordinaire
pour la Cérès d'-Enna
en particulier et en public
dans toute la Sicile.

reris ennensis. Etenim multa sæpe prodigia vim ejus numenque declarant : multis sæpe in difficillimis rebus præsens auxilium ejus oblatum est, ut hæc insula ab ea non solum diligi, sed etiam incoli custodirique videatur.

116. Nec solum Siculi, verum etiam ceteræ gentes nationesque ennensem Cererem maxime colunt. Etenim, si Atheniensium sacra[1] summa cupiditate expetuntur, ad quos Ceres in illo errore venisse dicitur, frugesque attulisse : quantam esse religionem convenit eorum, apud quos eam natam esse et fruges invenisse constat? Itaque apud patres nostros, atroci ac difficili reipublicæ tempore, quum, Tib. Graccho occiso, magnorum periculorum metus ex ostentis portenderetur, P. Mucio, L. Calpurnio consulibus, aditum est ad libros sibyllinos[2] : in quibus inventum est, CEREREM ANTIQUISSIMAM PLACARI OPORTERE. Tum ex amplissimo collegio decemvirali

pouvoir et sa présence. Souvent, dans les circonstances les plus fâcheuses, elle leur a donné des secours éclatants ; en sorte qu'elle semble non-seulement chérir cette île, mais y résider et l'honorer d'une protection spéciale.

116. Ce culte n'est point concentré dans la Sicile : les autres peuples et les autres nations rendent les hommages les plus signalés à la Cérès d'Enna. Si l'on s'empresse de se faire initier dans les mystères des Athéniens, parce que, dit-on, Cérès vint chez eux, et leur apporta le blé, lorsqu'elle cherchait sa fille dans toutes les parties du monde, quelle doit être la vénération des peuples chez qui cette déesse a reçu la naissance, et inventé l'usage de ce précieux aliment! Dans des temps orageux et difficiles, lorsqu'après la mort de Tibérius Gracchus les prodiges annonçaient les plus grands dangers, nos ancêtres, sous le consulat de Mucius et de Calpurnius, ouvrirent les livres sibyllins ; ils y trouvèrent qu'il fallait apaiser la plus ancienne Cérès. Quoique cette déesse eût, à Rome, un temple d'une beauté et d'une magnificence admirables, des prêtres du peuple ro-

Etenim multa prodigia
declarant sæpe
vim numenque ejus :
in multis rebus
difficillimis
auxilium præsens ejus
est oblatum,
ut hæc insula videatur
non solum diligi ab ea,
sed etiam incoli
custodirique.
116. Nec solum Siculi,
verum etiam
ceteræ gentes nationesque
colunt maxime
Cererem ennensem.
Etenim, si sacra
Atheniensium
expetuntur
cupiditate summa,
ad quos Ceres dicitur
venisse in illo errore,
attulisseque fruges,
quantam convenit esse
religionem eorum,
apud quos constat
eam esse natam
et invenisse fruges?
Itaque apud nostros patres,
tempore reipublicæ
atroci ac difficili,
quum metus
magnorum periculorum,
Tib. Graccho occiso,
portenderetur ex ostentis,
P. Mucio, L. Calpurnio
consulibus,
aditum est
ad libros sibyllinos:
in quibus inventum est
OPORTERE PLACARI
ANTIQUISSIMAM
CEREREM.
Tum sacerdotes
populi romani,
ex amplissimo collegio
decemvirali

Car de nombreux prodiges
attestent souvent
le pouvoir et la présence de cette *déesse* :
dans beaucoup de circonstances
des plus difficiles
le secours favorable d'elle
s'est manifesté
de manière que cette île paraît
non-seulement être aimée par elle,
mais encore être habitée
et être protégée *par elle*.
116. Non-seulement les Siciliens,
mais encore
les autres peuples et les *autres* nations
révèrent très-respectueusement
la Céres d'-Enna.
En effet, si les mystères
des Athéniens
sont désirés
avec l'ambition la plus grande,
chez lesquels *Athéniens* Cérès est dite
être venue dans cette course-errante,
et *leur* avoir apporté les grains,
qu'elle *ne* doit *pas* être
la vénération de ceux
chez lesquels il est-certain
qu'elle est née
et qu'*elle* a inventé l'*usage des* grains?
C'est pourquoi, chez nos ancêtres,
dans une circonstance de la république
orageuse et difficile,
lorsque la crainte
de grands périls,
Tib. Gracchus ayant été tué,
était inspirée par des prodiges,
P. Mucius, *et* L. Calpurnius
étant consuls,
on eut recours
aux livres sibyllins:
dans lesquels on trouva
QU'IL FALLAIT QU'ON APAISAT
LA PLUS ANCIENNE
CÉRÈS.
Alors des prêtres
du peuple romain,
de l'illustre collége
décemviral

sacerdotes populi romani[1], quum esset in urbe nostra Cereris pulcherrimum et magnificentissimum templum[2], tamen usque Ennam profecti sunt. Tanta enim erat auctoritas et vetustas illius religionis, ut, quum illuc irent, non ad ædem Cereris, sed ad ipsam Cererem proficisci viderentur.

117. Non obtundam diutius aures vestras : jam dudum vereor, ne oratio mea, aliena ab judiciorum ratione, et quotidiana dicendi consuetudine esse videatur. Hoc dico, hanc ipsam Cererem, antiquissimam, religiosissimam, principem omnium sacrorum, quæ apud omnes gentes nationesque fiunt, a C. Verre ex suis templis ac sedibus esse sublatam. Qui accessistis Ennam, vidistis simulacrum Cereris e marmore, et in altero templo Liberæ. Sunt ea perampla atque præclara, sed non ita antiqua. Ex ære fuit quoddam modica amplitudine, ac singulari opere, cum facibus, perantiquum, omnium illorum, quæ sunt in eo fano, multo antiquissimum. Id sustulit ; ac ta-

main, choisis dans le collége décemviral, furent envoyés jusqu'à Enna. Telle était la majesté et l'ancienneté de son culte, qu'en partant pour cette ville, ils semblaient se transporter, non pas au temple de Cérès, mais auprès de Cérès elle-même.

117. Je m'arrête, car peut-être mon discours vous paraît étranger au barreau, et déplacé devant un tribunal. Apprenez que cette Cérès même, la plus ancienne et la plus révérée de toutes les divinités, celle à qui tous les peuples et toutes les nations offrirent leurs premiers hommages, a été enlevée de son temple et de sa demeure par Verrès. Ceux de vous qui sont entrés dans Enna ont vu une statue de Cérès en marbre, et dans un autre temple une statue de Proserpine. Elles sont toutes deux très-belles et très-grandes, mais plus modernes. Il y en avait une autre en bronze, d'une grandeur moyenne, d'une beauté parfaite, portant des flambeaux, très-ancienne, la plus ancienne même de toutes celles qui sont dans ce

quum templum Cereris
pulcherrimum
et magnificentissimum
esset in nostra urbe,
profecti sunt tamen
usque Ennam.
Auctoritas enim et vetustas
illius religionis
erat tanta,
ut, quum irent illuc,
viderentur proficisci
non ad ædem Cereris,
sed ad Cererem ipsam.
117. Non obtundam
diutius vestras aures :
vereor jam dudum,
ne mea oratio
videatur esse aliena
ab ratione judiciorum,
et consuetudine dicendi
quotidiana.
Dico hoc,
hanc Cererem ipsam,
antiquissimam,
religiosissimam,
principem
omnium sacrorum
quæ fiunt
apud omnes gentes
nationesque,
esse sublatam a C. Verre
ex suis templis ac sedibus.
Qui accessistis Ennam,
vidistis simulacrum
Cereris e marmore,
et Liberæ
in altero templo.
Ea sunt perempla
atque præclara,
sed non ita antiqua.
Fuit quoddam ex ære
amplitudine modica,
ac opere singulari,
cum facibus, perantiquum,
multo antiquissimum
omnium illorum,
quæ sunt in eo fano.

lorsqu'un temple de Cérès
très-beau
et très-magnifique
existait dans notre ville,
partirent cependant
pour aller jusqu'à Enna.
La majesté en effet et l'antiquité
de ce culte
étaient si grandes,
que, lorsqu'ils allaient là (à Enna),
ils semblaient se rendre
non pas au temple de Cérès,
mais auprès de Cérès elle-même.
117. Je ne fatiguerai pas
davantage vos oreilles :
je crains depuis longtemps,
que mon discours
ne paraisse être étranger
à la méthode des procès,
et aux habitudes de parler
journalières.
Je dis cela,
que cette Cérès elle-même,
la plus ancienne,
la plus sainte,
le premier *objet*
de tous les cultes
qui se pratiquent
chez tous les peuples
et *toutes* les nations,
a été enlevée par C. Verrès
de son temple et de *sa* demeure.
Vous qui êtes allés à Enna,
vous avez vu une statue
de Cérès en marbre,
et *une* de Proserpine
dans un autre temple.
Elles sont très-grandes
et très-belles,
mais pas aussi anciennes.
Il y en avait une certaine en airain
d'une grandeur moyenne,
et d'un travail extraordinaire,
avec (portant) des torches, très-ancienne,
de beaucoup la plus ancienne
de toutes celles
qui sont dans ce temple.

men eo contentus non fuit. Ante ædem Cereris in aperto ac propatulo loco, signa duo sunt, Cereris unum, alterum Triptolemi, et pulcherrima, et perampla. His pulchritudo periculo, amplitudo saluti fuit, quod eorum demolitio atque asportatio perdifficilis videbatur. Insistebat in manu Cereris dextra simulacrum pulcherrime factum Victoriæ[1]. Hoc iste e signo Cereris avellendum asportandumque curavit.

L. 118. Qui tandem istius animus est nunc in recognitione scelerum suorum, quum ego ipse in commemoratione eorum non solum animo commovear, verum etiam corpore perhorrescam? Venit enim mihi fani, loci, religionis illius in mentem: versantur ante oculos omnia: dies ille, quo, ego Ennam quum venissem, præsto mihi sacerdotes Cereris cum infulis ac verbenis fuerunt: concio, conventusque civium: in quo ego quum

temple: c'est celle-là que Verrès a enlevée; et ce ne fut pas assez de ce seul sacrilége. Devant le temple, dans un lieu découvert et spacieux, sont deux statues, l'une de Cérès, l'autre de Triptolème, toutes deux très-belles et d'une très-grande proportion. Leur beauté les a mises en péril, mais leur grandeur les a sauvées. Le déplacement semblait offrir trop de difficultés. Dans la main droite de Cérès était une très-jolie figure de la Victoire: Verrès la fit arracher de la statue, et la transporta dans son palais.

L. 118. Quels remords doivent déchirer son âme, lorsqu'il parcourt la liste de ses forfaits, puisque moi-même je ne puis les raconter sans frémir d'horreur, sans frissonner de tout mon corps!... Ce temple, ce lieu, la majesté de ce culte, toutes les circonstances enfin sont présentes à mon esprit. Je me rappelle ce jour où, lorsque j'entrai dans Enna, je rencontrai sur mon passage les prêtres de Cérès, ceints de bandelettes et de verveines; je me rappelle ce concours et cette foule de citoyens qui s'empressaient autour de moi; pendant

ustulit id ;	Il a pris elle ;
c tamen	et cependant
on fuit contentus eo.	il n'a pas été content de cela.
unt duo signa	Il y a deux statues
nte ædem Cereris	devant le temple de Cérès
n loco aperto	dans un lieu découvert
c propatulo,	et très-spacieux,
num Cereris,	l'une de Cérès,
lterum Triptolemi,	l'autre de Triptolème,
t pulcherrima et perampla.	et très-belles et très-grandes.
'ulchritudo	*Leur* beauté
uit periculo his,	fut à danger à elles,
mplitudo saluti,	*leur* grandeur à salut,
uod demolitio	parce que le déplacement
tque asportatio eorum	et le transport d'elles
idebatur perdifficilis.	paraissaient très-difficiles.
imulacrum Victoriæ	Une figure de la Victoire
ulcherrime factum,	très-bien faite,
ısistebat	était-fixée
ı manu dextra Cereris.	dans la main droite de Cérès.
ste curavit	Ce *Verrès* eut-soin
oc avellendum	qu'elle fût arrachée
signo Cereris	de la statue de Cérès
sportandumque.	et emportée.
L. 118. Qui est tandem	L. 118. Quel est enfin
unc animus istius	maintenant le sentiment de ce *Verrès*
recognitione	dans *cette* revue
uorum scelerum,	de ses crimes,
uum ego ipse	lorsque moi-même
commemoratione eorum	dans le récit d'eux
on solum	non-seulement
ommovear animo,	je suis ému dans l'âme,
erum etiam	mais encore
erhorrescam corpore?	je frémis de *tout mon* corps?
enit enim mihi in mentem	Car *souvenir* vient à moi à l'esprit
ıni, loci,	de *ce* temple, de *ce* lieu,
lius religionis :	de ce culte :
mnia versantur	toutes *les circonstances* se trouvent
te oculos ;	devant *mes* yeux ;
le dies, quo,	ce jour, dans lequel,
uum ego venissem Ennam,	lorsque j'arrivai à Enna,
cerdotes Cereris	les prêtres de Cérès
ıerunt præsto mihi	furent à-la-rencontre à moi
ım infulis ac verbenis :	avec des bandelettes et de la verveine :
ɔncio,	*ce* concours,
ɔnventusque civium,	et *cette* foule de citoyens,
quo quum ego loquerer,	au milieu desquels quand je parlai,

loquerer, tanti fletus gemitusque fiebant, ut acerbissimus tota urbe luctus versari videretur.

119. Non illi decumarum imperia, non bonorum direptiones, non iniqua judicia, non importunissimas istius libidines, non vim, non contumelias, quibus operti oppressique erant, conquerebantur : Cereris numen, sacrorum vetustatem, fani religionem, istius sceleratissimi atque audacissimi supplicio expiari volebant : omnia se cetera pati ac negligere dicebant. Hic dolor erat tantus, ut Verres, alter Orcus, venisse Ennam, et non Proserpinam asportasse, sed ipsam abripuisse Cererem videretur. Etenim urbs illa non urbs videtur, sed fanum Cereris esse. Habitare apud sese Cererem Ennenses arbitrantur : ut mihi non cives illius civitatis, sed omnes sacerdotes, omnes accolæ atque antistites Cereris esse videantur.

120. Enna tu simulacrum Cereris tollere audebas? Ennæ tu

que je leur parlais, ils fondaient en pleurs, ils poussaient des gémissements ; il semblait que la ville entière fût plongée dans le deuil le plus cruel.

119. Ils ne se plaignaient pas de ses exactions dans les décimes, de la spoliation de leurs biens, de l'iniquité de ses jugements, de l'infamie de ses débauches, de sa violence, des outrages sans nombre dont il les avait accablés ; ils voulaient que la majesté de Cérès, que l'ancienneté de son culte, que la sainteté de son temple, fussent vengées par le supplice du plus scélérat et du plus audacieux des hommes. A ce prix, ils oubliaient tous leurs autres maux. Cette douleur était si vive qu'on eût dit que Verrès était entré dans Enna, comme un autre Pluton, et qu'il avait, non pas enlevé Proserpine, mais arraché de leurs bras Cérès elle-même. En effet, Enna est moins une ville qu'un temple de Cérès : ils croient qu'elle réside au milieu d'eux, et les habitants semblent tous être les prêtres, les concitoyens, les ministres de cette déesse.

120. Et dans Enna vous osiez ravir la statue de Cérès ! vous osiez

tanti fletus gemitusque
fiebant,
ut luctus acerbissimus
videretur versari
tota urbe.
119. Illi
non conquerebantur
imperia decumarum,
non direptiones bonorum,
non judicia iniqua,
non libidines istius
importunissimas,
non vim, non contumelias,
quibus erant operti
oppressique :
volebant numen Cereris,
vetustatem sacrorum,
religionem fani,
expiari supplicio
istius sceleratissimi
atque audacissimi;
dicebant se pati
ac negligere omnia cetera.
Hic dolor erat tantus,
ut Verres videretur
venisse Ennam,
alter Orcus,
et non asportasse
Proserpinam,
sed abripuisse
Cererem ipsam.
Etenim illa urbs
videtur esse non urbs,
sed fanum Cereris.
Ennenses arbitrantur
Cererem habitare
apud sese:
ut videantur mihi
esse non cives
illius civitatis,
sed omnes sacerdotes,
omnes accolæ
atque antistites Cereris.
120. Tu audebas
tollere Enna
simulacrum Cereris?
tu conatus es Ennæ

tant de pleurs et de gémissements
éclataient,
que le deuil le plus cruel
semblait régner
dans toute la ville.
119. Ces *hommes*
ne se plaignaient pas
des ordres *arbitraires* de dîmes,
ni de la spoliation de *leurs* biens,
ni des jugements iniques,
ni des débauches de ce *Verrès*
les plus effrénées *qu'on puisse voir*,
ni de la violence, ni des affronts,
dont ils avaient été abreuvés
et accablés:
ils voulaient que la majesté de Cérès,
que l'ancienneté des cérémonies,
que la sainteté de *son* temple,
fussent vengées par le supplice
de cet *homme* le plus scélérat
et le plus audacieux *de tous ;*
ils disaient qu'ils supportaient
et laissaient-de-côté tout le reste.
Cette douleur était si vive,
que Verrès semblait
être venu à Enna
comme un autre Pluton,
et avoir non pas emporté
Proserpine,
mais avoir arraché
Cérès elle-même.
Car cette ville
paraît être non une ville,
mais un temple de Cérès.
Les *habitants* d'-Enna croient
que Cérès habite
au milieu d'eux :
de sorte qu'ils paraissent à moi
être non pas les citoyens
de cette ville,
mais tous des prêtres,
tous des compatriotes
et des ministres de Cérès.
120. Et tu osais
enlever d'Enna
la statue de Cérès?
Tu t'es efforcé dans Enna

de manu Cereris Victoriam deripere, et deam deæ detrahere conatus es? quorum nihil violare, nihil attingere ausi sunt, in quibus erant omnia, quæ sceleri propiora sunt, quam religioni. Tenuerunt enim, P. Popilio, P. Rupilio consulibus, illum locum servi, fugitivi [1], barbari, hostes; sed neque tam servi illi dominorum, quam tu libidinum : neque tam fugitivi illi a dominis, quam tu a jure et a legibus : neque tam barbari lingua et natione illi, quam tu natura et moribus : neque illi tam hostes hominibus, quam tu diis immortalibus. Quæ deprecatio est igitur ei reliqua, qui indignitate servos, temeritate fugitivos, scelere barbaros, crudelitate hostes vicerit?

LI. 121. Audistis Theodorum, et Numenium, et Nicasionem, legatos ennenses, publice dicere, sese a suis civibus hæc habere mandata, ut ad Verrem adirent, et eum simulacrum Cereris et Victoriæ reposcerent : id si impetrassent, tum

dans Enna enlever la Victoire de la main de Cérès, arracher une déesse de la main d'une déesse ! Des hommes habitués au crime, étrangers à tout sentiment de religion, n'ont osé cependant profaner et toucher aucun de ces objets sacrés. Sous le consulat de P. Popilius et de P. Rupilius, Enna fut occupée par des esclaves, par des fugitifs, par des barbares, par des ennemis. Mais ces hommes étaient moins esclaves de leurs maîtres que vous ne l'êtes de vos passions ; ils avaient moins d'horreur pour leurs fers que vous pour la justice et les lois ; ils étaient moins barbares par leur langage et leur patrie que vous par votre caractère et vos mœurs ; moins ennemis des hommes que vous ne l'êtes des dieux immortels. Quel moyen d'excuse peut rester à celui qui, plus vil que les esclaves, plus furieux que les révoltés, plus féroce que les barbares, plus impitoyable que les ennemis, les a surpassés tous dans leurs excès ?

LI. 121. Vous avez entendu Théodore, Numénius et Nicasion, députés d'Enna, vous dire, au nom de leur ville, qu'ils ont été chargés de voir Verrès, de lui redemander les statues de Cérès et de la Victoire : s'il les rendait, ils devaient se conformer à l'usage antique

deripere Victoriam
de manu Cereris,
et detrahere deam deæ?
in quibus
erant omnia
quæ sunt propiora
sceleri quam religioni,
ausi sunt violare nihil,
attingere nihil quorum.
Servi enim, fugitivi,
barbari, hostes
tenuerunt illum locum,
P. Popilio, P. Rupilio
consulibus;
sed illi
neque tam servi
dominorum
quam tu libidinum,
neque illi tam fugitivi
a dominis
quam tu a jure et a legibus,
neque illi tam barbari
lingua et natione
quam tu natura et moribus,
neque illi tam hostes
hominibus
quam tu diis immortalibus.
Quæ deprecatio igitur
est reliqua
ei qui vicerit
servos indignitate,
fugitivos temeritate,
barbaros scelere,
hostes crudelitate?

LI. 121. Audistis
Theodorum, et Numenium
et Nicasionem,
legatos ennenses,
dicere publice,
sese habere hæc mandata
a suis civibus,
ut adirent ad Verrem,
et reposcerent eum
simulacrum Cereris
et Victoriæ;
si impetrassent id,
ut conservarent tum

de détacher la Victoire
de la main de Cérès,
et d'arracher une déesse à une déesse?
des hommes chez lesquels
étaient tous *les penchants*
qui sont plus rapprochés
du crime que de la religion,
n'ont osé violer aucun,
toucher aucun de ces *objets*.
Car des esclaves, des fugitifs,
des barbares, des ennemis
ont occupé ces lieux,
P. Popilius, *et* P. Rupilius
étant consuls,
mais ces *hommes n'étaient*
ni aussi esclaves
de *leurs* maîtres,
que toi de *tes* passions,
ni ils *ne s'étaient pas* autant éloignés
de *leurs* maîtres
que toi de la justice et des lois,
ni ils *n'étaient pas* aussi barbares
par *leur* langage et *leur* patrie
que toi par *ton* caractère et *tes* mœurs,
ni ils *n'étaient pas* aussi ennemis
des hommes
que toi des dieux immortels.
Quelle grâce donc
est de-reste
à celui qui a surpassé
des esclaves en bassesse,
des fugitifs en audace,
des barbares en crimes,
des ennemis en cruauté?

LI. 121. Vous avez entendu
Théodore, et Numénius
et Nicasion,
députés d'-Enna,
dire au-nom-de-*leur*-ville,
qu'ils avaient *reçu* cet ordre
de leurs concitoyens,
de venir auprès de Verrès,
et de réclamer de lui
la statue de Cérès
et *celle* de la Victoire;
et s'ils obtenaient cela,
à savoir d'observer alors

ut morem veterem Ennensium conservarent; publice in eum, tametsi vexasset Siciliam, tamen, quoniam hæc a majoribus constituta accepissent, testimonium ne quod dicerent : sin autem ea non reddidisset, tum ut judicio adessent, tum uti de ejus injuriis judices docerent, sed multo maxime de religione quererentur. Quas illorum querimonias nolite, per deos immortales! adspernari; nolite contemnere ac negligere, judices. Aguntur injuriæ sociorum : agitur vis legum : agitur existimatio veritasque judiciorum. Quæ sunt omnia permagna : verum illud maximum : tanta religione obstricta tota provincia est : tanta superstitio ex istius facto mentes omnium Siculorum occupavit, ut, quæcunque accidant publice vel privatim incommoda, propter eam causam scelere istius evenire videantur.

122. Audistis Centuripinos, Agyrinenses, Catinenses, Her-

des Ennéens, et, malgré ses déprédations, s'abstenir de déposer contre lui, parce que leurs ancêtres n'ont jamais accusé aucun de leurs préteurs; si, au contraire, il refusait, ils avaient ordre de se joindre aux autres accusateurs, d'instruire les juges de tous ses forfaits, et surtout d'insister sur ce qui concerne la religion. Au nom des dieux, accueillez leurs justes réclamations ! Gardez-vous de les mépriser et de les repousser. Il s'agit des injustices qu'ont éprouvées vos alliés ; il s'agit du maintien des lois et de l'honneur des tribunaux. A ces motifs si forts par eux-mêmes se joint un intérêt plus puissant encore : ce sentiment de religion répandu dans toute la province s'est changé en superstition depuis cet attentat de Verrès; les Siciliens, dont les esprits sont frappés et prévenus, croient que toutes leurs calamités publiques et privées sont la punition de son impiété.

122. Les députés de Centorbe, d'Agyre, de Catane, d'Herbite,

morem veterem
Ennensium ;
ne dicerent tamen
publice in eum
quod testimonium,
tametsi vexasset Siciliam,
quoniam accepissent
hæc constituta
a majoribus ;
sin autem
non reddidisset ea,
ut adessent tum judicio,
uti docerent tum judices
de injuriis ejus,
sed quererentur
maxime multo
de religione.
Nolite adspernari
quas querimonias illorum,
per deos immortales !
judices,
nolite contemnere
ac negligere.
Injuriæ sociorum
aguntur,
vis legum
agitur,
existimatio agitur
veritasque judiciorum.
Quæ omnia
sunt permagna,
verum illud maximum :
tota provincia est obstricta
religione tanta ;
superstitio tanta
occupavit mentes
omnium Siculorum
ex facto istius,
ut, quæcunque incommoda
accidant publice
vel privatim,
videantur evenire
propter eam causam,
scelere istius.
122. Audistis
Centuripinos,
Agyrinenses, Catinenses,

l'usage antique
des Ennéens ;
et de ne pas rendre cependant
au-nom-de-la-ville contre lui
ce témoignage,
quoiqu'il eût tourmenté la Sicile,
parce qu'ils avaient recueilli
ces principes
de *leurs* ancêtres ;
mais que si au contraire
il ne rendait pas ces *statues*,
de se présenter alors en justice,
de faire connaître alors aux juges
les excès de lui,
mais de se plaindre
surtout beaucoup plus
de *l'outrage fait à* la religion.
Veuillez-ne-pas dédaigner
ces plaintes de ces *hommes*,
au nom des dieux immortels !
juges,
veuillez-ne-pas *les* mépriser
et *les* négliger.
Des injures *faites à* des alliés
sont-en question,
la violence des (faite à nos) lois
est-en-question,
l'honneur est mis-en-question
ainsi que la vérité des jugements.
Tous ces *intérêts*
sont très-grands,
mais celui-ci est le plus grave :
toute la province est dominée
par un sentiment-religieux si fort ;
une superstition si grande
s'est emparée des esprits
de tous les Siciliens
depuis l'attentat de ce *Verrès*,
que, quels que soient les malheurs
qui arrivent en-public
ou en-particulier,
ils paraissent survenir
pour cette cause,
par le crime de ce *Verrès*.
122. Vous avez entendu
les *habitants* de-Centorbe,
d'-Agyre, de-Catane,

bitenses, Ennenses, complures alios publice dicere, quæ solitudo esset in agris, quæ vastitas, quæ fuga aratorum, quam deserta, quam inculta, quam relicta omnia. Ea tametsi istius multis et variis injuriis acciderunt : tamen hæc una causa in opinione Siculorum plurimum valet, quod, Cerere violata, omnes cultus fructusque Cereris in his locis interiisse arbitrantur. Medemini religioni sociorum, judices : conservate vestram. Neque enim hæc externa vobis religio, neque aliena. Quod si esset, si suscipere eam nolletis : tamen in eo, qui violasset, sancire vos velle oporteret. Nunc vero in communi omnium gentium religione, inque his sacris, quæ majores nostri ab exteris nationibus adscita atque arcessita coluerunt : quæ sacra, ut erant re vera, sic appellari græca voluerunt; negligentes ac dissoluti si cupiamus esse, qui possumus?

d'Enna, et plusieurs autres, vous ont exposé le tableau affligeant de la solitude qui règne dans leurs campagnes; ils vous ont peint les charrues délaissées, les laboureurs dispersés, toutes les terres désertes, incultes, abandonnées. Je sais qu'il faut en accuser les vexations de Verrès; mais, dans l'opinion des Siciliens, une seule cause a produit tous ces maux : ils croient que Cérès ayant été outragée, tous les fruits et toutes les productions de Cérès ont été frappés de mort. Vengez et protégez la religion de vos alliés ; maintenez la vôtre. En effet, cette religion ne vous est pas étrangère ; et, quand elle le serait, quand même vous ne voudriez pas l'adopter, votre devoir serait de la sanctionner, en punissant celui qui l'a violée. Mais il s'agit ici d'une religion commune à tous les peuples, d'un culte que nos ancêtres ont emprunté et reçu des nations étrangères, et dont ils ont consacré l'origine, en le nommant culte grec : pourrions-nous, quand nous le voudrions, demeurer froids et indifférents?

Herbitenses, Ennenses,	d'-Herbite, d'-Enna,
complures alios	*et* beaucoup d'autres
dicere publice,	dire au-nom-de-*leurs*-villes,
quæ esset solitudo	quelle était la solitude
in agris,	dans les campagnes,
quæ vastitas,	quel abandon,
quæ fuga aratorum,	quelle fuite des laboureurs,
quam omnia deserta,	comme tout *était* désert,
quam inculta,	comme *tout etait* inculte,
quam relicta.	comme *tout était* délaissé.
Tametsi ea acciderunt	Quoique ces *résultats* soient arrivés
injuriis multis	par les vexations nombreuses
et variis istius,	et variées de ce *préteur*,
tamen hæc una causa	cependant cette unique cause
valet plurimum	a été-puissante surtout
in opinione Siculorum,	dans l'opinion des Siciliens.
quod, Cerere violata,	*c'est* que, Cérès ayant été outragée,
arbitrantur omnes cultus	ils pensent que toutes les productions
fructusque Cereris	et *tous* les fruits de Cérès
interiisse	ont été anéantis
in his locis.	dans ces lieux.
Medemini, judices,	Portez-secours, juges,
religioni sociorum;	à la religion de *vos* alliés;
conservate vestram.	maintenez la vôtre.
Hæc enim religio	Car cette religion
neque externa,	n'*est* ni étrangère,
neque aliena vobis.	ni indifférente pour vous.
Quod si esset,	Que si elle *l'*était,
si nolletis suscipere eam,	si vous ne-vouliez-pas adopter elle,
tamen oporteret	cependant il faudrait
vos velle sancire	vous vouloir porter-une-peine
in eo qui violasset.	contre celui qui *l'*aurait violée.
Nunc vero	Mais maintenant
in religione communi	à l'égard d'une religion commune
omnium gentium,	à toutes les nations,
inque his sacris,	et à l'égard de ce culte,
quæ nostri majores	que nos ancêtres
coluerunt adscita	ont pratiqué après-appel
atque arcessita	et après-invitation (l'ayant emprunté)
a nationibus exteris;	des nations étrangères;
quæ sacra voluerunt	lequel culte ils ont voulu
appellari græca	être appelé grec
sic ut erant re vera;	comme il *l'*était en réalité;
qui possumus	comment pouvons-nous
esse negligentes	être négligents
ac dissoluti,	et insouciants,
si cupiamus?	quand nous *le* voudrions?

UNDECIMA NARRATIO.

LII. 123. Unius etiam urbis[1], omnium pulcherrimæ atque ornatissimæ, Syracusarum direptionem commemorabo, et in medium proferam, judices : ut aliquando totam hujus generis orationem concludam ac definiam. Nemo fere vestrum est, quin, quemadmodum captæ sint a M. Marcello Syracusæ, sæpe audierit, nonnunquam etiam in annalibus legerit. Conferte hanc pacem cum illo bello[2] : hujus prætoris adventum, cum illius imperatoris victoria : hujus cohortem impuram[3], cum illius exercitu invicto : hujus libidines, cum illius continentia : ab illo, qui cepit, conditas : ab hoc, qui constitutas accepit, captas dicetis Syracusas.

124. Ac jam illa omitto, quæ disperse a me multis locis dicentur ac dicta sunt : forum Syracusanorum, quod introitu Marcelli purum a cæde servatum est, id adventu Verris Siculorum innocentium sanguine redundasse : portum Syracusano-

ONZIÈME NARRATION.

LII. 123. Pour terminer enfin cette partie de l'accusation, je vous exposerai la manière dont il a pillé Syracuse, la plus belle et la plus riche de toutes les cités de la province. Il n'est personne de vous qui n'ait souvent entendu dire, ou qui même n'ait lu quelquefois dans nos annales comment cette ville fut prise par Marcellus. Eh bien ! comparez les temps de la paix sous Verrès aux temps de la guerre sous Marcellus ; comparez l'arrivée du prêteur à la victoire du général ; la cour impure du magistrat à l'armée invincible du guerrier ; les violences de l'un à la modération de l'autre : et vous direz que le vainqueur de Syracuse a semblé en être le fondateur, et que l'administrateur l'a traitée comme s'il l'avait prise d'assaut.

124. Et je ne rappelle pas ce que j'ai déjà dit, ce qu'il me faudra dire encore, que le forum de Syracuse, que nul carnage n'avait souillé quand Marcellus entra dans la ville, fut, à l'arrivée de Verrès, inondé du sang des Siciliens innocents; qu'une barque de pirates ciliciens est entrée sans résistance dans le port de Syracuse, jus-

UNDECIMA NARRATIO.

LII. 123. Etiam, judices,
commemorabo,
et proferam in medium
direptionem unius urbis,
pulcherrimæ
atque ornatissimæ
omnium,
Syracusarum;
ut concludam
ac definiam aliquando
totam orationem
hujus generis.
Est fere nemo vestrum,
quin audierit sæpe,
quemadmodum Syracusæ
sint captæ a M. Marcello,
legerit etiam nonnunquam
in annalibus.
Conferte hanc pacem
cum illo bello;
adventum hujus prætoris,
cum victoria
illius imperatoris;
cohortem impuram hujus,
cum exercitu invicto illius;
libidines hujus,
cum continentia illius;
dicetis Syracusas conditas
ab illo qui cepit,
captas ab hoc
qui accepit constitutas.
124. Ac jam omitto
illa quæ dicentur
ac sunt dicta a me
multis locis:
id forum Syracusanorum,
quod est servatum
purum a cæde
introitu Marcelli,
redundasse sanguine
Siculorum innocentium
adventu Verris;
eum portum
Syracusanorum,

ONZIÈME NARRATION.

LII. 123. De plus, juges,
je rappellerai,
et je produirai au milieu *de vous*
la spoliation d'une-seule ville,
la plus belle
et la plus riche
de toutes,
de Syracuse;
afin que je termine
et épuise une fois
tout ce-que-j'ai-à-dire
dans ce genre.
Il n'est presque aucun de vous,
qui n'ait entendu *dire* souvent,
comment Syracuse
a été prise par M. Marcellus,
et ne *l*'ait lu lui-même quelquefois
dans *nos* annales.
Comparez cette paix (de Verrès)
avec cette guerre (de Marcellus);
l'arrivée de ce préteur,
avec la victoire
de ce général;
la cohorte impure de celui-là,
avec l'armée invincible de celui-ci;
les violences de l'un,
avec la modération de l'autre;
vous diriez Syracuse fondée
par celui qui *l*'a prise,
et prise par celui
qui *l*'a reçue organisée.
124. Et déjà je laisse-de-côté
ce qui sera dit
et *ce qui* a été dit par moi
en beaucoup de lieux:
que ce forum des Syracusains,
qui fut conservé
pur de meurtre
à l'entrée de Marcellus,
fut inondé du sang
des Siciliens innocents
à l'arrivée de Verrès;
que ce port
des Syracusains,

rum, qui tum et nostris classibus et Carthaginiensium clausus fuisset, eum, isto prætore, Cilicum myoparoni prædonibusque patuisse. Mitto adhibitam vim ingenuis, matresfamilias violatas : quæ tum, urbe capta, commissa non sunt, neque odio hostili, neque licentia militari, neque more belli, neque jure victoriæ : mitto, inquam, hæc omnia, quæ ab isto per triennium perfecta sunt : ea, quæ conjuncta cum illis rebus sunt, de quibus antea dixi, cognoscite.

125. Urbem Syracusas maximam esse græcarum urbium pulcherrimamque omnium, sæpe audistis. Est, judices, ita, ut dicitur. Nam et situ est, quum munito, tum ex omni aditu, vel terra, vel mari, præclaro ad adspectum : et portus habet prope in ædificatione adspectuque urbis inclusos : qui quum diversos inter se aditus habeant, in exitu conjunguntur et confluunt. Eorum conjunctione pars oppidi, quæ appellatur In-

qu'alors impénétrable aux flottes de Rome et de Carthage. Je ne dis pas que, sous sa préture, les hommes et les femmes ont essuyé des outrages que les soldats ennemis et furieux n'avaient pas commis, malgré les usages de la guerre et les droits de la victoire. Non, tous ces forfaits accumulés pendant les trois années de son administration, je les passe sous silence : je ne parlerai que des crimes qui se rapportent à ceux dont je m'occupe en ce moment.

125. On vous a dit souvent que Syracuse est la plus grande des villes grecques, et la plus belle de toutes les villes ; elle l'est en effet. Cette cité, forte par sa position, offre une perspective admirable, tant du côté de la terre que du côté de la mer. Ses deux ports pénètrent dans l'enceinte de ses murs, et sont entourés d'édifices. Ils ont chacun une entrée particulière, et vont aboutir au même bassin ; c'est

qui tum fuisset clausus
et nostris classibus
et Carthaginiensium,
patuisse, isto prætore,
myoparoni Cilicum
prædonibusque.
Mitto vim
adhibitam ingenuis,
matresfamilias violatas :
quæ non sunt commissa
tum, urbe capta,
neque odio hostili,
neque licentia militari,
neque more belli,
neque jure victoriæ;
mitto, inquam,
hæc omnia,
quæ sunt perfecta ab isto
per triennium :
cognoscite ea
quæ sunt conjuncta
cum illis rebus,
de quibus dixi antea.
125. Audistis sæpe
urbem Syracusas
esse maximam
pulcherrimamque
omnium urbium
græcarum.
Est, judices,
ita ut dicitur.
Nam et est situ,
quum munito,
tum præclaro
ad adspectum,
ex omni aditu,
vel terra, vel mari,
et habet portus
prope inclusos
in ædificatione
adspectuque urbis :
qui quum habeant
aditus diversos inter se,
conjunguntur in exitu
et confluunt.
Conjunctione eorum
pars oppidi,

qui jusque-là avait été fermé
et à nos flottes
et *à celles* des Carthaginois,
s'ouvrit, sous ce préteur,
à une barque de Ciliciens
et aux pirates.
Je laisse-de-côté la violence
employée contre des *hommes* libres,
les mères de famille outragées :
excès qui ne furent pas commis
alors *que* la ville *fut* prise,
ni par la haine des-ennemis,
ni par la licence des-soldats,
ni d'après la coutume de la guerre,
ni par le droit de la victoire;
je laisse-de-côté, dis-je,
tous ces *crimes*,
qui ont été accomplis par ce *Verrès*
pendant trois-ans :
apprenez *seulement* ceux
qui sont liés
avec ces griefs,
dont j'ai parlé tout à l'heure.
125. Vous avez entendu *dire* souvent
que la ville *de* Syracuse
était la plus grande
et la plus belle
de toutes les villes
grecques.
Elle *l'*est, juges,
comme elle est dite.
Car et elle est dans une situation,
et forte
et remarquable
pour l'aspect,
de tous les côtés,
soit par terre, soit par mer,
et elle a des ports
presque enfermés
dans les édifices
et la vue (l'ensemble) de la ville :
lesquels *ports* quoiqu'ils aient
des entrées séparées entre elles,
se réunissent à *leur* embouchure
et se confondent.
Par la jonction de ces *ports*
la portion de la ville,

sula, mari disjuncta angusto, ponte rursum adjungitur et continetur.

LIII. 126. Ea tanta est urbs, ut ex quatuor urbibus[1] maximis constare dicatur : quarum una est ea, quam dixi, Insula: quæ duobus portubus cincta, in utriusque portus ostium aditumque projecta est : in qua domus est, quæ regis Hieronis fuit, qua prætores uti solent. In ea sunt ædes sacræ complures : sed duæ, quæ longe ceteris antecellunt : Dianæ una ; et altera, quæ fuit ante istius adventum ornatissima, Minervæ. In hac insula extrema est fons aquæ dulcis, cui nomen Arethusa est, incredibili magnitudine, plenissimus piscium : qui fluctu totus operiretur, nisi munitione ac mole lapidum a mari disjunctus esset.

127. Altera autem est urbs Syracusis, cui nomen Achradina est : in qua forum maximum, pulcherrimæ porticus, ornatissimum prytaneum[2], amplissima est curia, templumque

ce qui forme la partie qu'on nomme l'Ile, et qui, séparée par un petit bras de mer, communique par un pont au reste de la ville.

LIII. 126. Syracuse est si vaste, qu'elle semble composée de quatre grandes villes : la première est l'Ile dont je viens de parler; baignée par les deux ports, elle se prolonge jusqu'à leur embouchure. C'est là que se trouve l'ancien palais d'Hiéron, aujourd'hui le palais du préteur. On y voit aussi un grand nombre de temples. Deux l'emportent sur tous les autres : celui de Diane, et celui de Minerve, richement décoré avant la préture de Verrès. A l'extrémité de l'Ile est une fontaine d'eau douce, qu'on nomme Aréthuse : son bassin, d'une grandeur immense, rempli de poissons, serait inondé par la mer, s'il n'était défendu par une forte digue.

127. La seconde ville, l'Achradine, renferme un forum spacieux, de très-beaux portiques, un superbe prytanée, un vaste palais pour

quæ appellatur Insula,
disjuncta mari angusto,
adjungitur rursum
et continetur ponte.
LIII. 126. Ea urbs
est tanta,
ut dicatur constare
ex quatuor urbibus
maximis:
quarum una
est ea Insula quam dixi,
quæ cincta
duobus portubus,
est projecta
in ostium aditumque
utriusque portus:
in qua est domus
quæ fuit regis Hieronis,
qua prætores
solent uti.
In ea
sunt complures ædes sacræ,
sed duæ quæ antecellunt
longe ceteris:
una Dianæ,
et altera Minervæ,
quæ fuit ornatissima
ante adventum istius.
In extrema hac insula
est fons aquæ dulcis,
cui nomen est Arethusa,
magnitudine incredibili,
plenissimus piscium:
qui operiretur totus
fluctu,
nisi esset disjunctus
a mari
munitione
ac mole lapidum.
127. Est autem Syracusis
altera urbs,
cui est nomen Achradina:
in qua est forum
maximum,
porticus pulcherrimæ,
prytaneum ornatissimum,
curia amplissima,

qui est appelée l'Ile,
séparée par un bras-de-mer étroit,
se rattache de nouveau *au reste*
et s'y réunit par un pont.
LIII. 126. Cette ville
est si grande,
qu'on dirait qu'elle se forme
de quatre villes
très-grandes:
dont une
est cette Ile dont j'ai parlé,
qui baignée
par les deux ports,
est projetée
jusqu'à l'embouchure et l'entrée
de chaque port:
dans cette *île* est le palais
qui fut *celui* du roi Hiéron,
et dont les préteurs
ont-coutume de se servir.
Dans cette *île*
sont plusieurs édifices sacrés,
mais deux qui l'emportent
de beaucoup sur les autres:
l'un de Diane.
et l'autre de Minerve,
qui fut très-orné
avant l'arrivée de ce *Verrès*.
A l'extrémité de cette île
est une fontaine d'eau douce,
dont le nom est Aréthuse,
d'une grandeur incroyable,
très-remplie de poissons:
qui serait recouverte entièrement
par les flots,
si elle n'était séparée
de la mer
par un rempart
et une digue de pierres.
127. Il y a dans Syracuse
une autre ville,
dont le nom est Achradine:
dans laquelle sont un forum
très-grand,
des portiques très-beaux,
un prytanée très-élégant,
un palais-du-sénat très-vaste,

egregium Jovis Olympii[1] : ceteræque urbis partes una lata via perpetua, multisque transversis divisæ, privatis ædificiis continentur. Tertia est urbs, quæ, quod in ea parte Fortunæ fanum antiquum fuit, Tycha nominata est : in qua et gymnasium amplissimum est, et complures ædes sacræ : coliturque ea pars et habitatur frequentissime. Quarta autem est urbs, quæ quia postrema ædificata est, Neapolis nominatur : quam ad summam theatrum est maximum : præterea duo templa sunt egregia, Cereris unum, alterum Liberæ, signumque Apollinis, qui Temenites vocatur[2], pulcherrimum et maximum : quod iste si portare potuisset, non dubitasset auferre.

LIV. 128. Nunc ad Marcellum revertar, ne hæc a me sine causa commemorata esse videantur : qui quum tam præclaram urbem vi copiisque cepisset, non putavit ad laudem populi

le sénat, un temple majestueux de Jupiter Olympien ; une rue large, coupée d'une infinité d'autres rues, la traverse dans toute sa longueur. La troisième a été nommée Tycha, parce qu'il y avait autrefois un temple de la Fortune. On y remarque un très-grand gymnase, et plusieurs édifices sacrés. C'est la partie la plus populeuse. La quatrième est la Ville-Neuve, ainsi nommée parce qu'elle a été bâtie la dernière. Dans sa partie la plus haute, est un théâtre immense ; on y voit de plus deux temples très-bien bâtis, l'un de Cérès, l'autre de Proserpine, une statue d'Apollon surnommé Téménitès, très-belle et d'une grandeur colossale ; Verrès l'aurait enlevée, si le transport avait été possible.

LIV. 128. Je reviens à Marcellus, et vous verrez que cette digression n'est pas tout à fait sans objet. Après qu'il se fut rendu maître de cette ville, si forte et si riche, il jugea que la destruction

templumque egregium
Jovis Olympii ;
ceteræque partes urbis
divisæ una via lata
perpetua,
multisque transversis,
continentur
ædificiis privatis.
Est tertia urbs,
quæ, quod fanum antiquum
Fortunæ
fuit in ea parte,
est nominata Tycha :
in qua est et gymnasium
amplissimum,
et complures ædes sacræ :
eaque pars colitur
et habitatur
frequentissime.
Est autem quarta urbs,
quæ quia est ædificata
postrema,
nominatur Neapolis :
ad summam quam
est theatrum maximum ;
præterea sunt duo templa
egregia,
unum Cereris,
alterum Liberæ,
signumque Apollinis
qui vocatur Temenites,
maximum
et pulcherrimum :
quod iste
non dubitasset auferre,
si potuisset portare.
LIV. 128. Revertar nunc
ad Marcellum,
ne hæc videantur
esse commemorata a me
sine causa :
qui quum cepisset
urbem tam præclaram
vi copiisque,
non putavit
hoc pertinere ad laudem
populi romani,

et un temple remarquable
de Jupiter Olympien ;
et les autres parties de la ville
divisées par une-seule rue large
régnant-dans-toute-l'étendue,
et par plusieurs *autres* transversales,
se forment
d'édifices particuliers.
Il y a une troisième ville,
qui, parce qu'un temple antique
de la Fortune
se trouvait dans cette partie,
a été nommée Tycha :
dans laquelle est et un gymnase
très-étendu,
et plusieurs édifices sacrés :
et cette partie est fréquentée
et est habitée
par-un-grand-nombre.
Il y a enfin une quatrième ville,
qui parce qu'elle a été bâtie
la dernière,
se nomme Néapolis :
au sommet de laquelle
est un théâtre très-grand,
en outre il y a deux temples
remarquables,
l'un de Cerès,
l'autre de Proserpine,
et une statue d'Apollon
qui est appelé Téménitès,
très-grande
et très-belle :
que ce *Verrès*
n'aurait pas hésité à enlever,
s'il avait pu *la faire* porter.
LIV. 128. Je reviendrai maintenant
à Marcellus,
afin que ces *détails* ne semblent pas
avoir été rappelés par moi
sans motif :
ce *général* comme il avait pris
une ville si distinguée
par *sa* force et *ses* richesses,
ne pensa pas
qu'il fût-convenable à la gloire
du peuple romain,

romani hoc pertinere, hanc pulchritudinem, ex qua præsertim nihil periculi ostenderetur, delere et exstinguere. Itaque ædificiis omnibus, publicis, privatis, sacris, profanis sic pepercit, quasi ad ea defendenda cum exercitu, non expugnanda, venisset. In ornatu urbis habuit victoriæ rationem, habuit humanitatis. Victoriæ putabat esse, multa Romam deportare, quæ ornamento urbi esse possent : humanitatis, non plane exspoliare urbem, præsertim quam conservare voluisset.

129. In hac partitione ornatus, non plus victoria Marcelli populo romano appetivit, quam humanitas Syracusanis reservavit. Romam quæ asportata sunt, ad ædem Honoris atque Virtutis[1], itemque aliis in locis videmus. Nihil in ædibus, nihil in hortis posuit, nihil in suburbano : putavit, si urbis ornamenta domum suam non contulisset, domum suam ornamento urbi futuram. Syracusis autem permulta atque egregia

d'une aussi belle cité, surtout lorsqu'elle n'était plus à craindre, souillerait la gloire du peuple romain. Il épargna tous les édifices publics et privés, sacrés et profanes, comme s'il fût venu avec une armée, non pour les conquérir, mais pour les défendre. Quant aux ornements de la ville, il sut concilier les droits de la victoire avec les lois de l'humanité. Il pensa qu'il devait à la victoire de transporter à Rome beaucoup d'objets qui pouvaient décorer la capitale du monde, mais qu'en même temps il devait à l'humanité de ne pas entièrement dépouiller une ville qu'il avait résolu de conserver.

129. L'égalité présida au partage, et la portion que la victoire assignait au peuple romain ne fut pas plus grande que celle que l'humanité réservait pour les Syracusains. Ce qui fut transporté à Rome, nous le voyons encore auprès du temple de l'Honneur et de la Vertu, et dans plusieurs autres lieux. Marcellus ne plaça rien dans ses maisons, dans ses jardins, dans ses campagnes : il pensa que, s'il n'emportait pas dans sa demeure les ornements destinés pour Rome, la simplicité même de sa maison serait le plus bel ornement de cette ville. Il laissa dans Syracuse une infinité de chefs-

delere et exstinguere — de détruire et de faire-disparaître
hanc pulchritudinem, — cette magnificence,
præsertim — surtout
ex qua nihil periculi — *lorsque* d'elle aucun péril
ostenderetur. — ne se montrait.
Itaque pepercit — C'est pourquoi il épargna
omnibus ædificiis, — tous les édifices,
publicis, privatis, — publics, *et* particuliers,
sacris, profanis — sacrés, *et* profanes,
sic quasi venisset — comme s'il était venu
cum exercitu — avec une armée
ad defendenda ea, — pour défendre eux,
non expugnanda. — non pour s'*en* emparer.
In ornatu urbis — Pour les ornements de la ville
habuit rationem victoriæ, — il tint compte de la victoire,
habuit humanitatis. — il tint *compte* de l'humanité.
Putabat esse victoriæ, — Il pensait être *le droit* de la victoire,
deportare Romam — de transporter à Rome
multa quæ possent — beaucoup d'*objets* qui pouvaient
esse ornamento urbi : — servir à ornement à la ville :
humanitatis, — *et la loi* de l'humanité,
non exspoliare plane — de ne pas dépouiller entièrement
urbem, — une ville,
præsertim — surtout
quam voluisset conservare. — qu'il avait voulu conserver.

129. In hac partitione — 129. Dans ce partage
ornatus, — *d'objets* d'ornement,
victoria Marcelli — la victoire de Marcellus
non appetivit — ne convoita pas
populo romano — pour le peuple romain
plus quam humanitas — plus que l'humanité
reservavit Syracusanis. — ne réserva aux Syracusains.
Videmus ad ædem Honoris — Nous voyons près du temple de l'Honneur
atque Virtutis, — et de la Vertu,
itemque in aliis locis, — et aussi dans d'autres lieux,
quæ sunt asportata Romam. — *les objets* qui ont été emportés à Rome.
Posuit nihil in ædibus, — Il ne plaça rien dans *sa* maison,
nihil in hortis, — rien dans *ses* jardins,
nihil in suburbano : — rien dans *ses* campagnes :
putavit, si non contulisset — il pensa que, s'il ne transportait pas
suam domum — dans sa maison
ornamenta urbis, — les ornements de la ville,
suam domum futuram — sa maison deviendrait
ornamento urbi. — à ornement à la ville.
Reliquit autem Syracusis — Il laissa donc à Syracuse
permulta — beaucoup de choses
atque egregia: — et des plus belles :

reliquit : deum vero nullum violavit, nullum attigit. Conferte Verrem : non ut hominem cum homine comparetis, ne qua tali viro mortuo fiat injuria : sed ut pacem cum bello, leges cum vi, forum et jurisdictionem cum ferro et armis, adventum et comitatum cum exercitu et victoria conferatis.

LV. 130. Ædes Minervæ est in Insula, de qua ante dixi : quam Marcellus non attigit : quam plenam atque ornatam reliquit : quæ ab isto sic spoliata atque direpta est, non ut ab hoste aliquo, qui tamen in bello religionum et consuetudinis jura retineret, sed ut a barbaris prædonibus vexata esse videatur. Pugna erat equestris Agathocli regis in tabulis picta præclare : his autem tabulis interiores templi parietes vestiebantur. Nihil erat ea pictura nobilius : nihil Syracusis, quod magis visendum putaretur. Has tabulas M. Marcellus, quum omnia, illa victoria sua,

d'œuvre : surtout il ne toucha point aux dieux ; nul des dieux ne fut violé. Rapprochez maintenant la conduite de Verrès ; je ne vous dis pas de comparer ensemble Verrès et Marcellus : ce serait outrager les mânes de ce grand homme. Mais enfin, Verrès a gouverné pendant la paix ; il était le chef de la justice, le ministre des lois. Marcellus fit la guerre ; chargé de la vengeance nationale, ses moyens étaient le fer et les armes. Comparez l'arrivée et le cortége de Verrès à l'armée et à la victoire de Marcellus.

LV. 130. Dans l'Ile est un temple de Minerve, dont j'ai parlé plus haut. Marcellus le respecta ; il y laissa tous les ornements. Verrès l'a dévasté, non en ennemi qui dans la guerre respecte encore les dieux et le droit des gens, mais en barbare, mais en pirate. Une suite de tableaux qui représentaient Agathocle livrant des combats de cavalerie, décorait les parois intérieures du temple. L'art n'a rien produit de plus beau ; Syracuse n'offrait rien de plus parfait à la curiosité des étrangers. Quoiqu'ils fussent devenus profanes par la

violavit vero nullum deum,
attigit nullum.
Conferte Verrem :
non ut comparetis
hominem cum homine,
ne qua injuria fiat
tali viro mortuo,
sed ut conferatis
pacem cum bello,
leges cum vi,
forum et jurisdictionem
cum ferro et armis,
adventum et comitatum
cum exercitu et victoria.

LV. 130. Est in Insula
ædes Minervæ,
de qua dixi ante :
quam Marcellus
non attigit,
quam reliquit
plenam atque ornatam,
quæ est spoliata
atque direpta ab isto sic
ut videatur esse vexata
non ab aliquo hoste,
qui tamen retineret
in bello
jura religionum
et consuetudinis,
sed ut
a prædonibus barbaris.
Pugna equestris
regis Agathocli
erat picta præclare
in tabulis ;
parietes autem interiores
templi
vestiebantur his tabulis.
Erat nihil nobilius
ea pictura,
nihil Syracusis
quod putaretur
magis visendum.
M. Marcellus,
quum fecisset
omnia profana
illa victoria sua,

et il ne viola aucun dieu,
n'*en* toucha aucun.
Comparez Verrès :
non pour mettre-en-parallèle
l'homme avec l'homme,
afin qu'une injure ne soit pas faite
à un tel héros mort,
mais pour mettre-en-rapport
la paix avec la guerre,
les lois avec la violence,
les tribunaux et la justice
avec le fer et les armes,
l'arrivée et le cortége *du préteur*
avec l'armée et la victoire *du général.*

LV. 130. Il y a dans l'Ile
un temple de Minerve,
dont j'ai parlé précédemment :
que Marcellus
ne toucha pas,
qu'il laissa
rempli et orné,
et qui a été dépouillé
et pillé par ce *Verrès* de telle sorte
qu'il paraît avoir été dévasté
non par quelque ennemi,
qui respecterait cependant
dans la guerre
les droits de la religion
et de l'usage,
mais qu'*il paraît avoir été dévasté*
par des pirates barbares.
Un combat de-cavalerie
du roi Agathocle
était peint supérieurement
en *plusieurs* tableaux ;
or les murailles intérieures
du temple
étaient recouvertes par ces tableaux.
Il n'y avait rien de plus beau
que cette peinture,
rien à Syracuse
qui fût jugé
plus digne d'être visité.
M. Marcellus,
quoiqu'il eût rendu
tout profane
par cette victoire de-lui,

profana fecisset[1], tamen religione impeditus non attigit : iste, quum illa jam, propter diuturnam pacem, fidelitatemque populi syracusani, sacra religiosaque accepisset, omnes eas tabulas abstulit : parietes, quorum ornatus tot sæcula manserat, tot bella effugerat, nudos ac deformatos reliquit.

131. Et Marcellus, qui si Syracusas cepisset, duo templa se Romæ dedicaturum voverat; is id, quod erat ædificaturus, his rebus ornare, quas ceperat, noluit : Verres, qui non Honori, neque Virtuti, ut ille, sed Veneri et Cupidini vota deberet, is Minervæ templum spoliare conatus est. Ille deos deorum spoliis ornare noluit : hic ornamenta Minervæ virginis in meretriciam domum transtulit. Viginti et septem præterea tabulas pulcherrime pictas ex eadem æde sustulit : in quibus erant imagines Siciliæ regum ac tyrannorum, quæ non solum pictorum artificio delectabant, sed etiam commemoratione hominum, et cognitione formarum. Ac videte, quanto tetrior hic tyrannus Sy-

victoire de Marcellus, ce guerrier ne vit en eux que des objets consacrés par la religion : il n'y toucha point. Une longue paix et la fidélité constante des Syracusains les rendaient saints et sacrés pour Verrès : Verrès les a tous enlevés. Ces murailles dont les ornements avaient survécu à tant de siècles, avaient échappé à tant de guerres, n'offrent plus aujourd'hui qu'une triste et honteuse nudité.

131. Marcellus, qui avait fait vœu d'élever deux temples dans Rome s'il prenait Syracuse, ne voulut point les décorer avec les dépouilles des ennemis. Verrès, qui adressait ses vœux non à l'Honneur et à la Vertu, mais à Vénus et à Cupidon, n'a pas craint de dépouiller le temple de Minerve. Le premier ne voulut point parer ses dieux aux dépens des dieux étrangers; le second a transporté les ornements de la chaste Minerve dans la maison d'une courtisane. Il a enlevé du même temple vingt-sept tableaux d'une grande beauté, parmi lesquels étaient les portraits des rois et des tyrans de la Sicile, précieux aux habitants non-seulement par la perfection du travail, mais par les traits et les souvenirs qu'ils leur rappelaient. Et voyez

tamen impeditus religione
non attigit has tabulas;
iste, quum accepisset illa
jam sacra religiosaque,
propter pacem diuturnam,
fidelitatemque
populi syracusani,
abstulit omnes eas tabulas :
reliquit nudos
ac deformatos
parietes, quorum ornatus
manserat tot sæcula,
effugerat tot bella.
131. Et is Marcellus,
qui voverat
si cepisset Syracusas,
se dedicaturum
duo templa Romæ;
noluit ornare
his rebus quas ceperat,
id quod erat ædificaturus :
is Verres, qui deberet vota
non Honori, neque Virtuti,
ut ille,
sed Veneri et Cupidini.
conatus est spoliare
templum Minervæ.
Ille noluit ornare deos
spoliis deorum :
hic transtulit
in domum meretriciam
ornamenta
virginis Minervæ.
Sustulit præterea
ex eadem æde septem tabulas
pulcherrime pictas :
in quibus erant
imagines regum
ac tyrannorum Siciliæ,
quæ delectabant non solum
artificio pictorum,
sed etiam commemoratione
hominum,
et cognitione formarum.
Ac videte
quanto hic tyrannus
fuerit tetrior Syracusanis

cependant retenu par la religion
il ne toucha pas à ces tableaux;
ce *Verres*, comme il avait reçu eux
sacrés alors et inviolables,
à cause de la paix longue,
et de la fidélité
du peuple syracusain,
enleva tous ces tableaux :
il laissa nus
et déshonorés
ces murs, dont les ornements
avaient duré tant de siècles,
avaient échappé à tant de guerres.
131. Et ce Marcellus,
qui avait fait-vœu
s'il prenait Syracuse,
qu'il dédierait
deux temples à Rome;
ne-voulut-pas orner
de ces dépouilles qu'il avait prises,
ce *monument* qu'il allait construire :
ce Verrès, qui adressait *ses* vœux
non à l'Honneur, ni à la Vertu,
comme ce *Marcellus*,
mais à Vénus et à Cupidon,
prit-à-tâche de dépouiller
le temple de Minerve.
L'un ne-voulut-pas parer les dieux
des dépouilles des dieux :
l'autre transporta
dans la maison d'une-courtisane
les ornements
de la chaste Minerve.
Il enleva en outre
du même temple sept tableaux
parfaitement peints :
parmi lesquels étaient
les images des rois
et des tyrans de la Sicile,
qui charmaient non-seulement
par le talent des peintres,
mais encore par le souvenir
des personnages,
et la connaissance de *leurs* traits.
Et voyez
combien ce tyran
a été plus cruel pour les Syracusains

racusanis fuerit, quam quisquam superiorum : quum illi tamen ornarint templa deorum immortalium, hic etiam deorum monumenta atque ornamenta sustulerit.

LVI. 132. Jam vero quid ego de valvis illius templi[1] commemorem? Vereor, ne, hæc qui non viderunt, omnia me nimis augere atque ornare arbitrentur : quod tamen nemo suspicari debet, tam esse me cupidum, ut tot viros primarios velim, præsertim ex judicum numero, qui Syracusis fuerint, qui hæc viderint, esse temeritati et mendacio meo conscios. Confirmare hoc liquido, judices, possum, valvas magnificentiores, ex auro atque ebore perfectiores nullas unquam ullo templo fuisse. Incredibile dictu est, quam multi Græci de valvarum harum pulchritudine scriptum reliquerint. Nimium forsitan hæc illi mirentur, atque efferant. Esto; verumtamen honestius est reipublicæ nostræ, judices, ea, quæ illis pulchra esse videan-

combien ce tyran des Syracusains était plus détestable que les tyrans ses prédécesseurs : ceux-ci du moins décorèrent les temples des immortels ; Verrès a enlevé les dieux et dépouillé les temples.

LVI. 132. Que dirai-je des portes à deux battants de ce même temple de Minerve ? ceux qui ne les ont pas vues, m'accuseront de tout exagérer. Cependant une foule de citoyens du premier rang, et même plusieurs de nos juges, ont voyagé à Syracuse ; ils les ont vues : il leur serait très-facile de me convaincre d'impudence et de mensonge. Je parle sans passion, et j'affirme que jamais, dans aucun temple, il n'y eut de portes plus magnifiquement décorées en or et en ivoire. Vous ne croiriez jamais combien de Grecs en ont décrit la beauté. Peut-être leur enthousiasme et leurs éloges sont-ils outrés. Je le veux croire. Mais enfin le général qui dans la guerre a laissé aux peuples ces objets de leur admiration, a fait plus d'honneur à la république que le préteur qui les a tous enlevés pendant la paix.

quam quisquam
superiorum :
quum illi tamen
ornarint templa
deorum immortalium,
hic sustulerit
etiam monumenta
atque ornamenta deorum.

LVI. 132. Jam vero
quid ego commemorem
de valvis illius templi?
Vereor ne
qui non viderunt hæc,
arbitrentur
me augere nimis
atque ornare omnia;
tamen nemo
debet suspicari quod,
me esse tam cupidum,
ut velim tot viros
primarios,
præsertim
ex numero judicum,
qui fuerint Syracusis,
qui viderint hæc,
esse conscios temeritati
et meo mendacio.
Possum, judices,
confirmare hoc liquido,
nullas valvas
magnificentiores,
perfectiores
ex auro atque ebore
fuisse unquam ullo templo.
Est incredibile dictu,
quam multi Græci
reliquerint scriptum
de pulchritudine
harum valvarum.
Illi mirentur,
atque efferant hæc
forsitan nimium.
Esto;
verumtamen, judices,
est honestius
nostræ reipublicæ,
nostrum imperatorem

qu'aucun
des précédents:
puisque ceux-ci du moins
ornaient les temples
des dieux immortels,
et que ce *Verrès* a enlevé
même les monuments
et les ornements des dieux.

LVI. 132. Mais maintenant
que dirai-je
des portes de ce temple?
Je crains que
ceux qui n'ont pas vu ces *portes*,
ne pensent
que j'exagère
et que j'embellis tout;
cependant personne
ne doit soupçonner cela,
que je sois assez passionné,
pour vouloir que tant d'hommes
du-premier-rang,
surtout
du nombre de *nos* juges,
qui auraient été à Syracuse,
qui auraient vu ces *portes*,
soient témoins de *ma* témérité
et de mon mensonge.
Je peux, juges,
affirmer ceci positivement,
qu'aucunes portes
plus magnifiques,
plus parfaites
en or et en ivoire
n'existèrent jamais dans aucun temple.
Il est incroyable à (on ne saurait) dire,
combien de Grecs
ont laissé *de témoignages* écrits
sur la beauté
de ces portes.
Qu'ils admirent,
et vantent elles
peut-être trop.
Soit;
mais du moins, juges,
il est plus honorable
pour notre république,
que notre général

tur, imperatorem nostrum in bello reliquisse, quam prætorem in pace abstulisse. Ex ebore diligentissime perfecta argumenta erant in valvis. Ea detrahenda curavit omnia. Gorgonis os pulcherrimum, crinitum anguibus, revellit atque abstulit : et tamen indicavit, se non solum artificio, sed etiam pretio quæstuque duci. Nam bullas aureas omnes ex his valvis, quæ erant et multæ, et graves, non dubitavit auferre : quarum iste non opere delectabatur, sed pondere. Itaque ejusmodi valvas reliquit, ut, quæ olim ad ornandum templum erant maxime, nunc tantum ad claudendum factæ esse videantur.

133. Etiamne gramineas hastas [1]? Vidi enim vos in hoc nomine, quum testes dicerent, commoveri : quod erant hujusmodi, ut semel vidisse satis esset : in quibus neque manu factum quidquam, neque pulchritudo erat ulla, sed tantum

Ces portes étaient ornées de reliefs historiques, travaillés en ivoire avec un art infini. Verrès a détaché tous les reliefs, entre autres une superbe tête de Méduse, avec sa chevelure de serpents. Toutefois il s'est trahi lui-même ; il a montré qu'il n'était pas seulement séduit par la perfection de l'art, mais aussi par la richesse de la matière : car il fit arracher tous les clous d'or, qui étaient en grand nombre et fort pesants. Certes ils ne pouvaient lui plaire que par leur poids. Ainsi ces portes, autrefois superbe décoration d'un si bel édifice, ne servent plus aujourd'hui que pour la clôture du temple.

133. Des piques mêmes, oui, des piques de frêne ont été enlevées. J'ai remarqué votre étonnement, citoyens, lorsque les témoins déposaient. En effet elles étaient bonnes à voir une fois. Dénuées d tout ornement, elles n'avaient d'autre mérite que leur longueur. C'é·

reliquisse in bello,
ea quæ videantur illis
esse pulchra,
quam prætorem
abstulisse in pace.
Argumenta ex ebore
perfecta diligentissime
erant in valvis.
Curavit omnia ea
detrahenda.
Revellit atque abstulit
os Gorgonis
pulcherrimum,
crinitum anguibus,
et tamen indicavit
se duci
non solum artificio,
sed etiam pretio
quæstuque.
Nam non dubitavit
auferre ex his valvis
omnes bullas aureas,
quæ erant
et multæ, et graves:
non opere,
sed pondere quarum
iste delectabatur.
Itaque reliquit valvas
ejusmodi,
ut, quæ erant olim
maxime ad ornandum
templum,
videantur nunc
esse factæ tantum
ad claudendum.

133. Etiamne
hastas gramineas?
Vidi enim vos commoveri
in hoc nomine,
quum testes dicerent:
quod erant hujusmodi,
ut esset satis
vidisse semel:
in quibus erat
neque quidquam
factum manu,
neque ulla pulchritudo,

ait laissé dans la guerre,
ces *objets* qui paraissent à ces *Grecs*
être beaux,
qu'il ne l'est que le préteur
les ait enlevés pendant la paix.
Des sujets en ivoire
travaillés avec-le-plus-grand-soin
étaient sur les portes.
Il prit-soin que tous ces *sujets*
fussent enlevés.
Il a arraché et a emporté
une tête de Gorgone
très-belle,
avec-une-chevelure de serpents,
et en effet il prouva
qu'il était poussé
non-seulement par la main-d'œuvre,
mais encore par la valeur *de l'objet*
et par l'*appât du* gain.
Car il n'hésita pas
à retirer de ces portes
tous les clous d'-or,
qui étaient
et nombreux, et pesants:
non de la forme,
mais du poids desquels
il était charmé.
Aussi il laissa les portes
dans un tel état,
qu'*elles*, qui étaient *là* autrefois
surtout pour orner
le temple,
paraissent maintenant
être faites seulement
pour *le* fermer.

133. *Parlerai-je* aussi
des piques en-rotin?
Car j'ai vu que vous étiez frappés
à ce mot,
lorsque les témoins parlaient:
parce qu'elles étaient de telle sorte,
qu'il était assez
de *les* avoir vues une-fois:
dans ces piques il n'y avait
ni aucun *ornement*
fait à la main,
ni aucune beauté,

magnitudo incredibilis, de qua vel audire satis esset : nimium, videre plus, quam semel. Etiamne id concupisti?

LVII. 134. Nam Sappho, quæ sublata de Prytaneo est, dat tibi justam excusationem, prope ut concedendum atque ignoscendum esse videatur. Silanionis[1] opus tam perfectum, tam elegans, tam elaboratum, quisquam non modo privatus, sed populus potius haberet, quam homo elegantissimus atque eruditissimus, Verres? Nimirum contra dici nihil potest. Nostrum enim unusquisque, qui tam beati, quam iste est, non sumus, tam delicati esse non possumus : si quando aliquid istiusmodi videre volet, eat ad ædem Felicitatis, ad monumentum Catuli[2] in porticum Metelli : det operam, ut admittatur in alicujus istorum Tusculanum[3] : spectet forum ornatum, si quid iste suorum ædilibus accommodarit. Verres hæc habeat domi? Verres

tait assez d'en entendre parler : c'était trop de les v deux fois. Cette chétive proie a-t-elle aussi excité vos désirs?

LVII. 134. Quant à cette Sapho que vous enlevâtes du . .née, sa beauté est votre excuse; et ce fait est bien pardonnab l homme et même quel peuple devait plutôt que Verrès, le plus habile, le plus instruit des connaisseurs, posséder le chef-d'œuvre de Silanion, un ouvrage aussi délicat, et d'un travail aussi parfait? Assurément, on ne peut rien objecter à cela. Nous qui ne sommes pas aussi fortunés que lui, et qui ne pouvons pas nous procurer les mêmes jouissances, si nous voulons voir quelqu'un de ces beaux ouvrages, allons au temple de la Félicité, au monument de Catulus, au portique de Métellus; tâchons d'être admis dans les jardins de nos heureux privilégiés; contemplons les décorations du forum, quand Verrès voudra bien prêter aux édiles quelques-uns de ces morceaux précieux. Parlons sérieusement : Verrès possèdera-t-il lui seul

ed tantum
nagnitudo incredibilis,
le qua esset satis
rel audire :
nimium videre
plus quam semel.
Concupistine etiam id?
LVII. 134. Nam Sappho,
quæ est sublata
le Prytaneo,
lat tibi
excusationem justam,
ut videatur prope
sse concedendum
atque ignoscendum.
Quisquam
non modo privatus,
sed populus haberet
opus tam perfectum,
am elegans,
am elaboratum
Silanionis
potius quam Verres,
homo elegant[illegible]mus
atque erudit[illegible]nus?
Nihil nim[illegible]
potest d[illegible]ontra.
Unusq[illegible]e enim
nost[illegible]
q[illegible] sumus
am beati quam iste est,
non possumus
esse tam delicati;
si quando volet videre
aliquid istiusmodi,
eat ad ædem Felicitatis,
ad monumentum Catuli
in porticum Metelli;
det operam ut admittatur
in Tusculanum
alicujus istorum;
spectet forum ornatum,
si iste accommodarit
quid suorum
ædilibus.
Verres habeat hæc domi?
Verres habeat

mais seulement
une hauteur incroyable,
dont il était assez
même d'entendre *parler* :
qu'il était trop de voir
plus d'une-fois.
Est-ce que tu as convoité aussi ces *piques* ?
LVII. 134. Quant à la Sapho,
qui a été soustraite
du Prytanée,
elle fournit à toi
un motif suffisant
pour qu'il semble presque
que l'on puisse *t*'excuser
et *te* pardonner.
Quel *est*
non-seulement le particulier,
mais le peuple *qui* possèderait
l'œuvre si parfaite,
si élégante,
si achevée
de Silanion
plutôt que Verrès,
l'homme le plus éclairé
et le plus grand connaisseur ?
Rien assurément
ne peut être dit contrairement *à cela*.
Chacun en effet
de nous,
qui ne sommes pas
aussi fortunés qu'il *l*'est,
nous ne pouvons pas
être aussi recherchés ;
s'il *en est un qui* veuille voir
quelque *ouvrage* de ce genre,
qu'il aille au temple de la Félicité,
au monument de Catulus
dans le portique de Métellus ;
qu'il fasse en sorte d'être admis
dans le Tusculanum
de quelqu'un de ces *heureux* ;
qu'il regarde le forum décoré,
si ce *Verrès* a prêté
quelqu'un de ses *chefs-d'œuvre*
aux édiles.
Verrès aura-t-il *tout* cela chez lui ?
Verrès aura-t-il

ornamentis fanorum atque oppidorum habeat plenam domum, villas refertas? Etiamne hujus operarii studia ac delicias, judices, perferetis? qui ita natus est, ita educatus, ita factus et animo et corpore, ut multo appositior ad deferenda, quam ad auferenda signa esse videatur.

135. Atque hæc Sappho sublata quantum desiderium sui reliquerit, dici vix potest. Nam quum ipsa fuit egregie facta, tum epigramma græcum pernobile incisum habuit in basi : quod iste eruditus homo, et Græculus, qui hæc subtiliter judicat, qui solus intelligit, si unam litteram græcam scisset, non sustulisset? Nunc enim, quod inscriptum est inani in basi, declarat, quid fuerit, et id ablatum indicat. Quid? signum Pæanis ex æde Æsculapii, præclare factum, sacrum et religio-

toutes ces richesses? La maison, les campagnes de Verrès serontelles encombrées des ornements des temples et des villes? Et vous, juges, souffrirez-vous plus longtemps les fantaisies et les goûts d'un tel homme? Quand il s'agira de porter des statues, qu'on le préfère, j'y consens : par la nature et par l'éducation, par l'âme et par le corps, il semble bien plus propre à ce métier qu'aux jouissances du connaisseur.

135. Je ne puis vous dire combien cette Sapho laissa de regrets. Outre qu'elle était d'une beauté admirable, une inscription grecque qu'on lit sur le piédestal ajoute encore à la douleur des peuples. Cet homme instruit, ce Grec habile, qui juge si bien des productions des arts, et qui seul en sent le prix, l'aurait fait disparaître, s'il avait su un seul mot de la langue grecque; car cette inscription solitaire

domum plenam,
villas refertas
ornamentis fanorum
atque oppidorum?
Perferetisne etiam,
judices,
stu ia ac delicias
hujus operarii?
qui est ita natus,
ita educatus,
ita factus
et animo et corpore,
ut videatur
multo appositior
ad deferenda signa
quam ad auferenda.
135. Atque potest
dici vix
quantum desiderium
hæc Sappho sublata
reliquerit sui.
Nam quum ipsa
fuit facta egregie,
habuit tum
epigramma græcum
pernobile
incisum in basi :
quod,
iste homo eruditus,
et Græculus,
qui judicat
hæc subtiliter,
qui solus intelligit,
non sustulisset,
si scisset
unam litteram græcam?
Nunc enim,
quod est inscriptum
in basi inani,
declarat quid fuerit,
et indicat id ablatum.
Quid?
non sustulisti
ex æde Æsculapii
signum Pæanis,
præclare factum,
sacrum et religiosum?

sa maison remplie,
ses campagnes encombrées
des ornements des temples
et des villes?
Souffrirez-vous encore,
juges,
les goûts et les caprices
de ce manœuvre?
qui est si bien doué-par-la-naissance,
si bien doué-par-l'éducation,
si bien doué-par-les-facultés
et de l'esprit et du corps,
qu'il semble
beaucoup plus propre
à porter des statues
qu'à *les* ravir *pour lui*.
135. Et il peut
être dit à peine
combien de regrets
cette Sapho enlevée
a laissés après elle.
En effet outre qu'elle-même
était faite à-merveille,
elle avait encore
une inscription grecque
très-célèbre
gravée sur *sa* base :
cette *inscription*,
cet homme érudit,
et *ce* Grec-raffiné,
qui juge
ces *matières* finement,
qui seul connaît *leur prix*,
ne l'aurait-il pas fait-disparaître,
s'il avait su
une-seule lettre grecque?
Maintenant, en effet,
ce qui est inscrit
sur le piédestal vide,
indique quelle *statue* ç'a été,
et témoigne *qu'*elle *a été* enlevée.
Mais quoi !
n'as-tu pas ravi
du temple d'Esculape
une statue de Péan (d'Apollon),
parfaitement faite,
sacrée et honorée-d'un-culte?

sum, non sustulisti? quod omnes propter pulchritudinem visere, propter religionem colere solebant.

136. Quid? ex æde Liberi simulacrum Aristæi non tuo imperio palam ablatum est? Quid? ex æde Jovis religiosissimum simulacrum Jovis Imperatoris [1], quem Græci Οὔριον nominant, pulcherrime factum, nonne abstulisti? Quid? ex æde Liberæ parium illud caput pulcherrimum, quod visere solebamus, dubitasti tollere? Atque ille Pæan sacrificiis anniversariis simul cum Æsculapio apud illos colebatur: Aristæus, qui, ut Græci ferunt [Liberi filius], inventor olei esse dicitur, una cum Libero patre apud illos eodem erat in templo consecratus.

LVIII. 137. Jovem autem Imperatorem quanto honore in suo templo fuisse arbitramini? Hinc colligere potestis, si recordari volueritis, quanta religione fuerit eadem specie atque forma signum illud, quod ex Macedonia captum [2] in Capitolio posue-

annonce quelle statue avait été placée sur le piédestal, et atteste qu'on l'a enlevée.

136. Verrès n'a-t-il pas ravi de même du temple d'Esculape une statue d'Apollon qui excitait par sa beauté l'admiration des peuples, et recevait depuis longtemps leurs hommages religieux? Celle d'Aristée n'a-t-elle pas été, par son ordre, aux yeux de tout le monde, emportée du temple de Bacchus? N'a-t-il pas enlevé du temple de Jupiter la statue, non moins belle ni moins révérée, de Jupiter *Imperator*, que les Grecs nomment *Ourios*, et de celui de Proserpine un superbe buste de marbre de Paros, qui attirait tant de curieux? Or cet Apollon était honoré, conjointement avec Esculape, par des sacrifices annuels. Aristée, que les Grecs regardent comme l'inventeur de l'huile, était adoré chez les Syracusains dans le même temple que Bacchus son père.

LVIII. 137. Et quels honneurs Jupiter Imperator n'a-t-il pas dû recevoir dans son temple? Pour vous en former une juste idée, rappelez-vous combien était respectée cette statue de la même forme et de la même beauté que Flamininus apporta de la Macédoine et plaça

quod omnes	*statue* que tous
solebant visere	avaient-coutume de visiter
propter pulchritudinem,	à cause de *sa* beauté,
colere propter religionem.	*et* d'adorer à cause de *son* caractère-sacré.
136. Quid?	136. Quoi?
simulacrum Aristæi	la statue d'Aristée
non est ablatum palam	n'a-t-elle pas été enlevée ouvertement
tuo imperio	par ton ordre
ex æde Liberi?	du temple de Bacchus?
Quid? nonne abstulisti	Quoi? n'as-tu pas arraché
ex æde Jovis	du temple de Jupiter
simulacrum	la statue
religiosissimum	si vénérée
Jovis Imperatoris,	de Jupiter Impérator,
quem Græci nominant	que les Grecs nomment
Οὔριον,	Οὔριος,
pulcherrime factum?	très-bien faite?
Quid? dubitasti	Quoi? as-tu craint
tollere ex æde Liberæ	d'enlever du temple de Proserpine
illud caput parium,	cette tête *en marbre* de-Paros,
pulcherrimum,	*tête* magnifique,
quod solebamus visere?	que nous avions-coutume d'aller-voir?
Atque ille Pæan	Or ce Péan (cet Apollon)
colebatur apud illos	était honoré chez ces *habitants*
simul cum Æsculapio	conjointement avec Esculape
sacrificiis anniversariis:	par des sacrifices annuels:
Aristæus, qui,	Aristée, qui,
ut Græci ferunt,	comme les Grecs *le* rapportent,
dicitur esse inventor olei,	est dit être l'inventeur de l'huile,
(filius Liberi),	(*il était* fils de Bacchus),
erat consecratus	était divinisé
apud illos	chez ces *Syracusains*
cum Libero patre	avec Bacchus *son* père
in eodem templo.	dans le même temple.
LVIII. 137. Quanto	LVIII. 137. De quels
honore autem	honneurs donc
arbitramini	pensez-vous
Jovem Imperatorem	que Jupiter Imperator,
fuisse in suo templo?	fut *l'objet* dans son temple?
Potestis colligere hinc,	Vous pouvez conclure de là,
si volueritis recordari	si vous voulez vous rappeler
quanta religione	dans quelle vénération
fuerit illud signum	a été cette statue
eadem specie atque forma,	de la même beauté et de la *même* forme,
quod Flamininus	que Flamininus
posuerat in Capitolio	avait placée dans le Capitole
captum ex Macedonia.	*après l'avoir* prise en Macédoine.

rat Flamininus. Etenim tria ferebantur in orbe terrarum signa Jovis Imperatoris uno in genere pulcherrime facta : unum illud macedonicum, quod in Capitolio vidimus : alterum, in Ponti ore[1] et angustiis : tertium, quod Syracusis ante Verrem prætorem fuit. Illud Flamininus ita ex æde sua sustulit, ut in Capitolio, hoc est, in terrestri domicilio Jovis poneret.

138. Quod autem est ad introitum Ponti : id, quum tam multa ex illo mari bella emerserint, tam multa porro in Pontum invecta sint, usque ad hanc diem integrum inviolatumque servatum est. Hoc tertium, quod erat Syracusis, quod M. Marcellus, armatus et victor, viderat : quod religioni concesserat, quod cives atque incolæ syracusani colere, advenæ non solum visere, verum etiam venerari solebant, id C. Verres ex templo Jovis sustulit.

139. Ut sæpius ad M. Marcellum revertar, judices, sic habetote : plures esse a Syracusanis istius adventu deos, quam

dans le Capitole. On comptait dans l'univers trois statues de Jupiter Imperator, toutes trois parfaites dans le même genre : la première était celle de Macédoine que nous voyons au Capitole; la seconde est à l'entrée et dans le détroit du Pont-Euxin ; la troisième se voyait à Syracuse, avant la préture de Verrès. Flamininus emporta la première, mais pour la poser dans le Capitole, c'est-à-dire dans la demeure que Jupiter s'est choisie sur la terre.

138. Celle du Pont-Euxin, quoique des flottes armées aient tant de fois traversé le détroit, ou pour sortir de cette mer, ou pour y pénétrer, est restée jusqu'ici sans recevoir aucune atteinte. La troisieme, qui était à Syracuse, que Marcellus a respectée, à la tête d'une armée victorieuse, qu'il a cédée à la religion des peuples, que les habitants de Syracuse adoraient, que les étrangers visitaient et révéraient, Verrès l'a enlevée du temple de Jupiter.

139. Je ne me lasse point de citer Marcellus : sachez donc que l'arrivée de Verrès a coûté plus de dieux aux Syracusains que la vic-

Etenim tria signa
Jovis Imperatoris
facta pulcherrime
ferebantur
in orbe terrarum :
unum illud macedonicum,
quod vidimus in Capitolio ;
alterum, in ore
et angustiis Ponti ;
tertium,
quod fuit Syracusis
ante Verrem prætorem.
Flamininus sustulit illud
ex sua æde
ita ut poneret
in Capitolio, hoc est,
in domicilio terrestri
Jovis.
138. Quod autem est
ad introitum Ponti,
quum bella tam multa
emerserint ex illo mari,
tam multa porro
sint invecta
in Pontum,
id est servatum
integrum inviolatumque
usque ad hanc diem.
Hoc tertium,
quod erat Syracusis,
quod M. Marcellus
armatus et victor viderat,
quod concesserat religioni,
quod cives
atque incolæ syracusani
solebant colere,
advenæ non solum visere,
verum etiam venerari,
C. Verres sustulit id
ex templo Jovis.
139. Ut revertar sæpius
ad M. Marcellum,
habetote sic, judices :
plures deos
esse desideratos
a Syracusanis
adventu istius,

Car trois statues
de Jupiter Imperator
faites admirablement
étaient comptées
dans l'univers :
l'une celle de-Macédoine,
que nous avons vue au Capitole ;
l'autre, à l'entrée
et dans le détroit du Pont-*Euxin*,
la troisième,
qui était à Syracuse
avant *que* Verrès *ne fût* préteur.
Flamininus enleva la première
de son temple
mais afin qu'il *la* plaçât
dans le Capitole, c'est-à-dire,
dans la demeure terrestre
de Jupiter.
138. Quant à celle qui est
à l'entrée du Pont-*Euxin*,
quoique des guerres si nombreuses
aient surgi sur cette mer,
que tant d'autres aussi
aient été apportées
au Pont-*Euxin d'ailleurs*,
elle s'est conservée
entière et intacte
jusqu'à ce jour.
Cette troisième,
qui était à Syracuse,
que M. Marcellus
armé et vainqueur avait vue
qu'il avait laissée au culte,
que les citoyens
et les habitants de-Syracuse
avaient-coutume d'adorer,
les étrangers non-seulement de visiter,
mais encore de vénérer,
C. Verrès a enlevé elle
du temple de Jupiter.
139. Pour revenir plus souvent
à M. Marcellus,
ayez ainsi (sachez ceci), juges :
qu'un plus grand nombre de dieux
ont été perdus
pour les Syracusains
par l'arrivée de ce *Verrès*,

victoria Marcelli homines desideratos. Etenim ille requisisse dicitur etiam Archimedem illum, summo ingenio hominem ac disciplina, quem quum audisset interfectum, permoleste tulisse : iste omnia, quæ requisivit, non ut servaret, verum ut asportaret, requisivit.

LIX. 140. Jam illa, quia leviora videbuntur, ideo præteribo ; quod iste mensas delphicas[1] e marmore, crateras ex ære pulcherrimas, vim maximam vasorum corinthiorum, ex omnibus ædibus sacris Syracusis abstulit. Itaque, judices, hi, qui hospites ad ea, quæ visenda sunt, ducere solent et unumquidque ostendere, quos illi mystagogos vocant[2], conversam jam habent demonstrationem suam. Nam, ut ante demonstrabant, quid ubique esset : ita nunc, quid undique ablatum sit, ostendunt. Quid tum ? mediocrine tandem dolore eos affectos

toire de Marcellus ne leur a coûté de citoyens. On dit même que ce grand général fit chercher Archimède, qui joignait le plus beau génie aux connaissances les plus étendues, et qu'il ressentit la plus vive douleur en apprenant qu'il avait été tué. Verrès n'a jamais fait faire de recherches que pour emporter ce qu'il pourrait découvrir.

LIX. 140. Je ne rappellerai point des larcins qui paraîtraient ici d'une trop faible importance. Je ne dirai point qu'il a enlevé de tous les temples de Syracuse des tables delphiques en marbre, de très-belles coupes en airain, une immense quantité de vases corinthiens. Aussi les mystagogues, qui servent de guides aux étrangers et leur font voir tout ce qu'il y a de curieux, ont-ils changé de méthode : ils montraient autrefois les belles productions des arts ; ils indiquent aujourd'hui la place qu'elles occupaient. Si vous croyez que ces peu-

quam homines	que de guerriers
victoria Marcelli.	par la victoire de Marcellus.
Etenim ille dicitur	En effet il (Verrès) est dit
requisisse etiam	avoir fait-chercher aussi
illum Archimedem,	ce *fameux* Archimède,
hominem summo ingenio	homme du plus grand génie
ac disciplina,	et d'une *profonde* science,
quum audisset	*et* quand il eut appris
quem interfectum,	qu'il avait été tue,
tulisse permoleste :	l'avoir supporté avec-beaucoup-de-peine
iste requisivit	il a fait-rechercher
omnia quæ requisivit,	tous les *objets* qu'il a fait-rechercher,
non ut servaret,	non pas afin de *les* garder,
verum ut asportaret.	mais afin de *les* emporter.
LIX. 110. Jam	LIX. 140. Maintenant
præteribo illa	je tairai ces *vols*,
ideo, quia	par la raison que
videbuntur leviora ;	ils paraîtraient trop légers ;
quod iste abstulit	*je ne dirai pas* qu il a enlevé
ex omnibus ædibus sacris	de tous les édifices sacrés
Syracusis	à Syracuse
mensas delphicas	des tables delphiques
e marmore,	en marbre,
crateras ex ære	des cratères en airain
pulcherrimas,	très-belles,
vim maximam	une quantité très-grande
vasorum corinthiorum.	de vases corinthiens.
Itaque, judices,	Aussi, juges,
hi qui solent	ceux qui ont-coutume
ducere hospites	de conduire les étrangers
ad ea quæ sunt visenda,	à ces *monuments* qui sont à-voir,
et ostendere	et de montrer
unumquidque,	chaque chose,
quos illi vocant	*ceux* qu'ils appellent
mystagogos,	les mystagogues,
habent jam	ont maintenant *à faire*
suam demonstrationem	leur description
conversam.	en-sens-inverse.
Nam ut ante	Car de même qu'auparavant
demonstrabant	ils faisaient-voir
quid esset ubique,	ce qui était dans chaque lieu,
ita nunc ostendunt	de même à présent ils indiquent
quid sit ablatum undique.	ce qui a été enlevé dans chaque lieu.
Quid tum ?	Eh bien ?
Arbitraminine tandem	Pensez vous enfin
eos esse affectos	que ces *peuples* ont été frappés
dolore mediocri?	d'une douleur médiocre?

esse arbitramini? Non ita est, judices : primum, quod omnes religione moventur : et deos patrios, quos a majoribus acceperunt, colendos sibi diligenter et retinendos esse arbitrantur : deinde hic ornatus, hæc opera atque artificia, signa, tabulæ pictæ, græcos homines nimio opere delectant. Itaque ex illorum querimoniis intelligere possumus, hæc illis acerbissima videri, quæ forsitan nobis levia et contemnenda esse videantur. Mihi credite, judices (tametsi vosmetipsos hæc eadem audire certo scio), quum multas acceperint per hosce annos socii atque exteræ nationes calamitates et injurias; nullas græci homines gravius tulerunt, nec ferunt, quam hujuscemodi spoliationes fanorum atque oppidorum.

141. Licet iste dicat emisse se, sicuti solet dicere : credite hoc mihi, judices, nulla unquam civitas tota Asia et Græcia,

ples n'en ont ressenti qu'une douleur médiocre, détrompez-vous. D'abord tous les hommes sont attachés aux objets de leur culte; ils se font un devoir d'honorer et de conserver les dieux de leurs pères, mais, de plus, les Grecs se passionnent à l'excès pour leurs statues, leurs tableaux et les autres monuments de ce genre. La vivacité de leurs plaintes fait connaître à quel point ces pertes, qui peut-être vous semblent frivoles, sont cruelles pour eux. On vous l'a dit, et je le repète : de toutes les vexations que nos alliés et les autres nations étrangères ont essuyées dans ces derniers temps, rien n'a jamais plus chagriné les Grecs que ces spoliations de leurs temples et de leurs villes.

141. Vainement Verrès continuera de dire qu'il a acheté : daignez m'en croire : nul peuple, dans l'Asie entière, ni dans toute la

Non est ita, judices :
primum, quod omnes
moventur
religione,
et arbitrantur
deos patrios,
quos acceperunt
a majoribus,
esse colendos sibi
et retinendos diligenter;
deinde hic ornatus,
hæc opera
atque artificia,
signa, tabulæ pictæ,
delectant opere nimio
homines græcos.
Itaque
possumus intelligere
ex querimoniis illorum,
hæc videri illis
acerbissima,
quæ forsitan
videantur nobis
esse levia et contemnenda.
Credite mihi, judices
(tametsi scio certo
vosmetipsos
audire hæc eadem),
quum socii
atque nationes exteræ
acceperint
per hosce annos
multas calamitates
et injurias;
homines græci
tulerunt nullas,
nec ferunt gravius,
quam spoliationes
hujuscemodi
fanorum atque oppidorum.

141. Licet iste dicat
se emisse,
sicuti solet dicere:
credite mihi hoc, judices,
nulla civitas
Asia tota et Græcia
vendidit unquam

Il n'*en* est pas ainsi, juges :
d'abord, parce que tous *les hommes*
sont émus
d'un sentiment-religieux,
et pensent
que les dieux de-la-patrie,
qu'ils ont reçus
de *leurs* pères,
doivent être honorés par eux
et conservés avec-soin ;
ensuite ces ornements,
ces ouvrages
et *ces* objets-d'art,
ces statues, *ces* tableaux,
plaisent par un travail recherché
aux hommes de-la-Grèce.
C'est pourquoi
nous pouvons juger
par les plaintes d'eux,
que ces *pertes* ont paru à eux
très-cruelles,
elles qui peut-être
nous semblent à nous
être légères et méprisables.
Croyez-moi, juges
(quoique je sache certainement
que vous-mêmes
avez entendu *dire* ces mêmes choses),
si *nos* alliés
et les nations étrangères
ont subi
pendant ces années *dernières*
beaucoup de calamités
et de vexations ;
les hommes de-la-Grèce
n'*en* ont supporté aucunes,
ni ne *les* supportent avec-plus-de-peine,
que les spoliations
de cette sorte
des temples et des villes.

141. Il est-permis que ce *Verrès* dise
qu'il a acheté,
comme il a-l'habitude de *le* dire :
croyez-moi en cela, juges,
aucun état
dans l'Asie entière et la Grèce
n'a vendu jamais

signum ullum, ullam tabulam pictam, ullum denique ornamentum urbis, sua voluntate cuiquam vendidit. Nisi forte existimatis, posteaquam judicia severa Romæ fieri desierint, græcos homines hæc venditare cœpisse, quæ tum non modo non venditabant, quum judicia fiebant, verum etiam coemebant : aut nisi arbitramini, L. Crasso, Q. Scævolæ, C. Claudio, potentissimis hominibus, quorum ædilitates ornatissimas vidimus, commercium istarum rerum cum græcis hominibus non fuisse : iis, qui post judiciorum dissolutionem ædiles facti sunt, fuisse.

LX. 142. Acerbiorem etiam scitote esse civitatibus falsam istam et simulatam emptionem, quam si quis clam surripiat, aut eripiat palam, atque auferat. Nam turpitudinem summam esse arbitrantur, referri in litteras publicas, pretio adductam civitatem, et pretio parvo, ea, quæ accepisset a majoribus,

Grèce, ne vendit volontairement une seule statue, un seul tableau, en un mot, un seul ornement de sa ville. Quand les lois étaient en vigueur, les Grecs, loin de vendre ces objets précieux, les achetaient partout où ils pouvaient. Pensez-vous qu'ils aient cherché à les vendre lorsque les tribunaux ont cessé d'être sévères? Crassus, Scévola, Claudius, ces hommes si puissants, et dont l'édilité fut signalée par tant de magnificence, ne purent se procurer ces chefs-d'œuvre par la voie du commerce : le trafic ne s'en est-il établi que pour les édiles nommés depuis la corruption de nos tribunaux?

LX. 142. Sachez que ces achats simulés leur causent encore plus de douleur qu'un larcin secret, ou qu'un enlèvement à force ouverte : car ils regardent comme une infamie qu'on lise dans leurs registres qu'ils ont été capables de vendre et d'aliéner pour une somme, et pour une somme modique, ce qu'ils avaient reçu de leurs ancêtres.

cuiquam, sua voluntate,	à qui que ce soit, de sa volonté,
ullum signum,	aucune statue,
ullam tabulam pictam,	aucun tableau,
denique	en un mot
ullum ornamentum urbis.	aucun ornement de *sa* ville.
Nisi existimatis forte,	A moins que vous ne pensiez peut-être,
posteaquam judicia	qu'après que les jugements
desierint fieri severa	ont cessé d'être sévères
Romæ,	à Rome,
homines græcos	les hommes de-la-Grèce
cœpisse venditare hæc,	se soient mis à vendre ces *objets*,
quæ non modo	que non-seulement
non venditabant	ils ne vendaient pas
tum quum judicia fiebant,	alors que les jugements étaient *sévères*,
verum etiam coemebant;	mais encore *les* achetaient *partout*;
aut nisi arbitramini	ou bien à moins que vous ne pensiez
commercium	que le commerce
istarum rerum	de ces objets
cum hominibus Græcis	avec les hommes de-la-Grèce
non fuisse L. Crasso,	n'existât pas pour L. Crassus,
Q. Scævolæ, C. Claudio,	Q. Scévola, C. Claudius,
hominibus potentissimis,	les hommes les plus puissants,
quorum vidimus	dont nous avons vu
ædilitates ornatissimas:	les édilités si brillantes:
fuisse iis	et qu'il fut *possible* pour ceux
qui facti sunt ædiles	qui devinrent édiles
post dissolutionem	après la corruption
judiciorum.	des jugements.
LX. 142. Scitote etiam	LX. 112. Sachez aussi
istam emptionem	que cet achat
falsam et simulatam	faux et simulé
esse acerbiorem	est plus cruel
civitatibus,	pour les villes,
quam si quis	que si quelqu'un
surripiat clam,	commettait-un-vol en-secret,
aut eripiat palam,	ou commettait-une-violence en public,
atque auferat.	et commettait un-enlèvement.
Nam arbitrantur esse	Car elles pensent que *c'*est
turpitudinem summam,	une honte extrême,
referri	qu'il soit porté
in litteras publicas	sur les registres publics
civitatem adductam pretio,	qu'une ville déterminée par un prix,
et pretio parvo,	et par un prix infime,
vendidisse	a vendu
atque abalienasse	et a aliéné
ea quæ accepisset	ce qu'elle avait reçu
a majoribus.	de *ses* ancêtres.

vendidisse atque abalienasse. Etenim mirandum in modum Græci rebus istis, quasi nos contemnimus, delectantur. Itaque majores nostri facile patiebantur, hæc esse quam plurima apud socios, ut imperio nostro quam ornatissimi florentissimique essent : apud eos autem, quos vectigales aut stipendiarios [1] fecerant, tamen hæc relinquebant, ut illi, quibus ea jucunda sunt, quæ nobis levia videntur, haberent hæc oblectamenta, et solatia servitutis.

143. Quid arbitramini Rheginos, qui jam cives romani sunt, merere velle, ut ab eis marmorea Venus illa auferatur? quid Tarentinos, ut Europam in tauro sedentem amittant? ut Satyrum, qui apud illos in æde Vestæ est? ut cetera? quid Thespienses, ut Cupidinis signum, propter quod unum visuntur Thespiæ? quid Cnidios, ut Venerem marmoream? quid, ut pictam, Coos? quid Ephesios, ut Alexandrum? quid Cyzicenos, ut Ajacem, aut Medeam? quid Rhodios, ut Ialysum?

Je le répète, leur passion est extrême pour tous ces objets, qui sont de nul prix à nos yeux. Aussi nos ancêtres voyaient-ils sans peine qu'ils en possédassent un grand nombre. Ils voulaient que, sous notre empire, les villes fussent magnifiques et florissantes; et, lors même qu'ils les soumettaient à des tributs et à des impôts, ils leur abandonnaient ces frivoles jouissances, comme un amusement et une consolation de la servitude.

143. Eh! quelle somme pourrait déterminer les Rhégiens, aujourd'hui citoyens romains, à céder leur Vénus de marbre; et les Tarentins, leur statue d'Europe enlevée par un taureau, le Satyre qu'ils ont dans leur temple de Vesta, et leurs autres chefs-d'œuvre? A quel prix les Thespiens mettraient-ils le Cupidon, qui seul attire les curieux dans leur ville? les Cnidiens, leur Vénus de marbre? ceux de Cos, le tableau de cette même déesse? Ephèse, son Alexandre? Cyzique, son Ajax ou sa Médée? Rhodes, son Ialysus? Athènes, son

Etenim Græci delectantur
in modum mirandum
istis rebus,
quasi nos contemnimus.
Itaque nostri majores
patiebantur facile
hæc esse quam plurima
apud socios,
ut nostro imperio
essent quam ornatissimi
florentissimique;
apud eos autem
quos fecerant vectigales
aut stipendiarios,
tamen relinquebant hæc,
ut illi,
quibus ea sunt jucunda
quæ videntur nobis levia,
haberent hæc
oblectamenta,
et solatia servitutis.
143. Quid arbitramini
Rheginos,
qui jam sunt cives romani,
velle merere,
ut illa Venus marmorea
auferatur ab eis?
Quid Tarentinos,
ut amittant Europam
sedentem in tauro?
ut Satyrum,
qui est apud illos
in æde Vestæ?
ut cetera?
quid Thespienses,
ut signum Cupidinis,
propter quod unum
Thespiæ visuntur?
quid Cnidios,
ut Venerem marmoream?
quid Coos, ut pictam?
quid Ephesios,
ut Alexandrum?
quid Cyzicenos,
ut Ajacem, aut Medeam?
quid Rhodios,
ut Ialysum?

En effet les Grecs sont charmés
à un point étonnant
par ces objets,
de même que nous *les* dédaignons.
C'est pourquoi nos ancêtres
souffraient volontiers
qu'ils fussent en très-grand nombre
chez *nos* alliés,
pour que sous notre empire
ils fussent très-riches
et très-florissants;
chez ceux d'un autre côté
qu'ils avaient faits tributaires
ou soumis-à-des-impôts,
ils laissaient néanmoins ces *objets*,
afin que ces *peuples*,
pour lesquels cela est agréable
qui paraît à nous futile,
eussent eux
comme des amusements,
et des consolations de la servitude.
143. Combien pensez-vous
que les Rhégiens,
qui maintenant sont citoyens romains,
voudraient recevoir,
pour que cette Vénus de-marbre
fût ôtée à eux?
Combien les Tarentins,
pour perdre Europe
assise sur le taureau?
pour *perdre* le Satyre,
qui est chez eux
dans le temple de Vesta?
pour *perdre* tout *le reste?*
combien les Thespiens,
pour la statue de Cupidon,
à cause de laquelle seule
Thespies est visitée?
combien les Cnidiens,
pour *leur* Vénus de-marbre?
combien les *habitants* de-Cos, pour *leur* [*Vénus* peinte?
combien les Éphésiens,
pour *leur* Alexandre?
combien *ceux* de-Cyzique,
pour Ajax, ou Médée?
combien les Rhodiens,
pour Ialysus?

quid Athenienses, ut ex marmore Iacchum, aut Paralum pictum, aut ex ære Myronis buculam? Longum est et non necessarium commemorare, quæ apud quosque visenda sunt tota Asia et Græcia. Verum illud est, quamobrem hæc commemorem; quod existimare vos hoc volo, mirum quemdam dolorem accidere iis, ex quorum urbibus hæc auferantur.

LXI. 144. Atque, ut ceteros omittamus, de ipsis Syracusanis cognoscite: ad quos ego quum venissem, sic primo existimabam, ut Romæ ex istius amicis acceperam, civitatem syracusanam propter Heraclii hereditatem [1], non minus esse isti amicam, quam mamertinam propter prædarum ac furtorum omnium societatem: simul et verebar, ne mulierum nobilium et formosarum gratia, quarum iste arbitrio præturam per triennium gesserat, virorumque, quibuscum illæ nuptæ erant, nimia in

Bacchus de marbre, son tableau de Paralus, ou la fameuse génisse de Myron? Il serait long, autant qu'inutile, de dénombrer ici toutes les choses qui sont à voir dans chacune des villes de l'Asie et de la Grèce. Ce que j'en ai cité n'est que pour faire concevoir combien sont douloureusement affectés ceux à qui l'on enlève de si précieux ornements.

LXI. 144. Jugez-en par les Syracusains. Lorsque j'arrivai chez eux, je crus d'abord, comme les amis de Verrès le disaient à Rome, que l'héritage d'Héraclius avait mis Syracuse dans ses intérêts, de même qu'il s'était concilié Messine, en l'associant à ses vols et à ses pillages. D'ailleurs, je craignais, si je demandais la communication de leurs registres, d'être traversé par les intrigues des femmes les plus nobles et les plus belles de la ville, dont il avait été l'esclave

quid Athenienses,
ut Iacchum ex marmore,
aut Paralum pictum,
aut buculam Myronis
ex ære?
Est longum
et non necessarium
commemorare
quæ sunt visenda
apud quosque
tota Asia et Græcia.
Verum illud est
quamobrem commemorem
hæc,
quod volo
vos existimare hoc,
quemdam dolorem mirum
accidere iis
ex urbibus quorum
hæc auferantur.

LXI. 144. Atque
cognoscite
de Syracusanis ipsis,
ut omittamus ceteros :
quum ego venissem
ad quos,
existimabam primo sic,
ut acceperam Romæ
ex amicis istius,
civitatem syracusanam,
propter hereditatem
Herachi,
non esse minus amicam
isti
quam mamertinam
propter societatem
omnium prædarum
ac furtorum.
et simul verebar
ne gratia
mulierum nobilium
et formosarum,
arbitrio quarum
iste gesserat præturam
per triennium,
virorumque quibuscum
illæ erant nuptæ,

combien les Athéniens,
pour *leur* Bacchus en marbre,
ou Paralus peint (le tableau de Paralus),
ou la génisse de Myron
en airain?
Il est long
et non nécessaire
de rappeler
les choses qui sont à-voir
chez chaque *peuple*
dans toute l'Asie et la Grèce.
Mais c'est *la le motif*
pour lequel j'ai cité
celles-là,
c'est que je veux
que vous compreniez cette *vérité*,
qu'une douleur extraordinaire
affecte ceux
aux villes desquels
ces *monuments* sont arrachés.

LXI. 144. Et
jugez-*en*
par les Syracusains mêmes,
pour ne-pas-parler des autres :
lorsque j'arrivai
chez eux,
je pensais d'abord ainsi,
comme je *l'*avais appris à Rome
des amis de ce *Verres*,
que la ville de-Syracuse,
à cause de l'héritage
d'Héraclius,
n'était pas moins affectionnée
pour lui
que *celle* de-Messine
à cause de *son* association
dans toutes *ses* rapines
et dans *ses* vols,
et en même temps je craignais
que par le crédit
des femmes nobles
et belles,
par le caprice desquelles
il avait conduit *sa* préture
pendant trois-ans,
et des hommes avec-lesquels
elles étaient mariées,

istum non modo lenitudine, sed etiam liberalitate oppugnarer, si quid ex litteris Syracusanorum conquirerem.

145. Itaque Syracusis cum civibus romanis eram : eorum tabulas exscribebam : injurias cognoscebam. Quum diutius in negotio curaque fueram : ut requiescerem, curamque animi remitterem, ad Carpinatii præclaras tabulas[1] revertebar : ubi cum equitibus romanis ex illo conventu honestissimis, illos Verrutios, de quibus ante dixi, explicabam : a Syracusanis prorsus nihil adjumenti neque publice neque privatim exspectabam, neque erat in animo postulare. Quum hæc agerem, repente ad me venit Heraclius is, qui tum magistratum Syracusis habebat, homo nobilis, qui sacerdos Jovis fuisset, qui honos apud Syracusanos est amplissimus : agit mecum, et cum fratre meo, ut, si nobis videretur, adiremus ad eorum senatum :

pendant les trois années de sa préture, et par les maris de ces femmes, qui s'étaient montrés si faciles et si complaisants pour leur préteur.

145. Je ne voyais donc que les citoyens romains ; je feuilletais leurs journaux ; j'y recueillais les traces de ses injustices. Pour me délasser de ces travaux pénibles, je revenais aux fameux registres de Carpinatius. Avec les plus respectables des chevaliers qui sont établis dans cette ville, je parvenais à éclaircir cette multitude d'articles dont je vous ai parlé ailleurs, et que je voyais tous inscrits sous le nom de Verrutius. Je n'attendais rien ni des magistrats, ni des habitants de Syracuse : il n'était pas dans mon intention d'avoir recours à eux. Un jour, je vois paraître chez moi Héraclius, le premier magistrat de Syracuse, citoyen distingué par sa naissance et qui avait été prêtre de Jupiter : c'est chez eux la dignité la plus honorable. Il me propose de venir au sénat avec mon frère; il nous dit

oppugnarer
non modo
lenitudine nimia in istum,
sed etiam liberalitate,
si conquirerem quid
ex litteris
Syracusanorum.
145. Itaque
eram Syracusis
cum civibus romanis :
exscribebam
tabulas eorum,
cognoscebam injurias.
Quum fueram diutius
in negotio curaque,
revertebar
ad tabulas præclaras
Carpinatii,
ut requiescerem
remitteremque
curam animi :
ubi explicabam
cum equitibus romanis
honestissimis
ex illo conventu,
illos Verrutios,
de quibus dixi ante ;
exspectabam a Syracusanis
prorsus nihil adjumenti
neque publice
neque privatim,
neque erat in animo
postulare.
Quum agerem hæc,
Heraclius venit ad me
repente,
is qui tum Syracusis,
habebat magistratum,
homo nobilis,
qui fuisset sacerdos Jovis,
honos qui est amplissimus
apud Syracusanos :
agit mecum,
et cum meo fratre,
ut, si videretur nobis,
adiremus
ad senatum eorum ;

je ne fusse repoussé
non-seulement
par une douceur trop grande pour lui,
mais aussi par une *trop grande* générosité,
si je voulais rechercher quelque chose
dans les registres
des Syracusains.
145. C'est pourquoi
j'étais à Syracuse
avec les citoyens romains :
je transcrivais
les registres d'eux,
j'apprenais *leurs* griefs.
Lorsque j'avais été trop longtemps
à *ce* travail et à *ces* soins,
je revenais
aux registres fameux
de Carpinatius,
pour me reposer
et donner-du-relâche
aux préoccupations de *mon* esprit :
là j'éclaircissais
avec les chevaliers romains
les plus honorables
de cette colonie-romaine,
ces *articles au nom* de-Verrutius,
dont j'ai parlé auparavant ;
je n'attendais des Syracusains
absolument aucun secours
ni en public
ni en particulier,
et il n'était pas dans *mon* intention
d'*en* demander.
Pendant que je faisais cela,
Héraclius vient à moi
tout à coup,
celui qui alors à Syracuse,
occupait la *première* magistrature,
citoyen noble,
qui avait été prêtre de Jupiter,
dignité qui est la plus considérable
chez les Syracusains :
il traite avec-moi,
et avec mon frère,
que, si *cela* semblait-bon à nous,
nous nous rendissions
dans le sénat d'-eux ;

frequentes esse in curia : se jussu senatus a nobis petere, ut veniremus. Primo nobis fuit dubium, quid ageremus : deinde cito venit in mentem, non esse vitandum nobis illum conventum et locum.

LXII. 146. Itaque in curiam venimus. Honorifice sane consurgitur : nos rogatu magistratus assedimus. Incipit is loqui, qui et auctoritate, et ætate, et, ut mihi visum est, usu rerum antecedebat, Diodorus Timarchidi : cujus omnis oratio hanc habuit primo sententiam : senatum populumque syracusanum moleste graviterque ferre, quod ego, quum in ceteris Siciliæ civitatibus senatum populumque docuissem, quid eis utilitatis, quid salutis afferrem, et quum ab omnibus mandata, legatos, litteras, testimoniaque sumpsissem, in illa civitate nihil ejusmodi facerem. Respondi, neque Romæ in conventu Siculorum, quum a me auxilium communi omnium legationum consilio

que tout le corps s'est réuni, et qu'il vient, de sa part, nous faire cette invitation. Nous hésitons d'abord; mais bientôt nous jugeâmes que nous ne devions pas refuser de nous rendre à cette assemblée.

LXII. 146. Nous allons donc au sénat : on se lève pour nous faire honneur; et, sur la prière du magistrat, nous prenons place. Diodore, fils de Timarchide, le premier des sénateurs par son autorité personnelle, par sa sagesse, et, autant que j'en puis juger, par son expérience, prit la parole. Voici quelle fut à peu près la substance de son discours. Le sénat et le peuple de Syracuse ressentaient une peine extrême de ce qu'après avoir informé les autres villes de l'objet de mon voyage et des secours que je leur apportais, et avoir pris partout des renseignements, fait nommer des députations, recueilli des pièces et des témoignages, je n'agissais pas de même avec eux. Je répondis que, lorsque les députations réunies étaient venues à Rome réclamer mes bons offices, et me confier la défense de toute

esse frequentes
in curia ;
se petere a nobis
jussu senatus,
ut veniremus.
Primo dubium fuit nobis,
quid ageremus;
deinde
venit cito in mentem,
illum conventum et locum
non esse vitandum nobis.

LXII. 146. Itaque
venimus in curiam.
Consurgitur
sane honorifice :
nos assedimus
rogatu magistratus.
Is qui antecedebat
et auctoritate, et ætate,
et, ut visum est mihi,
usu rerum,
incipit loqui,
Diodorus Timarchidi :
cujus oratio omnis
habuit primo
hanc sententiam :
senatum
populumque syracusanum
ferre moleste graviterque,
quod quum ego docuissem
senatum populumque
in ceteris civitatibus
Siciliæ,
quid afferrem eis utilitatis,
quid salutis,
et quum sumpsissem
ab omnibus mandata,
legatos, litteras,
testimoniaque,
facerem nihil ejusmodi
in illa civitate.
Respondi, neque legatos
Syracusanorum
adfuisse Romæ
in conventu Siculorum,
quum auxilium
petebatur a me

ajoutant que *les membres* sont nombreux
au palais-du-sénat ;
qu'il demande à nous
par l'ordre du sénat,
que nous *y* venions.
D'abord doute fut à nous,
sur ce que nous ferions ;
ensuite
il *nous* vint bientôt à l'esprit,
que cette réunion et *ce* lieu
ne devaient pas être évités par nous.

LXII. 146. C'est pourquoi
nous allons au sénat.
On se lève
tout à fait avec-respect :
nous prenons-place
à la prière du magistrat.
Celui qui l'emportait
et par *son* influence, et par *son* âge,
et, comme il sembla à moi,
par *son* usage des choses (expérience),
commence à parler,
Diodore *fils* de Timarchide :
dont le discours tout-entier
eut d'abord
cette pensée *pour sujet* .
que le sénat
et le peuple de-Syracuse
supportaient avec-peine et avec-douleur,
qu'après que j'avais informé
le senat et le peuple
dans les autres villes
de la Sicile, [secours,
de ce que j'apportais à eux *de moyens* de
de ce que *j'apportais de moyens* de salut,
et après que j'avais recueilli
dans toutes des renseignements,
des députations, des registres,
et des témoignages,
je ne faisais rien de ce genre
dans cette ville.
Je répondis, et que les députés
des Syracusains
ne s'étaient pas présentés à Rome
dans la réunion des Siciliens,
lorsqu'un secours
était réclamé de moi

petebatur, causaque totius ad me Siciliæ deferebatur, legatos Syracusanorum adfuisse : neque me postulare, ut quidquam contra C. Verrem decerneretur in ea curia, in qua inauratam C. Verris statuam [1] viderem.

147. Quod posteaquam dixi, tantus est gemitus factus adspectu statuæ et commemoratione, ut illud in curia positum monumentum scelerum, non beneficiorum videretur. Tum pro se quisque, quantum dicendo assequi poterat, docere me cœpit ea, quæ paulo ante commemoravi : spoliatam urbem, fana direpta : ex Heraclii hereditate, quam palæstritis concessisset, multo maximam partem ipsum abstulisse : neque postulandum fuisse, ut ille palæstritas diligeret, qui etiam inventorem olei deum [2] sustulisset : neque illam statuam esse ex pecunia publica, neque publice datam : sed eos, qui hereditatis diripiendæ participes fuissent, faciendam statuendamque

la Sicile, les députés de Syracuse ne s'étaient pas présentés, et que d'ailleurs je ne pouvais solliciter un arrêt contre Verrès, dans une salle où je voyais une statue de Verrès toute brillante d'or.

147. A ces mots, tous les yeux se portèrent vers la statue dont je rappelais le souvenir. Un gémissement général me fit voir qu'elle était un monument de ses forfaits et non un hommage de leur reconnaissance. Chacun s'empresse de m'instruire des vols que j'ai cités plus haut. Ils me disent que Verrès a pillé la ville et dépouillé les temples ; qu'il a gardé pour lui la plus grande partie de l'héritage d'Héraclius, adjugé au gymnase ; qu'en effet, après avoir enlevé le dieu inventeur de l'huile, il ne pouvait pas prendre beaucoup d'intérêt aux exercices des lutteurs. Ils m'apprennent que sa statue n'a point été érigée par un décret public, mais par ceux qui ont partagé avec lui l'héritage d'Héraclius ; que la députation a été com-

consilio communi	par le conseil commun
omnium legationum,	de toutes les députations,
causaque totius Siciliæ	et que la cause de toute la Sicile
deferebatur ad me;	était remise à moi;
neque me postulare	et que je ne demandais pas
ut quidquam decerneretur	que quelque chose fût résolu
contra C. Verrem	contre C. Verrès
in ea curia,	dans ce sénat,
in qua viderem	dans lequel je voyais
statuam inauratam	une statue dorée
C. Verris.	de C. Verrès.
147. Posteaquam	147. Lorsque
dixi quod,	j'eus prononcé ces *paroles*,
gemitus tantus factus est	un gémissement si grand s'éleva
adspectu statuæ	à l'aspect de la statue
et commemoratione,	et au souvenir *que je rappelais*,
ut illud videretur	qu'elle semblait *être*
monumentum scelerum,	un monument des crimes,
non beneficiorum,	*et* non des bienfaits *de Verrès*,
positum in curia.	dressé dans le sénat.
Tum quisque pro se	Alors chacun pour soi (de son côté)
cœpit docere me,	se mit à instruire moi,
quantum poterat	autant qu'il pouvait
assequi dicendo,	*le* faire par un récit,
ea quæ commemoravi	de ces *détails* que j'ai rappelés
paulo ante:	peu auparavant:
urbem spoliatam,	*on me dit* que la ville *a été* dépouillée,
fana direpta;	les temples pillés;
ipsum abstulisse	que ce *Verrès* a pris *pour lui*
partem multo maximam	une portion de beaucoup la plus grande
ex hereditate Heraclii,	de l'héritage d'Héraclius,
quam concessisset	laquelle *Héraclius* a laissée
palæstritis;	aux gymnastes;
neque fuisse postulandum	et que l'on ne pouvait pas demander
ut ille qui sustulisset	que celui qui avait enlevé
deum etiam	le dieu même
inventorem olei,	inventeur de l'huile,
diligeret palæstritas;	aimât *beaucoup* les maîtres-de-palestre;
neque illam statuam	que cette statue
esse datam	n'a pas été donnée
ex pecunia publica,	aux frais du-public,
neque publice;	ni au-nom-de-la-ville;
sed eos	mais que ceux
qui fuissent participes	qui avaient été participants
hereditatis diripiendæ,	de l'héritage à-dérober,
curasse faciendam	*l'*avaient fait faire
statuendamque;	et placer;

curasse : eosdem Romæ fuisse legatos, illius adjutores improbitatis, socios furtorum, conscios flagitiorum : eo minus mirari me oportere, si illi communi legatorum voluntati et saluti Siciliæ defuissent.

LXIII. 148. Ubi eorum dolorem ex illius injuriis, non modo non minorem, sed prope majorem, quam ceterorum Siculorum esse cognovi : tum ego meum animum in illos, tum mei consilii negotiique totius suscepti causam rationemque proposui : tum eos hortatus sum, ut causæ communi salutique ne deessent : ut illam laudationem, quam se vi ac metu coactos, paucis illis diebus, decresse dicebant, tollerent. Itaque, judices, Syracusani hæc faciunt, istius clientes atque amici. Primum mihi litteras publicas, quas in ærario sanctiore conditas habebant, proferunt : in quibus ostendunt omnia, quæ dixi ablata esse, perscripta, et plura etiam, quam ego potui dicere : perscripta autem hoc modo, QUOD EX ÆDE MINERVÆ

posée de ces mêmes hommes, ministres de ses forfaits, complices de ses vols, compagnons de ses débauches; que je ne dois pas être étonné qu'ils ne se soient pas unis aux autres députés pour le salut de la Sicile.

LXIII. 148. Dès que j'eus connu que leur ressentiment égalait, s'il ne surpassait même celui des autres Siciliens, je leur ouvris mon âme tout entière; je leur développai le plan que je m'étais tracé. Je les exhortai à ne pas trahir la cause commune, à rétracter cet éloge qu'ils disaient leur avoir été arraché quelques jours auparavant par la violence et la crainte. Que font alors les Syracusains, les clients, les amis de Verrès? Ils m'apportent leurs registres, qu'ils tenaient cachés dans le lieu le plus secret de leurs archives; ils me montrent l'état des objets que je vous ai dit avoir été enlevés par Verrès, et de bien d'autres dont je n'ai pu vous parler. Le procès-verbal portait

eosdem
fuisse legatos Romæ,
adjutores improbitatis
illius,
socios furtorum,
conscios flagitiorum;
oportere me mirari
eo minus,
si illi defuissent
voluntati communi
legatorum
et saluti Siciliæ.
LXIII. 148. Ubi cognovi
dolorem eorum
ex injuriis illius, esse
non modo non minorem
quam ceterorum
Siculorum,
sed prope majorem,
ego proposui tum
meum animum in illos,
tum causam rationemque
mei consilii
totiusque negotii suscepti;
tum hortatus sum eos
ut ne deessent causæ
salutique communi;
ut tollerent
illam laudationem,
quam dicebant se decresse,
illis diebus paucis,
coactos vi ac metu.
Itaque, judices,
Syracusani clientes
atque amici istius
faciunt hæc.
Primum proferunt mihi
litteras publicas,
quas habebant conditas
in ærario sanctiore;
in quibus
ostendunt perscripta
omnia
quæ dixi esse ablata,
et plura etiam
quam ego potui dicere;
perscripta autem hoc modo,

que ces mêmes *hommes*
avaient été députés à Rome,
comme ministres des forfaits
de ce *Verrès*,
complices de *ses* vols,
compagnons de *ses* débauches;
qu'il faut que je m'étonne
d'autant moins,
s'ils ont fait-défaut
à la volonté commune
des députés
et au salut de la Sicile.
LXIII. 148. Lorsque je vis
que le ressentiment de ceux-ci
des injustices de ce *Verrès*, était
non-seulement non inférieur
à *celui* des autres
Siciliens,
mais presque plus grand,
je *leur* fis-connaître alors
mes sentiments envers eux,
ainsi que le motif et le plan
de ma conduite
et de toute l'affaire entreprise;
ensuite j'exhortai eux
à ne pas manquer à la cause
et au salut de-tous;
à rétracter
cet éloge,
qu'ils disaient soi avoir décrété,
dans ces jours *écoulés depuis* peu
forcés par la violence et la peur.
C'est pourquoi, juges,
les Syracusains clients
et amis de ce *Verrès*
font ce *que je vais dire*.
D'abord ils apportent à moi
les registres publics,
qu'ils tenaient cachés
dans les archives les plus secrètes;
sur ces *registres*
ils *me* montrent inscrits
tous *les objets*
que j'ai dit avoir été enlevés,
et de plus nombreux encore
que je n'ai pu *le* dire;
mais inscrits de cette manière,

[hoc et illud] ABESSET : QUOD EX ÆDE JOVIS, QUOD EX ÆDE LIBERI. Ut quisque eis rebus tuendis conservandisque præfuerat, ita perscriptum erat, quum rationem ex lege redderet, et quæ acceperat, deberet tradere : petisse, ut sibi, quod hæ res abessent, ignosceretur : itaque omnes liberatos discessisse, et esse ignotum omnibus : quas ego litteras obsignandas publico signo deportandasque curavi.

149. De laudatione autem ratio sic reddita est : primum quum a C. Verre litteræ aliquanto ante adventum meum de laudatione venissent, nihil esse decretum : deinde, quum quidam ex illius amicis commonerent, oportere decerni, maximo esse clamore et convicio repudiatos : posteaquam meus adventus appropinquarit, imperasse eum, qui summam potestatem haberet, ut decernerent : decretum ita esse, ut multo plus illi laudatio mali, quam boni posset afferre.

que TEL OU TEL OBJET MANQUAIT DANS LE TEMPLE DE MINERVE, TEL AUTRE DANS LE TEMPLE DE JUPITER, TEL AUTRE DANS CELUI DE BACCHUS ; et qu'en rendant leurs comptes, aux termes de la loi, chacun des hommes préposés à la garde de ces dépôts qu'ils devaient représenter, avait demandé à n'être pas inquiété pour les objets qui ne se trouvaient plus ; que tous avaient été déchargés et acquittés. J'eus soin de faire apposer le sceau de la ville sur ces registres, et je les fis emporter.

149. Quant à l'éloge décerné à Verrès, voici l'explication qui me fut donnée. Quelque temps avant que j'arrivasse, Verrès leur avait écrit à ce sujet. On ne prit aucun arrêté. Dans la suite, plusieurs de ses amis avaient essayé de renouer la négociation : ils furent repoussés par des cris et des huées. Au moment où j'allais arriver, celui qui était revêtu du pouvoir suprême leur avait enjoint de prendre un arrêté en faveur de Verrès. Ils avaient obéi, mais de manière que leur éloge devait lui faire plus de mal que de bien.

QUOD ABESSET
hoc et illud
EX ÆDE MINERVÆ ;
QUOD EX ÆDE JOVIS,
QUOD EX ÆDE LIBERI.
Ut quisque præfuerat
eis rebus tuendis
conservandisque,
erat ita perscriptum,
quum redderet rationem
ex lege, et deberet
tradere quæ acceperat ;
petisse
ut ignosceretur sibi,
quod hæ res abessent ;
itaque omnes discessisse
liberatos,
et esse ignotum omnibus :
ego curavi quas litteras
obsignandas signo publico
deportandasque.

149. Ratio autem
de laudatione
est reddita sic :
primum quum litteræ
de laudatione
venissent a C. Verre,
aliquanto
ante meum adventum,
nihil esse decretum ;
deinde, quum quidam
ex amicis illius
commonerent
oportere decerni,
esse repudiatos
clamore maximo
et convicio ;
posteaquam meus adventus
appropinquarit,
eum qui haberet
potestatem summam
imperasse ut decernerent :
esse decretum ita
ut laudatio
posset afferre illi
multo plus mali
quam boni.

QU'IL MANQUAIT
tel et tel *objet*
DU TEMPLE DE MINERVE ;
QU'*il manquait* DU TEMPLE DE JUPITER,
QU'*il manquait* DU TEMPLE DE BACCHUS.
Suivant que chacun avait présidé
à ces objets devant être gardés
et devant être conservés,
il avait été noté *auprès de son nom*,
que comme il rendait compte
suivant la loi, et qu'il devait
reproduire les *objets* qu'il avait reçus ;
il avait demandé
qu'il fût pardonné à lui,
de ce que ces objets manquaient ;
qu'ainsi tous s'étaient retirés
absous,
et qu'on avait pardonné à tous :
j'eus-soin que ces registres
fussent marqués du sceau public
et fussent emportés.

149. Le motif, au reste,
à propos de l'éloge *décerné*
me fut expliqué ainsi :
d'abord lorsqu'une lettre
au sujet de *cet* éloge
fut venue de C. Verrès,
quelque temps
avant mon arrivée,
rien ne fut résolu ;
ensuite, comme quelques-uns
des amis de lui
donnaient-le-conseil
qu'il fallait qu'il fût décrété,
ils furent repoussés
par de grands cris
et par des huées ;
lorsque ensuite mon arrivée
fut-proche,
celui qui avait
le pouvoir suprême
ordonna que l'on votât *l'éloge :*
et il fut décrété ainsi
que l'éloge
pouvait faire à ce *Verrès*
beaucoup plus de mal
que de bien.

Id adeo, judices, ut mihi ab illis demonstratum est, sic vos ex me cognoscite.

LXIV. 150. Mos est Syracusis, ut, si qua de re ad senatum referatur, dicat sententiam, qui velit. Nominatim nemo rogatur; et tamen, ut quisque honore et ætate antecedit, ita primus solet sua sponte dicere : idque a ceteris ei conceditur; si quando taceant omnes, tunc sortito coguntur dicere. Quum hic mos esset, refertur ad senatum de laudatione Verris. In quo primum, ut aliquid esset moræ, multi interpellant : de Sext. Peducæo, qui de illa civitate, totaque provincia optime meritus esset, sese antea, quum audissent, ei negotium facessitum, quumque eum publice pro plurimis ejus et maximis meritis laudare cuperent, a C. Verre prohibitos esse : iniquum esse, tametsi Peducæus eorum laudatione jam non uteretur,

C'est ce que je vais vous expliquer d'après ce qu'ils m'ont dit eux-mêmes.

LXIV. 150. Lorsqu'on rapporte une affaire dans le sénat de Syracuse, celui qui veut parler prend la parole. On ne fait point l'appel : cependant les sénateurs qui l'emportent par l'âge ou la dignité, parlent ordinairement les premiers ; c'est une déférence qu'on a pour eux. Quelquefois tous gardent le silence : alors ceux que le sort désigne sont obligés d'ouvrir un avis. On fit donc un rapport sur Verrès. Quelques membres cherchèrent d'abord à gagner du temps par une motion incidente. Ils observèrent que Péducéus, qui avait très-bien mérité de Syracuse, ainsi que de toute la province, se trouvant inquiété à Rome, le sénat avait voulu décerner l'hommage qu'ils devaient à leur bienfaiteur, et que Verrès l'en avait empêché ; qu'à la vérité Péducéus n'avait plus besoin de leur suffrage, mais qu'il serait injuste de ne pas prendre cet arrêté, si conforme à leur

Vos adeo, judices,
cognoscite ex me id
sic ut est demonstratum
mihi ab illis.

LXIV. 150. Est mos
Syracusis,
ut, si referatur ad senatum
de qua re,
qui velit,
dicat sententiam.
Nemo rogatur
nominatim;
et tamen,
ut quisque antecedit
honore et ætate,
ita solet dicere primus
sua sponte :
idque conceditur ei
a ceteris;
si quando omnes taceant,
tunc coguntur sortito
dicere.
Quum hic esset mos,
refertur ad senatum
de laudatione Verris.
In quo primum
multi interpellant,
ut esset aliquid moræ :
sese
antea,
quum audissent
de Sext. Peducæo,
qui meritus esset
optime
de illa civitate,
totaque provincia,
negotium facessitum ei,
quumque cuperent
laudare eum publice
pro meritis ejus
plurimis et maximis,
esse prohibitos
a C. Verre;
esse iniquum,
tametsi Peducæus
jam non uteretur
laudatione eorum,

Vous à présent, juges,
apprenez de moi ce *détail*,
de même qu'il a été expliqué
à moi par ces *Syracusains*.

LXIV. 150. *C*'est l'usage
à Syracuse,
que, si rapport-est-fait au sénat
sur quelque affaire,
celui qui *le* veut,
dise *son* avis.
Personne n'est appelé
par-*son*-nom;
et cependant,
c'est selon que chacun l'emporte
par le rang et par l'âge,
qu'il a-coutume de parler le premier
de sa *propre* volonté :
et cette *déférence* est accordée à lui
par les autres;
si tous gardent-le-silence *d'abord*,
alors ils sont obligés par-le-sort
à dire *leur avis*.
Puisque c'était l'usage *établi*,
rapport-est-fait au sénat
sur l'eloge de Verrès.
A ce *propos* d'abord
un grand nombre interrompent,
pour qu'il y ait quelque délai :
ils disent qu'eux (le sénat)
précédemment,
comme ils avaient entendu *dire*
au sujet de Sext. Péducéus,
qui avait mérité
si bien
de cette ville (de Syracuse),
et de toute la province,
qu'une affaire était suscitée à lui,
et comme ils désiraient
louer lui au-nom-du-public
pour les bienfaits de lui
nombreux et importants,
ils *en* avaient été empêchés
par C. Verrès;
qu'il était injuste,
quand bien même Péducéus
n'avait-plus-besoin
de l'éloge d'eux,

tamen non id prius decernere, quod aliquando voluissent, quam quod tum cogerentur.

151. Conclamant omnes, et approbant ita fieri oportere. Refertur de Peducæo. Ut quisque ætate et honore antecedebat, ita sententiam dixit ex ordine. Id adeo ex ipso senatusconsulto cognoscite : nam principum sententiæ perscribi solent. Recita. QUOD VERBA FACTA SUNT DE SEXT. PEDUCÆO. Dicit, qui primi suaserint. Decernitur. Refertur deinde de Verre. Dic, quæso, quomodo? QUOD VERBA FACTA SUNT DE C. VERRE. Quid postea scriptum est? QUUM SURGERET NEMO, NEQUE SENTENTIAM DICERET.... Quid hoc est? SORS DUCITUR. Quamobrem? Nemo erat voluntarius laudator præturæ tuæ, defensor periculorum tuorum, præsertim quum inire a prætore gratiam posset? Nemo. Ipsi illi tui convivæ, consiliarii et conscii, verbum facere non

ancien désir, avant de s'occuper de celui qu'on leur arrachait par violence.

151. Tous s'écrient et demandent la priorité pour Péducéus. On fait le rapport. Chacun opine suivant son âge et sa dignité. C'est ce que vous allez connaître par le sénatus-consulte; les noms des premiers opinants y sont inscrits. Lisez : SUR UNE PROPOSITION FAITE EN FAVEUR DE PÉDUCÉUS. Suivent les noms de ceux qui l'ont appuyée les premiers. Le projet est adopté. Ensuite on fait le rapport au sujet de Verrès. Voyons comment la chose s'est passée. SUR UNE PROPOSITION FAITE EN FAVEUR DE VERRÈS. La suite : COMME PERSONNE NE SE LEVAIT ET NE DONNAIT SON AVIS.... Eh bien! ON TIRE AU SORT. Comment! il s'agit de louer votre préture, il s'agit de vous secourir, et personne ne se présente, quoique par ce moyen on soit assuré de plaire à votre successeur! Vos convives eux-mêmes, vos conseillers, vos complices, vos associés n'osent dire

on decernere tamen	de ne pas rendre malgré cela
d, quod voluissent	ce *décret*, qu'ils avaient voulu *rendre*
liquando, priusquam	autrefois, avant que *de rendre*
uod cogerentur tum.	ce qu'ils étaient forcés *de rendre* alors.
151. Omnes conclamant,	151. Tous s'écrient,
t approbant	et sont-d'avis
portere fieri ita.	qu'il faut qu'il en soit ainsi.
efertur de Peducæo.	Rapport-est-fait sur Péducéus.
uisque ut antecedebat	Chacun selon qu'il l'emportait
ætate et honore,	d'âge et de dignité,
ita dixit sententiam	ainsi donna *son* opinion
ex ordine.	à *son* tour.
Cognoscite adeo id	Or prenez-connaissance de ceci
ex senatusconsulto ipso :	dans le sénatus-consulte même :
nam sententiæ principum	car les avis des principaux *sénateurs*
solent perscribi.	ont-coutume d'*y* être exprimés.
Recita.	Lis.
QUOD VERBA	SUR CE QUE DES PAROLES
SUNT FACTA	ONT ÉTÉ FAITES (dites)
DE SEXT. PEDUCÆO.	EN FAVEUR DE SEXT. PÉDUCÉUS.
Dicit	Il nomme
qui suaserint primi.	*ceux* qui *l*'ont appuyée les premiers.
Decernitur.	Décret-est-porté.
Deinde refertur de Verre.	Ensuite rapport-est-fait sur Verrès.
Dic, quæso, quomodo?	Lis, je *te* prie, comment *cela s'est-il passé?*
QUOD VERBA	SUR CE QUE DES PAROLES
SUNT FACTA	ONT ÉTÉ FAITES (dites)
DE C. VERRE.	EN FAVEUR DE C. VERRÈS.
Quid est scriptum postea?	Qu'y a-t-il écrit ensuite?
QUUM NEMO SURGERET,	COMME PERSONNE NE SE LEVAIT,
NEQUE DICERET	ET NE DISAIT
SENTENTIAM....	*son* AVIS....
Quid est hoc?	*Eh bien?* Qu'est-ce?
SORS DUCITUR.	LE SORT EST TIRÉ (on tire au sort).
Quamobrem?	Pour quelle raison?
Nemo erat	Personne n'était
laudator voluntarius	le panégyriste volontaire
tuæ præturæ,	de ta préture,
defensor	le défenseur
tuorum periculorum,	de tes dangers,
quum posset	quoique on pût *par là*
inire præsertim gratiam	se concilier fortement la faveur
a prætore?	du préteur (de ton successeur)?
Nemo.	Personne.
Illi tui convivæ ipsi,	Ces *hommes*, tes convives eux-mêmes,
consiliarii et conscii,	*tes* conseillers et *tes* complices,
non audebant	n'osaient pas

audebant. In qua curia statua tua stabat, et nuda filii, in ea nemo fuit, quem ne nudus quidem filius [1] in nudata provincia commoveret!

152. Atque etiam hoc me docent, ejusmodi senatusconsultum sese fecisse laudationis, ut omnes intelligere possent, non laudationem, sed potius irrisionem esse illam, quæ commonefaceret istius turpem calamitosamque præturam. Etenim scriptum esse ita, QUOD iste VIRGIS NEMINEM CECIDISSET : a quo cognoscitis nobilissimos homines atque innocentissimos securi esse percussos : QUOD VIGILANTER PROVINCIAM ADMINISTRASSET : cujus omnes vigilias in stupris constat adulteriisque esse consumptas : hoc [autem] scriptum esse, quod proferre non auderet reus, accusator recitare non desineret, QUOD PRÆDONES PROCUL AB INSULA SICILIA PROHIBUISSET VERRES : quos etiam intra syracusanam Insulam recepisset. Quæ posteaquam ex il-

un seul mot. Ils ont devant eux votre statue, la statue de votre fils tout nu, et pas un seul cœur ne s'ouvre à la pitié !

152. Les Syracusains me font connaître encore, par les termes mêmes du décret, que cet éloge n'est qu'une dérision qui rappelle la honte et les malheurs de sa préture. Voici comme il était rédigé : Le sénat considérant que Verrès N'A FAIT BATTRE PERSONNE DE VERGES : et vous savez que des hommes distingués et innocents ont été frappés de la hache ; QU'IL A ADMINISTRÉ LA PROVINCE AVEC VIGILANCE : il est notoire qu'il n'a jamais veillé que pour la débauche et l'adultère. Ils avaient ajouté un troisieme considérant, tel que l'accusé n'oserait jamais le produire, et que l'accusateur ne cesserait jamais de le répéter : c'était QU'IL AVAIT GARANTI LA SICILE DES INCURSIONS DES PIRATES; et, grâce à lui, les pirates taient entrés jusque dans l'Ile de Syracuse. Après avoir obtenu ces

facere verbum.	proférer une parole.
In curia qua stabat	Dans un sénat où se dressait
tua statua, et nuda filii,	ta statue, et *la statue* nue de *ton* fils,
in ea nemo fuit,	dans ce *sénat* personne n'a été,
quem ne quidem	que *la vue* même
filius nudus	*d*'un enfant nu
in provincia nudata	dans une province mise-à-nu
commoveret?	ait attendri?
152. Atque docent me	152 Et *les sénateurs* apprennent à moi
hoc etiam,	ceci encore,
sese fecisse	qu'il ont fait
senatusconsultum	le sénatus-consulte
laudationis ejusmodi,	pour l'éloge de telle façon,
ut omnes possent	que tous pouvaient
intelligere illam esse	comprendre que c'était
non laudationem,	non pas un éloge,
sed potius irrisionem,	mais plutôt une dérision,
quæ commonefaceret	qui rappelait
præturam turpem	la préture honteuse
calamitosamque istius.	et funeste de ce *Verrès*.
Etenim esse scriptum ita,	Car il était conçu ainsi,
QUOD iste	PARCE QUE ce *Verrès*
CECIDISSET	N'AVAIT FAIT FRAPPER
NEMINEM VIRGIS :	PERSONNE DE VERGES :
cognoscitis	vous savez
homines nobilissimos	que des hommes très-distingués
atque innocentissimos	et très-innocents
esse percussos securi a quo;	ont été frappés de la hache par lui ;
QUOD ADMINISTRASSET	PARCE QU'IL AVAIT ADMINISTRÉ
PROVINCIAM VIGILANTER:	LA PROVINCE AVEC-VIGILANCE :
cujus constat	*lui* dont il est-constant
omnes vigilias	que toutes les veilles
esse consumptas	ont été consumées
in stupris adulteriisque;	dans les débauches et les adultères ;
hoc autem esse scriptum,	or ce *motif* était écrit,
quod reus	que l'accusé
non auderet proferre,	n'oserait pas produire,
accusator	*et que* l'accusateur
non desineret recitare,	ne cesserait de répéter,
QUOD VERRES	PARCE QUE VERRÈS
PROHIBUISSET PRÆDONES	AVAIT ÉCARTÉ LES PIRATES
PROCUL AB INSULA	LOIN DE L'ILE
SICILIA :	*de* SICILE :
quos recepisset	*eux* qu'il avait reçus
etiam intra Insulam	même dans l'Ile
syracusanam.	de-Syracuse.
Posteaquam cognovi	Après que j'eus connu

lis cognovi, discessi cum fratre e curia, ut, nobis absentibus, si quid vellent, decernerent.

LXV. 153. Decernunt statim : primum, UT CUM L. FRATRE HOSPITIUM PUBLICE FIERET [1], quod is eamdem voluntatem erga Syracusanos suscepisset, quam ego semper habuissem. Id non modo tum scripserunt, verum etiam in ære incisum nobis tradiderunt. Valde Hercle te Syracusani tui, quos crebro commemorare soles, diligunt : qui cum accusatore tuo satis justam causam conjungendæ necessitudinis putant, quod te accusaturus sit, et quod inquisitum in te venerit. Postea decernitur, ac non varie, sed prope cunctis sententiis, UT LAUDATIO, QUÆ C. VERRI DECRETA ESSET, TOLLERETUR.

154. At vero, quum jam non solum discessio facta esset [2], sed etiam perscriptum atque in tabulas relatum, prætor ap-

renseignements, nous sortîmes, afin que les sénateurs pussent délibérer.

LXV. 153. Ils arrêtent aussitôt QUE LES HONNEURS DE L'HOSPITALITÉ PUBLIQUE SERONT OFFERTS A MON FRÈRE, parce qu'il a montré aux Syracusains la même bienveillance dont j'ai toujours été animé pour eux. Non-seulement cet arrêté fut transcrit dans leurs registres, mais on nous en remit une copie gravée sur l'airain. Il faut l'avouer, Verrès, ils vous aiment tendrement, ces Syracusains dont vous nous parlez sans cesse. Un homme se dispose à vous accuser ; il vient recueillir des informations contre vous, et c'est un titre suffisant pour qu'ils s'unissent à lui par les nœuds de la plus intime amitié. On propose ensuite de rapporter l'arrêté pris en faveur de Verrès : il est rapporté sans aucun débat et presque à l'unanimité.

154. La délibération était finie. Déjà la rédaction était transcrite dans le procès-verbal. On en appelle au préteur. Mais qui forma cet

quæ ex illis,
discessi e curia
cum fratre,
ut, nobis absentibus,
decernerent,
si vellent quid.

LXV. 153. Decernunt
statim :
primum,
UT HOSPITIUM
FIERET PUBLICE
CUM L. FRATRE,
quod is suscepisset
erga Syracusanos
eamdem voluntatem,
quam ego habuissem
semper.
Non modo
scripserunt tum id,
verum etiam
tradiderunt nobis
incisum in ære.
Hercle tui Syracusani,
quos soles
commemorare crebro,
diligunt te valde:
qui putant
causam satis justam
conjungendæ
necessitudinis
cum tuo accusatore,
quod sit accusaturus te,
et quod venerit
inquisitum in te.
Postea decernitur,
ac non varie,
sed prope
cunctis sententiis,
UT LAUDATIO,
QUÆ ESSET DECRETA
C. VERRI,
TOLLERETUR.

154. At vero, quum jam
non solum
discessio esset facta,
sed etiam perscriptum
atque relatum in tabulas,

ces *détails* par eux,
je me retirai du sénat
avec *mon* frère,
afin que, nous absents,
ils décrétassent,
s'ils voulaient *décréter* quelque chose.

LXV. 153. Ils décrètent
aussitôt :
premièrement,
QUE L'HOSPITALITÉ
me SERAIT FAITE AU-NOM-DE-LA-VILLE
AVEC (ainsi qu'à) L. *mon* FRÈRE,
parce qu'il avait témoigné
envers les Syracusains
la même bienveillance,
que celle que j'avais eue
toujours.
Non-seulement
ils écrivirent alors ce *décret*,
mais encore
ils *le* donnèrent à nous
gravé sur l'airain.
Certes tes Syracusains,
que tu as-coutume
de citer souvent,
chérissent toi beaucoup :
eux qui regardent
comme un motif suffisant
de lier
intimité
avec ton accusateur,
à savoir, qu'il est devant attaquer toi,
et qu'il est venu
faire-une-enquête contre toi.
Ensuite on décrète,
et non pas diversement,
mais presque
avec tous les suffrages (l'unanimité),
QUE L'ÉLOGE,
QUI AVAIT ÉTÉ DÉCERNÉ
A C. VERRÈS,
SERAIT ANNULÉ.

154. Mais, lorsque déjà
non-seulement
la division (pour le vote) était faite,
mais encore rédaction-*était*-faite
et transcription-faite sur les registres,

pellatur. At quis appellat? Magistratus aliquis? Nemo. Senator? Ne id quidem. Syracusanorum aliquis? Minime. Quis igitur prætorem appellat? Qui quæstor istius fuerat, Cæsetius. O rem ridiculam! o desertum hominem! o desperatum ac relictum a magistratu siculo! Ne senatusconsultum siculi homines facere possent, ne suum jus suis moribus, suis legibus obtinere possent, non amicus istius, non hospes, non denique aliquis Siculus, sed quæstor prætorem appellat[1]. Quis hoc vidit? quis audivit? Prætor æquus et sapiens[2] dimitti jubet senatum. Concurrit ad me maxima multitudo : primum senatores clamare, eripi sui jus, eripi libertatem : populus senatum laudare, gratias agere : cives romani a me nusquam discedere. Quo quidem die nihil ægrius factum est, multo labore meo, quam ut manus ab illo appellatore abstinerentur. Quum ad prætorem

appel? Un magistrat? non. Un sénateur? pas même un sénateur. Un Syracusain? point du tout. Qui donc? un ancien questeur de Verrès, Césétius. O comble du ridicule! et combien cet homme est délaissé, désespéré, abandonné par les magistrats de la Sicile! Quoi! pour empêcher les Siciliens de prendre un arrêté, d'user de leurs droits conformément aux lois et aux usages du pays, ce n'est ni un hôte, ni un ami de Verrès, ni même un Sicilien ; c'est son questeur qui forme un appel au préteur! Qui jamais a rien vu, rien entendu de pareil? Le sage, l'équitable préteur lève la séance. On se réunit en foule autour de moi; les sénateurs s'écrient qu'on attente à leurs droits, qu'on viole leur liberté ; le peuple loue et remercie le sénat. Les citoyens romains ne me quittent pas. Il m'en coûta les plus grands efforts pour sauver ce malheureux appelant,

prætor appellatur.	le préteur est appelé (on lui fait appel).
At quis appellat?	Or qui fait-*cet*-appel?
Aliquis magistratus?	Quelque magistrat?
Nemo.	Aucun.
Senator? Ne quidem id.	Un sénateur? Pas même cela.
Aliquis Syracusanorum?	Quelqu'un des Syracusains?
Minime.	Pas du tout.
Quis igitur	Qui donc
appellat prætorem?	*en* appelle au préteur?
Qui fuerat quæstor istius,	*Celui* qui avait été questeur de ce *Verrès*,
Cæsetius.	Césétius.
O rem ridiculam!	O chose ridicule!
o hominem desertum!	ô *que cet* homme *est* abandonné!
o desperatum ac relictum	ô *qu'il est* désespéré et délaissé
a magistratu siculo!	par les magistrats siciliens!
Non amicus istius,	*Ce* n'*est* pas un des amis de lui,
non hospes, non denique	*ce* n'*est* pas un hôte, ni enfin
aliquis Siculus,	quelque Sicilien,
sed quæstor	mais *son* questeur
appellat prætorem,	*qui* fait-appel au préteur,
ne homines siculi	afin que des hommes siciliens
possent facere	ne pussent pas faire
senatusconsultum,	un sénatus-consulte,
ne possent obtinere	ne pussent pas exercer
suum jus	leur droit
suis moribus, suis legibus.	selon leurs coutumes, *et* leurs lois.
Quis vidit hoc?	Qui a vu cela?
quis audivit?	qui *l'*a entendu *dire?*
Prætor æquus et sapiens	Le préteur équitable et sage
jubet senatum dimitti.	ordonne que le sénat soit congédié.
Multitudo maxima	Une foule nombreuse
concurrit ad me:	se presse auprès de moi:
primum senatores clamare	d'abord les sénateurs s'écrient
jus sui eripi;	que les droits d'eux *leur* sont arrachés,
libertatem eripi;	que la liberté *leur* est ravie;
populus laudare senatum,	le peuple loue le sénat,
agere gratias;	*lui* rend grâces;
cives romani	les citoyens romains
discedere nusquam a me.	ne s'éloignent plus de moi.
Quo quidem die,	Et ce jour-*là*,
nihil est factum ægrius,	rien ne fut fait avec-plus-de-peine *par moi*,
multo meo labore,	*en employant* tous mes efforts,
quam ut manus	*à savoir,* que *leurs* mains
abstinerentur	fussent abstenues (écartées)
ab illo appellatore.	de cet appelant.
Quum adissemus in jus	Lorsque nous vînmes au tribunal
ad prætorem,	devant le préteur,

in jus adissemus, excogitat sane diligenter et caute, quid decernat : nam ante, quam verbum facerem, de sella surrexit, atque abiit. Itaque tum de foro, quum jam advesperasceret, discessimus.

LXVI. 155. Postridie mane ab eo postulo, ut Syracusanis liceret senatusconsultum, quod pridie fecissent, mihi reddere. Ille enimvero negat : et ait, indignum facinus esse, quod ego in senatu græco verba fecissem : quod quidem apud Græcos græce locutus essem [1], id ferri nullo modo posse. Respondi homini, ut potui, ut volui, ut debui. Quum multa, tum etiam hoc me memini dicere, facile esse perspicuum, quantum inter hunc, et illum Numidicum [2], verum ac germanum Metellum interesset : illum noluisse sua laudatione juvare L. Lucullum [3], sororis virum, quicum optime convenisset : hunc homini alienissimo, a civitatibus laudationes per vim et metum comparare.

de la fureur de la multitude. Nous nous présentons au préteur. Il ne voulut pas prononcer légèrement ; car, avant que j'eusse dit un mot, il se leva, et disparut. La nuit approchait. Nous quittâmes le forum.

LXVI. 155. Le lendemain matin, je le somme d'autoriser les Syracusains à me remettre le sénatus consulte de la veille. Il refuse, et dit que je me suis étrangement compromis en prenant la parole dans un sénat grec, qu'avoir parlé grec à des Grecs est une action impardonnable. Ma réponse fut telle que je pouvais, que je voulais, que je devais la faire. J'observai entre autres choses qu'il existait une grande différence entre lui et le vainqueur de la Numidie. Ce vrai, ce digne Métellus, lui dis-je, ne voulut pas appuyer par un éloge Lucullus, son beau-frère et son ami ; et vous, par la violence et la menace, vous arrachez aux peuples des certificats en faveur d'un homme qui vous est entièrement étranger.

excogitat sane
diligenter et caute,
quid decernat ;
nam surrexit de sella
atque abiit ante
quam facerem verbum.
Itaque discessimus de foro
tum quum jam
advesperasceret.

LXVI. 155. Postridie
mane
postulo ab eo
ut liceret Syracusanis
reddere mihi
senatusconsultum
quod fecissent pridie.
Ille enimvero negat :
et ait
esse facinus indignum
quod ego fecissem verba
in senatu græco,
quod quidem locutus essem
græce apud Græcos,
id posse ferri
nullo modo.
Respondi homini,
ut potui, ut volui,
ut debui.
Memini me dicere
quum multa,
etiam hoc tum,
esse perspicuum facile,
quantum interesset
inter hunc,
et illum Metellum
Numidicum,
verum ac germanum :
illum noluisse juvare
sua laudatione
L. Lucullum,
virum sororis,
quicum convenisset
optime :
hunc comparare
homini alienissimo,
laudationes a civitatibus
per vim et metum

il réfléchit sans doute
avec-soin et avec-prudence,
sur ce qu'il décrèterait;
car il se leva de *son* siége
et sortit avant
que je ne disse une parole.
Alors nous sortîmes du tribunal
alors que déjà
la-nuit-approchait.

LXVI. 155. Le lendemain
matin
je demande à ce *préteur*
qu'il soit-permis aux Syracusains
de remettre à moi
le sénatus-consulte
qu'ils avaient rendu la veille.
Mais celui-ci refuse :
et dit
que c'est une action indigne
que j'aie pris la parole
dans un sénat grec,
et que j'aie parlé
en-grec à des Grecs,
que cela ne pouvait être souffert
en aucune manière.
Je répondis à *cet* homme,
comme je *le* pus, comme je *le* voulus,
comme je *le* dus.
Je me souviens que je dis
beaucoup d'autres choses,
et celle-ci particulièrement,
qu'il était à-apercevoir facilement,
combien il y-avait-de-différence
entre lui,
et ce Métellus
Numidicus,
le vrai et le digne *Métellus* :
que celui-là n'avait pas-voulu appuyer
de ses éloges
L. Lucullus,
le mari de *sa* sœur,
avec-lequel il s'accordait
très-bien :
tandis que lui se procurait
pour un homme étranger,
des éloges de la part des villes
par la violence et la peur.

156. Quod ubi intellexi, multum apud illum recentes nuntios, multum tabulas non commendatitias, sed tributarias [1] valuisse : admonitu ipsorum Syracusanorum impetum in eas tabulas facio, in quibus senatusconsulta perscripta erant. Ecce autem nova turba atque rixa. Ne tamen istum omnino Syracusis sine amicis, sine hospitibus, plane nudum esse ac desertum putetis : retinere cœpit tabulas Theomnastus quidam [2], homo ridicule insanus, quem Syracusani Theoractum vocant : qui illic ejusmodi est, ut eum pueri sectentur, ut omnes, quum loqui cœperit, irrideant. Hujus tamen insania, quæ ridicula est aliis, mihi tum molesta sane fuit. Nam quum spumas ageret in ore, arderent oculi, voce maxima vim me sibi afferre clamaret, copulati in jus pervenimus.

157. Hic ego postulare cœpi, ut mihi tabulas obsignare ac deportare liceret. Ille contra dicere : negare se illud senatus-

156. Dès que je vis l'impression qu'avaient faite sur lui, non pas les lettres de recommandation, mais les lettres de crédit qui venaient de lui être apportées, je suivis le conseil des Syracusains, et je saisis les registres où tous les faits étaient consignés. Mais voici un autre incident, et une nouvelle querelle. Vous allez sentir que Verrès n'est pas sans amis et sans hôtes, qu'il n'est pas délaissé ni abandonné par tout le monde à Syracuse. Un certain Théomnaste essaye de retenir les registres. C'est une espèce de fou ridicule, que les Syracusains ont nommé Théoracte. Les enfants courent après lui dans les rues : dès qu'il dit un mot, chacun se met à rire. Sa folie, qui est amusante pour les autres, fut ce jour-là très-incommode pour moi. Il écumait, ses yeux étincelaient, il criait de toutes ses forces que je lui faisais violence. Nous nous traînons l'un l'autre devant le préteur.

157. Là je demande qu'il me soit permis de sceller et d'emporter les registres. Théomnaste soutient que le sénatus-consulte est nul,

156. Ubi intellexi quod,
nuntios recentes valuisse
multum apud illum,
tabulas
non commendatitias,
sed tributarias
multum,
admonitu
Syracusanorum ipsorum
facio impetum
in eas tabulas
in quibus senatusconsulta
erant perscripta.
Ecce autem nova turba
atque rixa.
Ne putetis tamen
istum esse Syracusis
omnino sine amicis,
sine hospitibus,
plane nudum ac desertum:
quidam Theomnastus,
homo ridicule insanus,
quem Syracusani
vocant Theoractum,
cœpit retinere tabulas:
qui est illic ejusmodi,
ut pueri sectentur eum,
ut omnes irrideant,
quum cœperit loqui.
Tamen insania hujus,
quæ est ridicula aliis,
fuit tum
sane molesta mihi.
Nam quum ageret
spumas in ore,
oculi arderent,
clamaret maxima voce
me afferre vim sibi,
pervenimus in jus
copulati.

157. Hic ego cœpi
postulare ut liceret mihi
obsignare tabulas
ac deportare.
Ille contra dicere
se negare
illud senatusconsultum

156. Lorsque j'eus appris cela,
que des messagers récents avaient influé
beaucoup sur lui,
que des lettres
non de-recommandation,
mais de-crédit
avaient influé beaucoup *sur lui*,
par le conseil
des Syracusains eux mêmes
je fais élan (je jette la main
sur ces registres
dans lesquels les sénatus-consultes
étaient transcrits.
Mais voici un nouveau trouble
et une *nouvelle* querelle.
Ne croyez pas toutefois
que ce *Verrès* soit à Syracuse
tout à fait sans amis,
sans hôtes,
entièrement dépourvu et délaissé:
un certain Théomnaste,
homme ridiculement fou,
que les Syracusains
appellent Théoracte,
chercha à retenir les registres:
lui qui est *connu* là de telle manière
que les enfants suivent lui,
que tous s'*en* moquent,
quand il commence à parler.
Au reste la folie de cet *homme*,
qui est risible pour les autres,
fut alors
très-incommode pour moi.
Car pendant qu'il faisait-sortir
l'écume par la bouche,
que *ses* yeux étincelaient,
*et qu'*il criait à très-haute voix
que je faisais violence à lui,
nous arrivons au tribunal
enlacés *l'un à l'autre*.

157. Là je commence
à demander qu'il soit-permis *à moi*
de sceller les registres
et de *les* emporter.
Lui au contraire déclare
qu'il récuse
ce sénatus-consulte

consultum, in quo prætor appellatus esset; negare id mihi tradi oportere. Ego legem recitare [1], omnium mihi tabularum et litterarum fieri potestatem oportere. Ille furiosus urgere, nihil ad se nostras leges pertinere. Prætor intelligens negare sibi placere, quod senatusconsultum ratum esse non deberet, id me Romam deportare. Quid multa? nisi vehementius homini minatus essem : nisi legum sanctionem pœnamque recitassem : tabularum mihi potestas facta non esset. Ille autem insanus, qui pro isto contra me vehementissime declamasset, postquam non impetravit : credo, ut in gratiam mecum rediret, libellum mihi dat, in quo istius furta syracusana perscripta erant : quæ ego antea jam ab illis cognoram et acceperam.

LXVII. 158. Laudent te sane jam Mamertini, qui ex tanta provincia soli sunt, qui te salvum velint : ita tamen laudent, ut Heius, qui ejus princeps legationis est, adsit : ita laudent,

puisqu'on a formé un appel au préteur, et que par conséquent on ne doit pas me le remettre. Je fais lecture de la loi qui met à ma disposition tous les registres et toutes les pièces. Il insiste avec fureur, et dit que nos lois ne sont pas faites pour lui. L'habile préteur déclare qu'il ne consent pas que j'emporte à Rome un sénatus-consulte qui n'a pas été ratifié. Si je n'avais menacé dans les termes les plus énergiques, si je n'avais donné lecture des peines prononcées contre la désobéissance aux lois, les registres ne m'auraient pas été livrés. Notre fou, qui avait crié avec tant de violence, voyant qu'il n'avait rien gagné, me remit, sans doute pour se réconcilier avec moi, un état circonstancié de tous les vols de Verrès à Syracuse, dont les sénateurs m'avaient déjà donné une entière connaissance.

LXVII. 158. Que maintenant les Mamertins vous louent, puisque seuls, dans une si grande province, ils s'intéressent à votre sort ; mais que Héius, chef de leur députation, soit ici : qu'ils vous louent,

in quo
prætor esset appellatus;
negare oportere
id tradi mihi.
Ego recitare legem,
oportere potestatem
omnium tabularum
et litterarum fieri mihi.
Ille furiosus urgere,
nostras leges
pertinere nihil ad se.
Prætor intelligens
negare placere sibi,
me deportare Romam
id senatusconsultum,
quod non deberet
esse ratum.
Quid multa?
nisi minatus essem
vehementius homini,
nisi recitassem sanctionem
pœnamque legum,
potestas tabularum
non esset facta mihi.
Ille autem insanus,
qui declamasset
vehementissime
pro isto contra me,
postquam non impetravit,
ut rediret, credo,
in gratiam mecum,
dat mihi libellum
in quo erant perscripta
furta syracusana istius:
quæ ego cognoram
et acceperam jam antea
ab illis.

LXVII. 158. Mamertini,
qui sunt soli
ex tanta provincia,
qui velint te salvum,
jam laudent te sane:
laudent tamen ita
ut Heius, qui est princeps
ejus legationis,
adsit;
laudent ita

dans lequel
un préteur est appelé (il y a appel);
et prétend-ne-pas falloir
qu'il soit livré à moi.
Moi je lis la loi,
par laquelle il faut que la disposition
de tous les registres
et des pièces-écrites soit donnée à moi.
Lui, furieux, insiste,
disant que nos lois
ne regardent en rien lui.
Le préteur habile
dit-ne-pas convenir à lui,
que j'emporte à Rome
ce sénatus-consulte,
qui ne doit pas
être ratifié.
Pourquoi *en dirais-je* davantage?
si je n'avais pas menacé
plus vivement l'homme,
si je n'avais pas lu la sanction
et le châtiment des lois,
la remise des registres
n'aurait pas été faite à moi.
Mais ce fou,
qui avait déclamé
très-violemment
en faveur de ce *Verrès* contre moi,
lorsqu'il n'eut pas obtenu *sa demande*,
pour rentrer, je pense,
en grâce avec-moi,
il donne à moi une liste
sur laquelle étaient inscrits
les vols syracusains de ce *préteur*:
vols que je connaissais
et *que* j'avais appris déjà auparavant
de ces *sénateurs*.

LXVII. 158. Que les Mamertins,
qui sont les seuls
d'une si grande province,
qui désirent toi *être* sauvé,
maintenant louent toi comme-il-faut:
qu'ils *te* louent cependant de telle façon
qu'Héius, qui est le chef
de cette députation
y soit-présent;
qu'ils *te* louent de manière

ut ad ea, quæ rogati erunt, mihi parati sint respondere. Ac ne subito a me opprimantur, hæc sum rogaturus : Navem populo romano debeantne? Fatebuntur. Præbuerintne, prætore C. Verre? Negabunt. Ædificaverintne navem onerariam maximam publice, quam Verri dederint? Negare non poterunt. Frumentumne ab iis sumpserit Verres, quod populo romano mitteret, sicuti superiores? Negabunt. Quid militum, aut nautarum per triennium dederint? Nullum datum dicent. Fuisse Messanam omnium istius furtorum ac prædarum receptricem, negare non poterunt. Permulta multis navibus illinc exportata : hanc denique navem maximam a Mamertinis datam, onustam cum isto prætore profectam fatebuntur.

159. Quamobrem tibi habe sane istam laudationem mamertinam : syracusanam quidem civitatem, ut abs te affecta est,

mais qu'ils se tiennent prêts à répondre aux questions que je leur adresserai ; je ne veux pas les surprendre : je les préviens que je leur demanderai s'ils doivent un vaisseau de guerre au peuple romain : ils en conviendront. S'ils l'ont fourni durant la préture de Verrès : la réponse sera négative. S'ils ont construit un grand vaisseau de transport qu'ils ont donné à Verrès : ils ne pourront le nier. Si Verrès a tiré de chez eux le blé qu'il devait envoyer à Rome, à l'exemple de ses prédécesseurs : ils diront que non. Je leur demanderai combien ils ont fourni de soldats et de matelots : ils répondront qu'ils n'en ont pas fourni un seul. Ils ne pourront disconvenir que Messine n'ait été le dépôt de ses vols et de ses brigandages. Ils avoueront que beaucoup d'effets précieux sont sortis de leurs ports ; qu'enfin ce grand vaisseau donné par les Mamertins est parti avec le préteur, chargé de richesses.

159. Ainsi je vous laisse cet éloge des Mamertins. Quant aux Syracusains, nous voyons que leurs sentiments répondent aux trai-

ut sint parati	qu'ils soient prêts
respondere mihi ad ea	à répondre à moi à ces *questions*
quæ erunt rogati.	sur lesquelles ils seront interrogés.
Ac ne opprimantur	Et pour qu'ils ne soient pas surpris
subito a me,	à l'improviste par moi,
rogaturus sum hæc :	je *leur* demanderai ceci :
Debeantne navem	Doivent-ils un vaisseau
populo romano?	au peuple romain?
Fatebuntur.	Ils *en* conviendront.
Præbuerintne,	*En* ont-ils fourni,
C. Verre prætore?	C. Verres *étant* préteur?
Negabunt.	Ils diront-que-non.
Ædificaverintne publice	Ont-ils construit aux-frais-de-la-ville
navem onerariam	un bâtiment de-charge
maximam,	très-grand,
quam dederint Verri?	qu'ils ont donné à Verrès?
Non poterunt negare.	Ils ne pourront *le* nier
Verresne sumpserit ab iis	Verrès a-t-il pris chez eux
frumentum, quod mitteret	du blé, qu'il enverrait (pour l'envoyer)
populo romano,	au peuple romain,
sicuti superiores?	comme *ses* prédecesseurs?
Negabunt.	Ils diront-que-non.
Quid dederint	Combien ont-ils donné
militum, aut nautarum	de soldats, ou de matelots,
per triennium?	pendant trois-ans?
Dicent datum nullum.	Ils diront *qu'ils* n'*en ont* donné aucun.
Non poterunt negare	Ils ne pourront nier
Messanam	que Messine
fuisse receptricem	n'ait été le dépôt
omnium furtorum	de tous les vols
ac prædarum istius.	et des rapines de ce *Verrès*.
Permulta	*Ils avoueront* qu'un grand nombre d'*objets*
exportata illinc	ont été exportés de là
multis navibus;	sur plusieurs vaisseaux;
denique fatebuntur	enfin ils avoueront
hanc navem maximam	que ce vaisseau très-grand
datam a Mamertinis,	donné par les Mamertins,
profectam onustam	est parti chargé
cum isto prætore.	avec ce préteur.
159. Quamobrem	159. C'est pourquoi
habe sane tibi	garde bien pour toi
istam laudationem	cet éloge
mamertinam :	des-Mamertins :
videmus quidem	car nous voyons
civitatem syracusanam	que la ville de-Syracuse
esse animatam in te ita	est animée pour toi de la manière
ut est affecta abs te;	qu'elle a été traitée par toi;

ita in te esse animatam videmus : apud quos etiam Verrea illa flagitiosa sublata sunt. Etenim minime conveniebat, ei deorum honores haberi, qui simulacra deorum sustulisset. Etiam me Hercules illud in Syracusanis merito reprehenderetur, si, quum diem festum ludorum de fastis suis sustulissent celeberrimum et sanctissimum, quod eo ipso die Syracusæ a Marcello captæ esse dicuntur, iidem diem festum Verris nomine agerent : quum iste Syracusanis, quæ ille calamitosus dies reliquerat, ademisset. At videte hominis impudentiam atque arrogantiam, judices, qui non solum Verrea hæc turpia ac ridicula ex Heraclii pecunia constituerit, verum etiam Marcellea tolli imperarit, ut ei sacrafacerent quotannis, cujus opera omnium annorum sacra deosque patrios amiserant : cujus autem familiæ dies festos tollerent, per quam ceteros quoque festos dies recuperarant.

tements qu'ils ont reçus de vous. Ils ont même aboli ces fêtes impies instituées sous votre nom. Convenait-il en effet que les honneurs des dieux fussent rendus au ravisseur de tous les dieux ? Certes les Syracusains mériteraient les plus sévères reproches si, après avoir effacé de leurs fastes une fête et des jeux solennels, parce que ce jour-là Syracuse avait été prise par Marcellus, ils célébraient une fête en l'honneur de Verrès, qui a dépouillé Syracuse de tout ce que ce jour fatal ne lui a pas ravi. Et remarquez, citoyens, l'impudence et l'insolente présomption du personnage : non content d'avoir fondé avec l'argent d'Héraclius ces *Verréennes* honteuses et ridicules, il commande que les fêtes de Marcellus soient abolies. Il voulait que ces peuples honorassent, par un culte sacré, un homme qui leur avait ravi leurs fêtes antiques et leurs dieux paternels, et qu'ils supprimassent les solennités consacrées à la gloire d'une famille à laquelle ils devaient le rétablissement de toutes les autres fêtes.

apud quos etiam
illa Verrea flagitiosa
sunt sublata.
Etenim
conveniebat minime
honores deorum haberi
ei qui sustulisset
simulacra deorum.
Illud etiam me Hercules
reprehenderetur merito
in Syracusanis,
si, quum sustulissent
de suis fastis
diem festum ludorum
celeberrimum
et sanctissimum,
quod Syracusæ dicuntur
esse captæ a Marcello
eo die ipso,
iidem agerent diem festum
nomine Verris :
quum iste
ademisset Syracusanis,
quæ ille dies calamitosus
reliquerat.
At videte, judices,
impudentiam
atque arrogantiam
hominis
qui non solum constituerit
ex pecunia Heraclii
hæc turpia
ac ridicula Verrea,
verum etiam imperarit
Marcellea tolli,
ut quotannis sacrafacerent
ei opera cujus
amiserant sacra
deosque patrios
omnium annorum :
tollerent autem dies festos
cujus familiæ per quam
recuperarant quoque
ceteros dies festos.

que chez eux en outre
ces Verréennes criminelles
ont été abolies.
En effet
il ne convenait nullement
que les honneurs des dieux fussent rendus
à celui qui avait enlevé
les statues des dieux.
Cela d'ailleurs par Hercule
serait blâmé justement
dans les Syracusains,
si, après qu'ils ont effacé
de leurs fastes
un jour de-fêtes *et* de jeux
très-solennel
et très-révéré,
parce que Syracuse est dite
avoir été prise par Marcellus
ce jour-*là* même,
ils célébraient un jour de-fête
en l'honneur de Verrès :
lorsque celui-ci
a ravi aux Syracusains,
ce que ce jour malheureux
leur avait laissé.
Mais voyez, juges,
l'impudence
et l'arrogance
d'un homme
qui non-seulement a institué
avec l'argent d'Héraclius
ces honteuses
et ridicules Verréennes,
mais encore a ordonné
que les *fêtes* de-Marcellus fussent abolies,
pour que chaque-année on fît-des-fêtes
à celui par les attentats duquel
on a perdu les fêtes
et les divinités de-la-patrie
de toutes les époques :
et qu'on supprimât les jours de-fête
de cette famille par laquelle
on avait recouvré aussi
les autres jours de-fête.

NOTES.

Page 6 : 1. *Vas... corinthium.* L'airain de Corinthe, dont ces vases étaient formés, mélange de cuivre, d'or et d'argent, était regardé comme un métal supérieur à l'argent et presque aussi précieux que l'or même. On en distinguait trois espèces, suivant la partie qui dominait dans l'alliage. Pline (liv. XXXIV, II) réfute ironiquement l'opinion de ceux qui, comme Florus, regardaient cet airain comme le produit de la fusion et du mélange de tous les métaux précieux à l'époque de l'incendie de Corinthe.

— 2. *Aut deliacum.* Avant que l'airain de Corinthe fût connu, celui de Délos était le plus anciennement célèbre : *antiquissima æris gloria deliaco fuit* (Pline, XXXIV, IV). C'était aussi le plus recherché par les artistes, qui l'employaient surtout alors pour les pieds et les dossiers des lits de table. Ce ne fut que plus tard qu'on s'en servit pour représenter les dieux et les hommes.

Page 8 : 1. *Neque in tabula.* Jusqu'au temps de Néron, les peintres n'employaient que des tables de bois, composées surtout de planches de mélèze femelle. Ce fut ce prince qui, voulant se faire peindre de la grandeur colossale de cent vingt pieds, indiqua l'usage de la toile pour suppléer à celui du bois, devenu impossible dans ce cas : *Jusserat colosscum se pingi* CXX *pedum in linteo, incognitum ad hoc tempus.*

Page 10 : 1. *Sacrarium.* Chaque famille, et même chaque individu avait ses dieux particuliers, auxquels étaient consacrés des statues et des autels dans l'intérieur des maisons. Ce culte domestique, toujours très-religieusement observé, se transmettait de génération en génération, et les objets qui s'y rattachaient faisaient partie de l'héritage.

Page 12 : 1. *Praxitelis.* Praxitèle, célèbre statuaire, vivait à Athènes, au IVe siècle avant J. C. On le place le premier après Phidias. On vantait comme ses chefs-d'œuvre le Cupidon de Thespies, la Vénus de Cnide et celle de Cos, et le Satyre d'Athènes.

— 2. *Nimirum didici.* Cicéron ne veut pas qu'on le suppose connaisseur ; ce sont les circonstances seulement qui lui ont fait apprendre les noms des artistes. Les Romains laissaient aux Grecs ces goûts frivoles, qui leur semblaient indignes d'un peuple grave ; et, quoique le luxe eût déjà fait de grands progrès à Rome, ceux qui voulaient se concilier les suffrages du peuple affectaient l'amour de la simplicité et le respect des mœurs anciennes.

— 3. *Thespiadas*. Surnom donné aux Muses, parce que Thespies, ville de Béotie, située au pied de l'Hélicon, leur était particulièrement consacrée, et renfermait un grand nombre d'édifices et de statues, dédiés à leur culte.

— 4. *Myronis*. Sculpteur grec du ve siècle avant J. C. Il excellait à représenter les animaux, et à leur donner l'apparence de la vie. Une génisse d'airain a été célébrée par les poëtes comme son plus parfait ouvrage.

Page 14 : 1. *Canephoræ*. Aux fêtes d'Éleusis, de jeunes Athéniennes, choisies parmi les plus pures, portaient sur leurs têtes des corbeilles mystérieuses, qui étaient l'objet de la vénération générale, parce qu'on y renfermait les livres et les symboles sacrés, dont la connaissance était interdite au public. C'est à cause de cet emploi qu'on les avait désignees chez les Grecs par le nom de Κανηφόροι (racines : *κάνεον*, « corbeille, » et *φέρω*).

— 2. *Polycletum*. Polyclète, célèbre statuaire d'Argos au ve siècle avant J. C., contemporain de Myron. Son œuvre la plus célèbre était la statue colossale de Junon, faite pour le temple d'Argos.

— 3. *C. Claudius*. Claudius avait rempli l'édilité l'an de Rome 654. Les édiles curules, institués depuis 388, avaient spécialement l'intendance des jeux de Cérès, des jeux floraux et des grands jeux ou jeux romains. La célébration s'en faisait à leurs frais. Comme ils étaient toujours précédés d'une procession solennelle, où l'on portait en pompe les images et les statues des dieux, les édiles étaient chargés de tenir les rues et les places par où le cortége devait passer, richement ornées de tapis, d'étoffes précieuses, de tableaux et de statues. Dans ces occasions, ils avaient recours à leurs amis, et même aux provinces où ils avaient quelque crédit. C'est ce qu'avait fait Claudius. C'était par la pompe de ces jeux et par l'éclat de leur édilité que les édiles espéraient se frayer un chemin à la préture et au consulat. Trois circonstances avaient signalé la magnificence de Claudius dans la célébration des jeux. D'abord ce fut la première fois qu'on y vit un combat d'éléphants ; en second lieu, ce fut lui le premier qui fit peindre des décorations pour la scène, et Pline raconte que cette innovation excita le plus vif enthousiasme, surtout lorsqu'on vit des corbeaux, trompés par la parfaite imitation des tuiles, s'abattre sur les toits en peinture; ce fut Claudius enfin qui eut l'idée de faire rouler des pierres dans de grands vases d'airain pour imiter le bruit du tonnerre sur le théâtre.

Page 16 : 1. *Basilicas.* On désignait par ce nom les magnifiques édifices qui entouraient le forum, et les portiques sous lesquels les centumvirs et les tribuns du peuple rendaient la justice. Ce ne fut que beaucoup plus tard, dans la basse latinité, qu'on donna le nom de basiliques aux monuments religieux exclusivement.

Page 18 : 1. *Meretricis heredem.* Cette courtisane, nommée Chélidon, avait reçu du préteur le Cupidon enlevé à Héius. En mourant, elle le lui laissa par son testament.

Page 20 : 1. *Dabatur enim de publico.* On ne donnait pas d'appointements aux proconsuls, mais l'État fournissait abondamment aux dépenses et à l'entretien de leur maison. D'ailleurs, le pouvoir sans bornes dont ils jouissaient, la perception des impôts, les emplois nombreux dont ils avaient la disposition étaient pour eux la source de fortunes immenses. Auguste fut le premier qui leur assigna des traitements.

Page 26 : 1. H-S VI *mill. et* D. Six mille cinq cents sesterces. Le sesterce était une monnaie d'argent, valant la quatrième partie du denier, environ 4 c. $\frac{1}{4}$ de notre monnaie. On l'appelait *sestertius*, ou, comme primitivement, *semistertius*, à cause de la valeur même qu'il exprimait : deux as, plus la moitié du troisième, ce qui fit imaginer pour le représenter dans l'écriture et sur les monnaies le signe IIı, composé de deux traits égaux et d'un troisième plus petit de la moitié. Plus tard, à la place de ce demi-trait, on substitua S, première lettre de *semis;* et enfin on réunit les deux traits égaux, et il en résulta le signe définitif H-S.

Jusqu'à mille, on comptait les sesterces en énonçant simplement la somme dont il s'agissait, en la faisant suivre du mot *sestertii* ou *nummi.* Arrivé à mille, on exprimait ce nombre par *sestertium* (neutre devant lequel on sous-entendait *pondus*); enfin, quand on avait plusieurs mille à exprimer, on se servait du pluriel *sestertia,* en ajoutant seulement devant *sestertia* le nombre de mille, sans avoir besoin d'exprimer *millia;* souvent même on sous-entendait, outre le mot *millia,* le mot *sestertia* lui-même.

Page 32 : 1. *Cybea.* Du mot grec κύβος, « cube. » On avait sans doute donné ce nom au vaisseau dont il s'agit ici, parce qu'il était extrêmement large.

Page 38 : 1. *Dare debebant, et solebant.* Outre la dîme prélevée au profit du peuple romain sur la plus grande partie des terres, la république achetait huit cent mille boisseaux de blé, dont la fourniture était répartie sur toutes les villes sans exception. Messine devait en livrer soixante mille.

Page 40 : 1. *Navem imperare.* Indépendamment des autres charges imposées par les Romains, les villes maritimes de la Sicile devaient fournir des vaisseaux pour composer une flotte destinée à contenir et à réprimer les pirates.

— 2. *Phaselis illa.* Phaselis, située à l'extrémité orientale de la Lycie, sur les confins de la Pamphylie, était un repaire de pirates.

Page 42 : 1. *Condemnatus est.* Cette condamnation était d'une grande sévérité envers un homme aussi important que Caton. Mais il avait été vaincu honteusement par les Scordisques, sur les bords du Danube, et il se peut que sa mauvaise conduite pendant la guerre ait été le véritable motif du jugement prononcé contre lui sous un autre prétexte.

Page 44 : 1. *Hinc illa Verrea.* Verrès avait supprimé les fêtes et les jeux institués en l'honneur de Marcellus par la reconnaissance des Siciliens, pour y substituer des fêtes en son nom. Il avait pris soin, comme on le voit dans la deuxième *Verrine*, c. XXI, d'assurer les fonds nécessaires pour en perpétuer la durée, mais elles furent abolies aussitôt qu'il eut quitté la province.

Page 46 : 1. *L. frater meus.* Lucius était fils de Lucius Cicéron, oncle paternel de l'orateur : mais, chez les Romains, on appelait frères les enfants des frères ; les deux cousins étaient d'ailleurs unis par une étroite amitié. Cicéron dit, en parlant de Lucius (*de Finibus*, V, I) : *Frater noster, cognatione patruelis, amore germanus.*

Page 50 : 1. *Attalica... peripetasmata.* C'étaient des tapis à grands personnages en laine et en or. Les premiers avaient été faits pour Attale, roi de Pergame, qui en fut l'inventeur.

Page 52 : 1. *Phaleras.* On ne sait pas positivement ce que les Romains entendaient par *phaleræ.* Il résulte d'un passage de Tite Live, que ce n'était pas seulement un ornement pour les chevaux ; car il dit liv. IX, XLVI : *Tantum Flavii comitia indignitatis habuerunt, ut plerique nobilium annulos aureos et phaleras deponerent.* D'un autre côté, ces vers de Silius Italicus, XV, v. 255 :

Phaleris hic pectora fulget,
Hic torque aurato circumdat bellica colla,

semblent indiquer qu'on entendait par ce mot des plaques d'or ou d'argent qui pendaient sur la poitrine.

Page 56 : 1. *Cibyræ.* Cibyre, ville de Cilicie.

— 2. *Cum manibus syngraphis venerat.* Souvent des hommes qui étaient appelés dans une province par des affaires personnelles, obtenaient une légation qui les attachait au proconsul. Il paraît que Verrès, voulant en obtenir une pour suivre Dolabella en Asie, avait allégué le recouvrement d'obligations devenues sans valeur, parce qu'elles avaient été déjà acquittées.

Page 62 : 1. *Comperendinatus.* Renvoyé au troisième jour. Lorsque les deux parties avaient plaidé, les juges les renvoyaient à trois jours, et l'accusateur et l'accusé parlaient une seconde fois. L'arrêt ne pouvait pas se rendre, si la cause n'avait pas été remise. Cette loi avait été portée dans l'intérêt des accusés, afin qu'ils ne fussent pas victimes de la précipitation des juges.

— 2. *Pro damnato mortuoque.* Verrès ne pouvait être condamné qu'au bannissement, mais cette peine emportait la mort civile.

Page 66 : 1. *Lilybœum.* Lilybée, ville et port de la Sicile, à la pointe N. O. de l'île. Près de la ville était le promontoire du même nom, un des trois auxquels l'île devait son nom de *Trinacria.* A la fin de la première guerre punique, elle avait soutenu contre les Romains un siége de huit ans, et n'avait capitulé que par suite de la défaite des Carthaginois aux îles Égates.

— 2. *In donatione histrionum.* Les riches faisaient venir des bouffons pour les amuser pendant leurs repas, et leur donnaient quelquefois en payement quelques pièces de vaisselle. Mais, afin de ne pas paraître dissipateur et prodigue, on avait soin, en portant cet article sur le registre de dépenses, de l'estimer au-dessous de sa valeur.

Page 70 : 1. *Mensam citream.* Les anciens appelaient de ce nom un arbre de l'espece du cèdre ou du cyprès, qui croissait dans la Mauritanie vers le mont Atlas. Ce bois était veiné, sans nœuds, très-dur et presque indestructible (Pline, V, I, et XIII, XXIX). Théophraste avait parlé de temples anciens dont la charpente et les toits formés de ce bois s'étaient maintenus depuis des siècles sans altération ; mais les tables de citre, qui devinrent plus tard un objet du plus grand luxe, ne furent connues que du temps de Cicéron. Ces tables étaient rondes, et portées par un seul pied d'ivoire, qui représentait quelque animal : leur prix était extrêmement élevé. Cicéron en possédait une qu'il avait payée 1 000 000 de sesterces (225 000 fr.) ; et Pline en cite une, héréditaire dans la famille des Céthégus, qui avait coûté 1 400 000 sesterces (350 000 fr.)

Page 72 : 1. *Scaphia cum emblematis.* On appelait *emblemata* les ornements qu'on ajoutait aux vases et autres objets d'art, et qui pou vaient s'en détacher.

— 2. *Toreumata.* On désignait par ce mot des vases sculptés ou tournés, en bois, en ivoire, en or, etc., sur lesquels des figures se détachaient en relief.

— 3. *Thericlea.* Thériclès, Corinthien, acquit une grande renommée par ses ouvrages travaillés au tour. Pline, liv. XVI, LXXVI, dit qu'il employait surtout le bois de térébinthe. Il trouva, en outre, le secret d'y appliquer un vernis admirable. On imita sa manière, ses vases et tous ceux qui étaient faits dans le même goût, de quelque matière qu'ils fussent, et quel qu'en fût l'auteur, étaient nommés *Thériclées.*

Page 76 : 1. *Eriphylam.* Ériphyle, femme du devin Amphiaraüs, trahit son époux, qui s'était caché pour ne pas aller à la guerre de Thèbes, où son art lui avait appris qu'il devait périr. Un collier et un voile offerts par Polynice, l'avaient entraînée à cette perfidie.

Page 78 : 1. *Absentis nomen recepisse.* Quand on voulait accuser, il fallait d'abord se présenter au préteur et obtenir son autorisation pour citer le citoyen dont on lui donnait le nom. Les lois ne permettaient pas à un accusateur de profiter de l'absence d'un homme pour le poursuivre devant les tribunaux.

Page 86 : 1. *Divisoribus.* Souvent les candidats, pour se rendre la multitude favorable, répandaient quelque argent parmi le peuple. Mais il ne fallait pas que cet argent fût donné par eux-mêmes ni dans leur maison ; car, s'ils étaient convaincus de l'avoir fait, leur nomination était annulée. Des hommes connus se chargeaient du détail des distributions dans chaque tribu, et on les nommait *divisores,* « distributeurs. »

— 2. *Trecenta accusatori.* Lorsqu'un magistrat avait été nommé, chacun de ses compétiteurs pouvait attaquer l'élection, et, s'il parvenait à prouver que le citoyen élu était coupable de brigue, l'élection était annulée, et l'accusateur était substitué à celui qu'il venait de faire condamner. Voilà pourquoi Verrès, qui n'avait fait distribuer au peuple que 80 000 sesterces (16 400 fr.), en donnait 300 000 (61 500 fr.) à celui qui se disposait à l'accuser.

Page 94 : 1. *Qui nunc apud exercitum... est.* Il faut distinguer les deux expressions *esse in exercitu* et *esse apud exercitum*. La première s'employait en parlant d'un homme qui servait dans l'armée comme militaire, et l'autre en parlant de celui qui s'y trouvait sans fonctions militaires.

— 2. *Acroama.* Ce mot grec transporté dans la langue latine, signifie également un récit quelconque et celui qui le fait. Il désigne ici un de ces bouffons qu'on faisait venir dans les repas pour l'amusement des convives.

Page 96 : 1. *Proagorum.* Mot d'origine grecque comme le précédent, qui désigne le premier qui parle avant les autres.

Page 100 : 1. *Iis crustæ aut emblemata detrahuntur.* Il faut entendre par *crustæ* de petites figures en or et en argent qu'on incrustait dans les vases, de manière à ce qu'ils en fissent partie. Nous avons vu plus haut (page 72, note 1) le sens du mot *emblemata*

Page 102 : 1. *In luto volutatum.* C'est un de ces nombreux jeux de mots que Cicéron s'est permis sur le nom de *Verrès*, et qui n'ont pas toujours été de bon goût; celui-ci est peut-être un des plus excusables.

— 3. *Dicis causa.* Expression adverbiale dont l'origine n'est pas constante, mais dont le sens n'est jamais incertain. Cicéron l'emploie toujours pour exprimer que l'on ne fait une chose quelconque que pour la forme et par manière d'acquit, au lieu de la faire par obligation ou par devoir

Page 106 : 1. *Cum tunica pulla.* La tunique était une espèce d'habillement plus court et moins ample que la toge. Elle descendait aux genoux. Il n'y avait que les femmes et les hommes efféminés qui portassent des tuniques pendantes jusqu'aux talons. Ceux qui n'avaient pas le moyen d'avoir une toge ne portaient que la tunique; mais un homme de quelque distinction n'aurait osé paraître sans toge. Voilà pourquoi Cicéron reproche à Verrès l'indécence de son vêtement; d'un autre côté, la couleur brune était affectée au petit peuple, parce qu'elle entraînait moins de dépense. Tous les autres citoyens portaient la tunique et la toge blanche. Enfin, on nommait *pallium* un manteau assez semblable aux nôtres, mais un peu plus long. C'était un habillement propre aux Grecs, et les Romains regardaient comme un déshonneur de porter le costume des autres nations. On avait fait un crime à Scipion l'Africain de s'être montré en Sicile, vêtu à la manière des Grecs. Cependant, il ne l'avait fait que pour plaire aux Siciliens, et les attacher davantage à la république. Germanicus avait encouru le même reproche en Égypte; mais rien ne pouvait justifier Verrès.

Page 108 : 1. *Filius... L. Pisonis erat.* L. Calpurnius Pison, tribun, l'an de Rome 604, porta une loi contre les concussionnaires. C'est la première sur cet objet que l'on trouve dans la jurisprudence de la République. Elle donna aux habitants des provinces le droit d'accuser à Rome tous les magistrats qui s'étaient permis des concussions.

Page 110 : 1. *Signum... in cretula.* On roulait les lettres et on les liait ensuite par un fil, sur lequel on appliquait de la cire ou de la craie délayée pour imprimer un cachet, comme nous faisons pour les nôtres.

Page 112 : 1. *Lectos optime stratos.* C'était surtout dans cette partie de l'ameublement que le luxe étalait toute sa magnificence. Les tapis qui couvraient les lits étaient teints en pourpre, brochés en or, avec des fleurs et des feuillages de toutes les couleurs. Le bois du lit et de ses pieds, souvent précieux par lui-même, était encore orné d'écaille, d'ivoire, de ciselures en or, en argent, en airain, quelquefois même de perles et de pierreries.

Page 116 : 1. *Temporibus reipublicæ exclusi.* A l'époque où les deux princes étaient venus à Rome pour solliciter les secours du sénat, la république avait alors deux ennemis redoutables à combattre, Sertorius en Espagne, et Mithridate en Asie. Aussi n'obtinrent-ils que des promesses qui restèrent sans exécution, et furent-ils obligés de retourner dans leurs États, après deux ans de séjour à Rome.

— 2. *De suis decumis.* Cicéron est bien aise de faire voir, en passant, que la générosité de Verrès était facile et peu onéreuse, puisqu'elle s'exerçait au moyen des dîmes qu'il extorquait à ses administrés.

Page 120 : 1. *In cella Jovis optimi maximi.* Ce temple était consacré particulièrement à Jupiter. Mais il avait trois sanctuaires, dont le premier était dédié à Jupiter, le second à Junon et le troisième à Minerve. Dans le système religieux des Romains, Jupiter était le dieu suprême; c'était le seul qu'on regardât comme le maître du tonnerre, le seul qu'on nommât *deus optimus maximus,* « le dieu très-bon, très-grand. » Il était défendu à tout citoyen de prendre ce titre. Ce ne fut que dans la suite des temps que la flatterie, qui profane tout, osa le prodiguer aux empereurs.

Page 128 : 1. *Dare, donare, dicare, consecrare.* Les trois premiers de ces mots étaient les termes dont on se servait pour faire une offrande aux dieux. On trouve sur d'anciennes médailles trois D, qui ne sont autre chose que l'indication abrégée de *dare, donare, dicare.* Antiochus ajoute *consecrare*, comme pour rendre encore la consécration plus formelle.

— 2. *Quæ vox? quæ latera?* Tout ce chapitre offre un des plus remarquables exemples de la figure qu'on appelle amplification. L'orateur profondément pénétré lui-même des sentiments qu'il veut faire passer dans l'âme de ses auditeurs, les dispose à s'y associer, en paraissant désespérer d'avoir assez de force pour égaler la plainte à l'outrage. Puis il insiste avec habileté sur toutes les circonstances qui aggravent l'outrage fait à Antiochus, et cet outrage devient par ces circonstances mêmes un crime envers les dieux, et fait sentir vivement aux juges les suites d'un tel sacrilége, s'il restait impuni.

Page 138 : 1. *Segesta.* L'origine commune de cette ville avec celle de Rome aurait rendu Ségeste respectable à tout autre qu'à Verrès. Quant à la statue, l'éloge brillant qu'il en fait, en rehaussant la piété et la générosité de Scipion, rend plus coupables encore l'audace et le crime de Verrès.

Page 140 : 1. *Propter eximiam pulchritudinem.* Dans les idées religieuses, ou plutôt superstitieuses des anciens, les emblèmes des divinités recevaient un caractère plus sacré de la beauté de leur exécution, et la pompe du culte se mesurait à la perfection de la statue qui en était l'objet.

— 2. *P. Scipio.* P. Corn. Scipion Émilien, surnommé le second Africain, était fils de Paul Émile, et avait été adopté par un fils du grand Scipion. Ce fut lui qui, dans la troisième guerre Punique, prit et rasa Carthage, après trois ans de siège et malgré la plus vigoureuse défense, l'an 146 av. J. C. Douze ans plus tard, il prit aussi Numance, que les Romains avaient attaquée jusque-là sans succès, mais il n'y trouva que des ruines. A son surnom d'Africain, se joignit alors celui de Numantin.

Page 144 : 1. *Cum stola.* On désignait par ce mot l'habillement des femmes, qui différait de celui des hommes en ce qu'il était plus ample et plus long ; il descendait jusqu'aux talons ; de plus il avait des manches qui tombaient au-dessous du coude, tandis que les hommes n'en portaient pas.

— 2. *Quasi ipse illa face perculsus esset.* On sait que les anciens attribuaient à Diane, sous le nom de Lune, le pouvoir de rendre fou ceux qu'elle touchait dans sa colère avec le flambeau qu'elle tenait à la main.

— 3. *Summo metu legum et judiciorum.* De très-graves peines étaient infligées non-seulement à ceux qui avaient enlevé des statues des dieux, mais encore à ceux qui avaient soustrait quelqu'un des objets consacrés dans les temples. Élien raconte, *Hist.* V, XVI, qu'un enfant avait été été puni comme sacrilége pour avoir pris, sans mauvaise intention, une feuille d'or, tombée de la couronne de Diane.

Page 146 : 1. *Parendum esse decreverunt.* Cicéron évite de dire formellement que les Ségestains livrèrent leur déesse, il prend un détour pour sauver l'odieux qu'il y a dans cet abandon, malgré la nécessité qui les y force.

Page 148 : 1. *Memoria tenebant.* Carthage avait été prise l'an de Rome 609, et Verrès nommé préteur en 678 ; il pouvait donc se trouver quelques vieillards qui, dans leur enfance, avaient vu ce jour si heureux pour Ségeste.

Page 152 : 1. *Te nunc, P. Scipio.* Scipion dont il s'agit ici, est Métellus Scipion, qui dans la suite devint consul et censeur. La célèbre Cornélie, sa fille, épousa Pompée. Après la bataille de Pharsale, il alla joindre Varus et Juba en Afrique, et se tua pour ne pas survivre à la défaite de son armée à Thapsus.

Page 178 : 1. *Huic Æsernino.* Il désigne ce Marcellus par le nom de la ville d'Ésernia, où il était né, pour le distinguer de celui qui avait été préteur en Sicile.

Page 180 : 1. *Demetrius gymnasiarchus.* Les gymnases étaient des lieux publics où se réunissaient les jeunes gens pour s'y livrer à tous les exercices corporels en usage. Plus tard, les philosophes s'y rencontraient aussi pour discuter entre eux. Celui qui était chargé de l'entretien et de l'administration du gymnase, se nommait le gymnasiarque. C'était toujours à l'un des citoyens les plus distingués que se donnait cette charge. On pouvait y être appelé plus d'une fois, et souvent celui qui s'en était honorablement acquitté, se la voyait confier de nouveau.

— 2. *Ei loco.* Les gymnases étaient ornés et décorés avec beaucoup de luxe et de magnificence. On y voyait les statues d'Hercule, de Mercure, de Minerve, et surtout les statues doubles formées de la réunion de celle de Mercure avec celle de Minerve et que l'on nommait *Hermathenæ.*

— 3. *Agrigenti.* Agrigente, grande et riche ville de la Sicile, sur la côte S. E. Ses ruines attestent encore son ancienne magnificence. On y voit des temples de la Concorde, de Castor et Pollux, d'Hercule, d'Apollon, de Diane, de Junon, de Cérès, de Proserpine et celui de Jupiter Olympien, le plus grand que l'on connût. Phalaris y fut tyran 666 av. J. C.

Page 186 : 1. *Hunc immanissimum verrem.* De toutes les plaisanteries de Cicéron sur le nom de Verrès, celle-ci est peut-être la seule que le goût puisse avouer; elle est heureuse, spirituelle et mordante.

Page 188 : 1. *Fanum ejus.* Il reste encore de ce temple, au pied du mont Assore, trois arcs immenses et quatre portes formées par des cubes de pierre.

Page 192 : 1. *Qua Romæ.* Le culte de Cérès remontait chez les Romains à la plus haute antiquité ; Romulus l'avait emprunté aux Arcades. Il se trouvait en grand honneur chez tous les peuples. Suivant la fable, Cérès avait parcouru l'univers entier à la recherche de sa fille, et la piété des mortels lui avait élevé des temples partout où la fatigue l'avait obligée de s'arrêter.

— 2. *Aditus.... non est viris.* L'entrée du temple de Cérès était interdite aux hommes sous peine de mort. Ils ne pouvaient pas pénétrer non plus dans celui de Vesta ou de la Bonne Déesse.

Page 206 : 1. *Vetus est hæc opinio.* Avant d'arriver à l'un des faits les plus importants de la cause, et lorsqu'il peut craindre que l'attention de ses auditeurs ne soit fatiguée par les récits multipliés de crimes toujours les mêmes, Cicéron cherche à reposer et à réveiller à la fois les esprits, par l'élégante digression qui sert comme de préambule à la nouvelle accusation qui va se joindre aux précédentes.

Page 210 : 1. *Si Atheniensium sacra....* Les fêtes d'Éleusis, dont il est ici question, étaient les plus fameuses de la Grèce. On les célébrait régulièrement tous les cinq ans. Cérès elle-même en avait réglé les cérémonies. Flattée de l'accueil qu'elle avait reçu des habitants d'Éleusis, petit bourg de l'Attique, à l'époque où elle cherchait sa fille Proserpine, elle leur accorda deux bienfaits signalés, l'art de l'agriculture et la connaissance de la doctrine sacrée. Les Grecs, et surtout les Athéniens, s'empressaient de se faire initier aux mystères, qui étaient de deux degrés, les petits et les grands. Une loi ancienne avait exclu tous les autres peuples de la participation aux mystères; et une seule famille à Athènes, celle des Eumolpides, avait le privilége de l'intendance des cérémonies d'Éleusis. Le magnifique temple de Cérès qu'on y admirait avait été bâti par Périclès. Vers la fin du IVe siècle de notre ère, Théodose abolit le culte de Cérès, et peu après les bandes d'Alaric détruisirent le temple de la déesse.

— 2. *Aditum est ad libros sibyllinos.* Les livres sibyllins, qui contenaient dans leurs prédictions tout l'avenir de Rome et que la sibylle de Cumes avait vendus à Tarquin l'Ancien, avaient été déposés au Capitole par ce prince. On les consultait dans les circonstances importantes, et l'on y trouvait toujours, dit-on, d'utiles révélations. Ils furent brûlés dans un incendie du Capitole, qui eut lieu un an avant la dictature de Sylla. Le sénat envoya aussitôt dans les villes de l'Italie et de la Grèce pour réunir toutes les prédictions des sibylles que l'on pourrait y trouver, et l'on en fit un nouveau recueil. Mais cela donna l'occasion d'en fabriquer un grand nombre, et dès lors les livres sibyllins tombèrent en discrédit. Ces derniers furent brûlés en 399 par Stilicon, général d'Arcadius.

Page 212 : 1. *Sacerdotes populi romani.* Tarquin l'Ancien avait confié la garde des livres sibyllins à deux prêtres nommés *duumvirs*, mais leur nombre fut porté plus tard jusqu'à dix, tous choisis d'abord parmi les patriciens ; puis on y admit des plébéiens ; et, enfin, sous la dictature de Sylla, le collége se composa de quinze prêtres au lieu de dix.

— 2. *Pulcherrimum et magnificentissimum templum.* Ce temple avait été bâti, en effet, avec une très-grande magnificence par le dictateur Postumius, l'an 496 av. J. C.

Page 214 : 1. *Simulacrum.... Victoriæ.* On s'est demandé ce que pouvait signifier cet emblème d'une figure de la Victoire dans la main de Cérès, et l'on en a donné diverses explications. Celle qui paraît la plus naturelle, c'est qu'il donnait à entendre que l'abondance des vivres contribue beaucoup à la victoire.

Page 218 : 1. *Illum locum servi, fugitivi....* Des esclaves fugitifs et révoltés avaient été autrefois maîtres de ce pays, et leur fureur avait respecté ce que Verrès n'a pas craint de profaner. L'orateur s'empare de cette circonstance pour établir un parallèle odieux entre la conduite de ces esclaves et celle du préteur ; mais il joue trop sur les mots et s'étudie avec trop de soin à rapprocher de minutieuses antithèses, fort déplacées dans la situation.

Page 224 : 1. *Unius etiam urbis.* Cette brillante description de Syracuse est précieuse par l'exactitude des détails, qui nous mettent, pour ainsi dire, sous les yeux, cette ville célèbre, qui tenait le premier rang parmi les cités grecques.

— 2. *Conferte hanc pacem cum illo bello.* Ici les antithèses ne roulent plus sur les mots, mais reposent sur des pensées vraies, aussi donnent-elles une grande vivacité au tableau qui ressort de la conduite des deux hommes placés dans une si tranchante opposition. Cicéron cite lui-même cette phrase tout entière pour exemple (*Orator*, XLIX), en parlant des figures qui produisent par elles-mêmes, et sans le secours de l'art, le nombre et la cadence.

— 3. *Hujus cohortem impuram.* On entendait, par *cohors prætoria*, ce nombre d'officiers et d'employés qui étaient attachés à la personne du préteur, nommés par lui, et salariés par la république. Ils étaient ou militaires ou civils. Les premiers étaient les lieutenants, ordinairement au nombre de trois, les tribuns des soldats, les centurions et décurions. Les employés civils étaient les assesseurs et quelques jurisconsultes qui secondaient le préteur dans l'administration de la justice, les greffiers, les secrétaires, huissiers, appariteurs et autres subalternes.

Page 228 : 1. *Ut ex quatuor urbibus.* Strabon distingue cinq parties dans Syracuse, ajoutant aux quatre dont parle Cicéron celle qu'il nomme *Epipolas*. La circonférence de cette ville était de 180 stades, qui font 22 500 pas romains, environ 7 de nos lieues.

— 2. *Ornatissimum prytaneum.* Le prytanée était un édifice public où s'assemblaient les magistrats pour y tenir conseil. Les citoyens qui avaient rendu de grands services à la patrie y étaient entretenus aux frais de l'État. Chaque ville avait son prytanée.

Page 230 : 1. *Jovis olympii.* C'est de la statue placée dans ce temple que Denis avait enlevé un manteau d'or d'un très-grand poids. (Valère Maxime, t. I, p. 24.)

— 2. *Qui Temenites vocatur.* Il avait reçu ce surnom de *Temenites*, parce que ce nom était celui d'un terrain isolé hors des murs de Syracuse, sur lequel son temple avait été bâti. Ce mot *Temenites* vient de *τέμενος*, qui signifie lieu isolé, séparé, consacré à quelque divinité. Nous voyons dans Suétone que plus tard Tibère fit transporter cette statue d'Apollon à Rome, pour en orner la bibliothèque d'un temple nouvellement construit.

Page 232 : 1. *Ad ædem Honoris atque Virtutis*. Marcellus avait fait vœu de bâtir un temple à l'Honneur et à la Vertu. Les augures, consultés, répondirent qu'on ne pouvait pas élever un seul temple à deux divinités. Il prit donc le parti de faire construire deux temples qui n'avaient qu'une seule entrée commune. On n'entrait dans le temple de l'Honneur qu'après avoir passé par celui de la Vertu. Emblème admirable !

Page 236 : 1. *Quum... profana fecisset.* Lorsqu'une ville avait été prise, les temples, les statues, en un mot toutes les choses sacrées devenaient profanes, parce qu'elles étaient censées tomber en esclavage.

Page 238 : 1. *De valvis illius templi.* Les portes des temples étaient une des parties de ces édifices que les anciens avaient coutume d'orner avec le plus de richesses ; on y trouvait souvent des ouvrages dans lesquels l'art le plus parfait le disputait aux matières les plus précieuses. Voyez à ce sujet, dans Virgile, liv. VI, la description des portes du temple d'Apollon à Cumes.

Page 240 : 1. *Gramineas hastas.* Les sceptres des dieux et ceux des premiers rois n'étaient autre chose que des piques. Jupiter, Junon et Minerve sont représentés, dans beaucoup de médailles, portant à la main gauche une pique sans fer. Chez les Romains aussi la pique était le symbole de la puissance. Lorsque les préteurs, par exemple, rendaient la justice et présidaient les tribunaux, deux piques étaient dressées au bord de l'estrade sur laquelle était placé le siége de ces magistrats. — Quant au mot *gramineas*, dont le sens est fort obscur et n'a jamais été clairement expliqué, on a fini par supposer une altération dans le texte, et l'on a essayé de le rectifier en proposant *gravissimas*, qui ajoute deux lettres, sans donner un sens satisfaisant, et *fraxineas*, qui s'écarte beaucoup moins du mot primitif et qui rentre tout à fait dans le sens de l'auteur, puisqu'il dit que ces piques n'avaient rien d'extraordinaire que leur longueur et que l'art n'avait rien fait pour les embellir. M. Lemaire a proposé de traduire *gra-*

mineas par jonc, mais sans justifier ce sens autrement que par son opportunité.

Page 242 : 1. *Silanionis*. Silanion, habile statuaire, vivait à Athènes du temps d'Alexandre le Grand.

— 2. *Ad monumentum Catuli*, c'est-à-dire le Capitole, comme nous l'avons vu au ch. XXXI.

— 3. *In alicujus istorum Tusculanum*. Il désigne par là les citoyens qui se distinguaient alors par leur opulence et par leur luxe, tels qu'Hortensius et Lucullus, dont les maisons de campagne étaient des lieux de délices. On donnait le nom de Tusculanum à tout le pays aux environs de Tusculum, petite ville du Latium, près de Rome. Ce pays offrait des vallées délicieuses où la plupart des nobles avaient fait construire leurs maisons de campagne.

Page 246 : 1. *Jovis Imperatoris*. Les Grecs l'avaient nommé Οὔριος, « protecteur des limites. » On ne sait trop pourquoi les Romains lui avaient donné le nom d'*Imperator*, qui n'a aucune analogie avec le mot grec. M. Lemaire rappelle, à cette occasion, que Métellus, revenant vainqueur de la guerre de Macédoine, et attribuant ses succès à la protection de Jupiter, avait voulu consacrer sa reconnaissance au moyen de ce surnom d'*Imperator*. Mais alors ce ne pouvait pas être au même dieu que s'appliquaient deux invocations aussi différentes.

— 2. *Quod ex Macedonia captum*. Tite Live n'est pas d'accord avec Cicéron sur ce fait; car, selon lui, c'est T. Quintus Flaminius qui a ramené cette statue de Jupiter de Préneste (liv. VI, XXIX). Juste Lipse explique cette contradiction en faisant remarquer qu'on avait inscrit sur le piédestal les seuls mots *T. Quintus*, que les uns alors ont pu appliquer à Flaminius et les autres à Cincinnatus.

Page 248 : 1. *Alterum, in Ponti ore*. Ce temple avait été bâti entre le Bosphore de Thrace et la ville de Trapézonte, et tout le pays à l'entour était saint et sacré.

Page 250 : 1. *Mensas delphicas*. C'étaient des tables de marbre ou des trépieds, ainsi appelés, parce qu'ils ressemblaient par leur forme au trépied sur lequel la Pythie rendait ses oracles. Ces sortes de tables avaient d'abord été fabriquées à Delphes, puis on avait donné le même nom à toutes celles de même forme, en quelque lieu qu'elles eussent été fabriquées.

— 2. *Quos... mystagogos vocant*. Ce mot est composé des deux mots grecs μύστης, *rei initiatus*, et ἀγωγός, *dux viæ*. Il y avait encore, chez les Grecs, des gens qui faisaient métier, comme on le fait partout de nos jours, de conduire les étrangers pour leur faire voir les curiosités de chaque ville ; on les appelait ξεναγωγοί, « conducteurs d'étrangers. »

Page 256 : 1. *Vectigales aut stipendiarios.* Par le premier de ces deux mots il faut entendre ceux des alliés à qui les Romains avaient laissé la jouissance de leurs terres, à condition qu'ils payeraient seulement le dixième des productions. Cette dîme était variable et proportionnée au produit de la récolte. *Stipendiarii* désignait les alliés dont les impositions étaient fixées et déterminées, et qui étaient obligés de plus à fournir des soldats, des vaisseaux, etc., quand les Romains avaient une guerre à soutenir.

Page 258 : 1. *Propter Heraclii hereditatem.* Une riche succession avait été laissée au Syracusain Héraclius, à condition qu'il placerait des statues dans le gymnase. Verrès lui fit intenter un procès par le chef du gymnase comme n'ayant pas rempli les intentions du testateur. Il ordonna aux juges de le condamner et d'adjuger la succession à la ville de Syracuse. C'était une injustice criante ; mais Verrès, qui ne commettait pas une injustice gratuitement, se fit donner à plusieurs reprises, par les Syracusains, différents objets précieux, des tableaux, des vases, de l'argenterie, des tapis, etc. Enfin il eut l'impudence d'exiger en une seule fois deux cent mille sesterces. Ainsi, loin de gagner l'affection des Syracusains, il les avait encore aigris contre lui. (Voyez la seconde *Verrine*, ch. XIV et suiv.)

Page 260 : 1. *Ad Carpinatii præclaras tabulas.* Ce Carpinatius était chargé de percevoir les droits que payaient les Siciliens pour mettre leurs troupeaux dans les pâturages de la république ; il avait aussi la recette des droits d'importation et d'exportation. Uni d'intérêt avec le préteur, il lui recommandait ceux qui voulaient obtenir des places ou des jugements favorables, et leur avançait à usure l'argent nécessaire pour payer ces faveurs. Mais, comme ils ne voulaient ni l'un ni l'autre paraître avoir eu de ces sortes d'affaires ensemble, Carpinatius falsifiait ses registres en substituant aux deux dernières lettres du mot *Verres*, *utius*, ce qui formait *Verrutius*. Or ce *Verrutius* était un personnage imaginaire, ce qui fit que Cicéron, malgré toutes ses recherches, ne put jamais parvenir à savoir quel était son pays, son état, sa fortune ; Carpinatius garda un silence obstiné. On avait reconnu d'ailleurs qu'en beaucoup d'endroits les lettres substituées avaient été brouillées et raturées, ce qui a fait dire à l'orateur, par un de ces jeux de mots que nous avons déjà eu l'occasion de lui reprocher : *Videtis Verrutium? videtis primas litteras integras? videtis extremam partem nominis, caudam illam Verris, tanquam in luto, demersam esse in litura?*

Page 264 : 1. *C. Verris statuam.* Cette statue avait été érigée à Verrès, comme bienfaiteur de Syracuse, lorsqu'il eut fait adjuger à cette ville l'héritage dont il dépouillait Héraclius.

— 2. *Inventorem olei deum.* Aristée. Cette espèce de saillie d'assez mauvais goût a le tort d'ailleurs de servir à un très-pauvre raisonnement, très-facile à rétorquer, comme le remarque M. Lemaire.

Page 274 : 1. *Ne nudus quidem filius.* Jeu de mots, tout au moins déplacé dans un tel sujet, et qu'il n'est pas possible de traduire exactement.

Page 276 : 1. *Hospitium publice fieret.* Les droits et les devoirs de l'hospitalité ne s'exerçaient pas seulement entre particuliers; les villes étaient aussi unies entre elles par les mêmes liens.

— 2. *Discessio facta esset.* Ce détail prouve que le sénat de Syracuse votait dans la même forme que celui de Rome. Lorsque la discussion était terminée, et que le consul, ou, en son absence, le prince du sénat avait proclamé l'opinion qui lui paraissait la plus conforme aux intérêts de la république, alors ceux qui l'adoptaient allaient se ranger d'un côté, et les autres du côté opposé. De là cette locution si fréquente : *Discedere in sententiam alicujus; in sententiam alicujus ire.*

Page 278 : 1. *Quæstor prætorem appellat.* A Rome, on faisait appel au peuple, et, dans les provinces, au préteur.

— 2. *Prætor æquus et sapiens.* Amere ironie contre Métellus, successeur de Verrès. Il avait semblé d'abord n'être occupé que de réparer les maux de la province. Les premiers mois de son administration méritèrent les plus grands éloges. Il ordonna des restitutions et reforma une multitude d'arrêts iniques. Mais il changea tout à coup de principes, deux jours avant l'arrivée de Cicéron. Une lettre de Verrès avait produit cette révolution. Dès ce moment, Métellus se déclara ouvertement pour lui, et sollicita en sa faveur des éloges de la part des villes. Il usa même de menaces envers les témoins qui se préparaient à déposer; et, sans la fermeté de Cicéron, aucun d'eux n'aurait obtenu la liberté de sortir de la province et de venir à Rome.

Page 280 : 1. *Apud Græcos græce locutus essem.* La fierté romaine ne permettait pas aux magistrats de faire usage d'une langue étrangère dans l'exercice de leurs fonctions, et les préteurs se servaient d'interprètes, quoiqu'ils connussent la langue des peuples qu'ils gouvernaient. C'était en latin que les jugements étaient rendus et que les actes publics étaient rédigés. Mais ce qui excusait Cicéron, dans cette circonstance, c'est qu'il n'était revêtu d'aucun caractère public, et qu'il n'agissait que comme un simple citoyen chargé de la cause des Siciliens.

— 2. *Illum Numidicum.* Il est question de Q. Métellus, qui reçut le surnom de *Numidicus* apres avoir remporté deux victoires sur Jugurtha et soumis la Numidie.

— 3. *L. Lucullum.* C'est le fameux L. Licinius Lucullus, aussi célèbre par son luxe et sa magnificence que par ses talents militaires. Après avoir été d'abord questeur en Asie et préteur en Afrique, ce fut en qualité de consul qu'il alla faire la guerre à Mithridate en 74. Il le battit en plusieurs rencontres et le força de se retirer chez Tigrane, roi d'Arménie, son gendre. L'année suivante, après avoir subjugué le Pont, il passa en Arménie, défit Tigrane et s'empara de Tigranocerte, sa capitale. De retour à Rome, il obtint les honneurs du triomphe, mais se vit accusé de concussion par le préteur Servilius, et condamné, malgré ses services et son influence.

Page 282 : 1. *Tabulas non commendatitias, sed tributarias.* On appelait *tabulæ commendatitiæ* les lettres ou notes de recommandation que l'on adressait au préteur pour obtenir de lui des secours envers certaines personnes qui avaient mal réussi dans leurs affaires ; et *tabulæ tributariæ*, les lettres par lesquelles le sénat lui faisait connaître qu'il devait frapper un nouvel impôt. Cicéron détourne donc ici le sens du mot, et désigne des lettres, non pas qui ordonnent, mais qui apportent un tribut.

— 2. *Theomnastus quidam.* Théomnaste signifie « qui se souvient des dieux. » Des Siciliens, s'égayant sur le nom, l'avaient appelé Théoracte, c'est-à-dire « frappé des dieux, fou. » Cet homme avait été prêtre de Jupiter, grâce à la fourberie de Verrès, dont il était l'agent dévoué. L'usage était que les Syracusains présentassent trois candidats qui devaient tirer au sort. Verrès mit trois billets dans l'urne, mais tous les trois portaient le nom de Théomnaste. Cicéron raconte avec beaucoup de détails et de gaieté cette opération dont toute la ville avait été témoin. (*In Verrem*, XI, LI.)

Page 284 : 1. *Ego legem recitare*. C'était la loi Cornélia sur les concussions. Elle permettait à quiconque accusait un concussionnaire d'emporter de son gouvernement toutes les pièces probantes et tous les registres, excepté ceux des receveurs publics. Elle punissait, en outre, avec sévérité ceux qui gênaient un accusateur dans ses recherches.

www.ingramcontent.com/pod-product-compliance
Ingram Content Group UK Ltd.
Pitfield, Milton Keynes, MK11 3LW, UK
UKHW012014240726
13965UKWH00002B/369